继续
教育

继续(网络)教育系列规划教材

荣获全国高校现代远程教育协作组评比“网络教育教材建设金奖”

保险专业

保险学教程

（第二版）

BAOXIAN

BAOXIANXUE
JIAOCHENG

主编 李虹 副主编 兰虹

西南财经大学出版社
Southwestern University of Finance & Economics Press

图书在版编目(CIP)数据

保险学教程/李虹主编.—2版.—成都:西南财经大学出版社,2014.8
ISBN 978-7-5504-1509-6

Ⅰ.①保… Ⅱ.①李… Ⅲ.①保险学—成人高等教育—教材
Ⅳ.①F840

中国版本图书馆CIP数据核字(2014)第169474号

保险学教程(第二版)

主　编　李　虹
副主编　兰　虹

责任编辑:汪涌波
封面设计:穆志坚
责任印制:封俊川

出版发行	西南财经大学出版社(四川省成都市光华村街55号)
网　　址	http://www.bookcj.com
电子邮件	bookcj@foxmail.com
邮政编码	610074
电　　话	028-87353785　87352368
照　　排	四川胜翔数码印务设计有限公司
印　　刷	四川森林印务有限责任公司
成品尺寸	185mm×260mm
印　　张	12.75
字　　数	280千字
版　　次	2014年8月第2版
印　　次	2014年8月第1次印刷
印　　数	1—4000册
书　　号	ISBN 978-7-5504-1509-6
定　　价	28.00元

第二版前言

自2010年该书第一版以来，得到了广大读者的认同。近几年我国保险业发展很快，国家又相继出台了一些新的规定，应读者和出版社的要求，对书中一些内容进行修订。我国车险业务在财产保险公司业务量中的占比超过70%，近年来，车险业务的争议较大，备受公众及媒体关注。2011年，媒体对机动车损失保险（简称车损险）“高保低赔”、“无责不赔”的质疑不断。保险监管机构为加强车险领域的消费者权益保护工作，敦促行业协会研究车险示范条款。保监会2012年3月8日出台《关于加强机动车辆商业保险条款费率管理的通知》，通过完善商业车险条款费率管理制度，促进保险公司条款费率拟订更加科学合理，承保理赔服务更加规范标准。2012年3月14日，中国保险行业协会正式发布《机动车辆商业保险示范条款》，为保险公司提供了商业车险条款行业范本。范本的发布有利于规范保险公司的承保理赔行为。行业协会的车险示范条款收录于这次再版附录之中，读者可以从中看到车险条款的完善，了解车险客户的相关权益。

为了适应我国经济的发展和满足保险业服务经济及人民生活的要求，1995年6月30日第八届全国人民代表大会常务委员会第十四次会议通过了《中华人民共和国保险法》，促进了保险业的规范经营和健康发展。2002年10月28日第九届全国人民代表大会常务委员会第三十次会议通过了《中华人民共和国保险法》修正案，这是保险法的第一次修改。这次修改对中国加入世界贸易组织后保险业的对外开放和规范发展起到了促进作用，但这次修改主要针对保险业法，对于保险合同法触及不多。2009年2月28日中华人民共和国第十一届全国人民代表大会常务委员会第七次会议通过《中华人民共和国保险法》修正案，于2009年10月1日起实施。这是保险法的第二次修正，这次修正涉及的内容较为全面，对于保险合同法的修正内容较多。这次保险法的修订，不仅突出了加强监管和防范风险、拓宽保险服务领域，对依法合规经营提出了更高的要求，而且在规则完善和制度设计上特别注意加强对被保险人和受益人利益的保护。为了适应保险市场的发展变化和体现新的《中华人民共和国保险法》的内容，满足高等院校网络教育对保险学课程的教学要求，我们特地将新的《保险法》内容编入了本教材。

本书由李虹拟订大纲并负责全书的总纂。全书共八章，第一、二、三、四、七、八章由李虹编写，第五、六章由兰虹编写。

本书在编著和出版过程中，得到西南财经大学保险学院、西南财经大学出版社、西南财经大学成人教育学院的大力支持，在此深表感谢！

编　者

2014 年 6 月于蓉城光华园

前言

我国自20世纪80年代初恢复国内保险业以来，保险理论研究和保险业务都取得较快发展。

为了适应我国经济的发展和满足保险业服务经济及人民生活的要求，1995年6月30日第八届全国人民代表大会常务委员会第十四次会议通过了《中华人民共和国保险法》，促进了保险业的规范经营和健康发展。2002年10月28日第九届全国人民代表大会常务委员会第三十次会议通过了《中华人民共和国保险法》修正案，这是保险法的第一次修改。这次修改对中国加入世界贸易组织后保险业的对外开放和规范发展起到了促进作用，但这次修改主要针对保险业法，对于保险合同法触及不多。2009年2月28日中华人民共和国第十一届全国人民代表大会常务委员会第七次会议通过《中华人民共和国保险法》修正案，于2009年10月1日起实施。这是保险法的第二次修正，这次修正涉及的内容较为全面，对于保险合同法的修正内容较多。这次保险法的修订，不仅突出了加强监管和防范风险、拓宽保险服务领域，对依法合规经营提出了更高要求，而且在规则完善和制度设计上特别注意加强对被保险人和受益人利益的保护。

为了适应保险市场的发展变化和体现新《中华人民共和国保险法》的内容，满足高等院校网络教育对保险学课程的教学要求，我们特地编写了这本教材。

本书由李虹拟定大纲并负责全书的总纂。全书共八章，第一、二、三、四、七、八章由李虹编写，第五、六章由兰虹编写。

本书在编著和出版过程中，得到西南财经大学保险学院、西南财经大学出版社、西南财经大学成人教育学院的大力支持，在此深表感谢！

编　者

2010年春于蓉城光华园

目 录

第一章 风险与风险管理

内容提要：风险是保险的逻辑起点。保险理论中的风险，通常是指损害发生的不确定性。风险由风险因素、风险事故和损害构成。风险管理的基本程序是风险的识别、风险的估测、风险处理方式的选择、风险管理的实施及效果评价。处理风险的方法可以分成两大类，即风险控制型处理方法和风险融资型处理方法。

第一节 风险的含义、特征和要素

风险的存在是保险业产生的基础。没有风险也就不可能产生保险。因此，研究保险需从风险开始。

一、风险的含义

从一般意义上讲，风险是指未来结果的不确定性。只要某一事件的发生结果与预期不同，就存在着风险。风险的不确定性体现为某一事件的发生可能导致三种结果：损害、无损害或收益。在未来不确定的三种结果中，损害尤其值得我们注意。因为，如果事件发生的结果不会有损害，就没有必要谈论风险。换言之，正因为损害发生的不确定性可能引起将来的不利结果，才需要对风险进行管理。这才导致了作为风险管理方式之一的保险的产生与发展。因此，保险理论中的风险，通常是指损害发生的不确定性。

二、风险的特征

（一）风险的客观性

风险是客观存在的。自然界的地震、台风、洪水，人类社会中的瘟疫、意外事故等风险，都是不以人的意志为转移的，它们是独立于人的意识之外客观存在的客观现象。人们只能在一定的时间和空间内改变风险存在和发生的条件，降低风险发生的频率和损害程度，而难以彻底消除风险。

（二）风险的普遍性

人类社会自产生以来，就面临着各种各样的风险。随着科学技术的发展、生产力的提高、社会的进步，新的风险不断产生，且风险事故造成的损害也越来越大。在现代社会，个人及家庭、企业、事业单位、机关团体乃至国家都面临着各种各样的风险，风险渗入到社会经济生活的方方面面。风险的发生具有普遍性，风险无时不在、无处不在。

（三）风险的可测性

个别风险的发生是偶然的，但是通过对大量风险的观察可以发现，风险往往呈现出明显的规律性，从而体现出风险可以测定的特性。如果我们根据以往的大量资料，运用概率论及数理统计的方法，去处理大量相互独立的偶发风险事故，就可以测算出风险事故发生的概率及其损害范围，对风险损害的大小进行较为准确的预测，从而可以较为准确地反映风险发生的规律性。可见，通过对偶发事件的大量观测分析，可以揭示出风险潜在的规律性，使风险具有可测性。

（四）风险的可变性

在一定的条件下，风险可能发生变化。随着科学技术的发展与普及，可能产生一些新的风险，而有些风险性质会发生变化；随着人们对风险认识程度的增强和风险管理方法的完善，有些风险可以在一定程度上得以控制，可降低其发生频率和损害幅度，导致风险量的变化；还有一些风险可能在一定的时间和空间范围内被消除。总之，随着人类社会的进步与发展，既可能使新的风险产生，也可能使原有的风险发生变化。

（五）风险的社会性

风险具有社会属性，而不具有自然属性。就自然现象本身而言无所谓风险，各种自然灾害、意外事故可能只是大自然自身运动的表现形式，或者是自然界自我平衡的必要条件。然而，当灾害事故与人类相联系，对人类的财产、生命等造成损害时，对人类而言就成为了风险。因此，没有人类社会，就没有风险可言，这正体现出风险的社会性。

（六）风险的偶然性

虽然风险是客观存在的，但就某一具体风险来说它的发生是偶然的，是一种随机现象，具有不确定性。风险的偶然性主要表现为：某一风险事故是否发生是偶然的，何时、何地发生是偶然的，发生的后果如何是偶然的，等等。

三、风险的要素

风险是由多种要素构成的，这些要素的相互作用，共同决定了风险的存在、发展和变化。一般认为，风险的组成因素包括风险因素、风险事故和损害。

（一）风险因素

风险因素又称风险条件，是指那些隐藏在损害事件后面，增加损害可能性和损失程度的条件。风险因素是风险事故发生的潜在原因，是造成损害的间接的、内在的原因。风险因素的存在，有可能增加风险事故发生的频率、增大风险损害的程度。例如，劣质建筑材料和不合理建筑结构致使建筑物倒塌，劣质建筑材料和不合理建筑结构是风险因素。风险因素可分为物质风险因素、道德风险因素和心理风险因素。

1. 物质风险因素

物质风险因素是指增大某一标的风险事故发生机率或加重损失程度的物质条件。物质风险因素一般表现为有形的风险因素。有形风险因素是指那些看得见的、影响损害频率和程度的环境条件。例如汽车的用途及刹车系统、建筑物的位置、构造及占有形式等，都可以归入物质风险因素。在油轮码头，由于油类产品的易燃、易爆性，比一般的货运码头发生火灾的可能性大。在干燥的气候条件下，伐木工人乱扔烟头导致山林火灾，点燃的烟头就是山林火灾的有形风险因素。

2. 道德风险因素

道德风险因素是与人的道德修养及品行有关的无形的因素，即由于个人的行为不端、不诚实、居心不良或有不轨企图，故意促使风险事故发生，以致引起社会财富损毁和人身伤害的原因和条件。如欺诈、纵火、故意沉船等恶意行为，都属于道德风险因素。

3. 心理风险因素

心理风险因素是与人的心理状态有关的无形因素，即由于人的主观原因，如疏忽、过失、侥幸心理或依赖保险心理等，以致造成风险事故发生的机会增大。如外出未锁门的行为，由于会增加盗窃事故发生的可能性，就属于心理风险因素。再如，某座房屋年久失修，屋内电线老化而房屋主人麻痹大意不及时更换，最后酿成火灾事故。又如，驾驶员在开车时不愿意系安全带，增加了发生车祸以后伤亡的可能性。

道德风险因素和心理风险因素都是无形风险因素，由于它们都与人的因素密不可分，因而，可以统称为人为因素。

（二）风险事故

风险事故是指造成生命财产损害的偶发事件，是造成损害的直接的、外在的原因，是损害的媒介物，即只有风险事故发生，才会导致损失或伤害。例如，在汽车刹车失灵酿成车祸导致车毁人亡这一事件中，刹车失灵是风险因素，车祸是风险事故。如果仅有刹车失灵而无车祸，就不会造成人员的伤亡。风险事故意味着风险的可能性转化为现实性，即风险的发生。

对于某一事件，在一定条件下，可能是造成损失的直接原因，则它成为风险事故；而在其他条件下，可能是造成损失的间接原因，则它又成为风险因素。比如，发生冰雹以致路滑而引起车祸，造成房屋被撞毁，这时冰雹是风险因素，车祸是风险事故；若冰雹直接砸伤行人，则它是风险事故。

（三）损害

风险是指损害发生的不确定性，因而风险的存在，意味着损害可能发生。一般而言，损害包括损失和伤害，是指非故意的、非预期的和非计划的经济价值的减少或人身的伤害。例如，折旧、记忆力减退等，都不能称为损害。在保险实务中，将损害分为直接损害和间接损害。前者是指实质性的、直接引起的损害；后者是指额外费用损失、收入损失、责任损失、信誉损失、精神损害等。

（四）风险因素、风险事故和损失的关系

风险是由风险因素、风险事故和损失三者构成的统一体。三者之间的关系是：风险因素引起风险事故，风险事故导致损失。例如，一辆汽车由于司机疲劳驾驶发生车祸，撞坏一辆摩托车、撞伤一人。这里，司机疲劳驾驶是风险因素，车祸是风险事故，摩托车的修理费用和伤者的医疗费用则是损失。

第二节　风险的分类

人们在日常生产与生活中，面临着各种各样的风险。为了研究和管理风险，我们需要按照不同的标准对风险进行分类。按照不同的分类方式，可将风险分为不同的类别。

一、按风险的性质分类

按风险的性质分类，可将风险分为纯粹风险与投机风险。

（一）纯粹风险

纯粹风险是指只有损害机会而无获利可能的风险。例如，房屋所有者的房屋遭遇火灾，会造成房屋所有者经济上的损失。车祸发生导致车辆受损。各种自然灾害、意外事故的发生，都可能导致社会财富的损失或人员的伤害。因此，这些都属于纯粹风险。纯粹风险的变化较为规则，有一定的规律性，可以通过大数法则加以测算。而且，纯粹风险的发生结果往往是社会的净损害。因而，保险人通常将纯粹风险视为可保风险。

（二）投机风险

投机风险是指既有损害机会又有获利可能的风险。投机风险是相对于纯粹风险而言的。投机风险发生的结果有三种，即损害、无损害和收益。比如，赌博、买卖股票等风险，都可能导致赔钱、赚钱和不赔不赚三种结果。投机风险的变化往往是不规则的，无规律可循，它难以通过大数法则加以测算，而且，投机风险的发生结果往往是社会财富的转移，而不一定是社会的净损害。因而，保险人通常将投机风险视为不可保风险。

二、按风险对象分类

按风险对象分类，可将风险分为财产风险、责任风险、信用风险和人身风险。

（一）财产风险

财产风险是指导致一切有形财产发生毁损、灭失和贬值的风险。例如，火灾、爆炸、雷击、洪水等事故，可能引起财产的直接损失及相关的利益损失，因而都是财产风险。财产风险既包括财产的直接损失风险，又包括财产的间接损失风险。

（二）责任风险

责任风险是指个人或团体因疏忽、过失造成他人的财产损失或人身伤害，根据法律规定或合同约定，应负经济赔偿责任的风险。比如，驾驶汽车不慎撞伤行人，构成车主的第三者责任风险；专业技术人员的疏忽、过失造成第三者的财产损失和人身伤亡，构成职业责任风险等。责任风险较为复杂和难以控制，其发生的赔偿金额也可能是巨大的。

（三）信用风险

信用风险是指在经济交往中，权利人与义务人之间，因一方违约或违法给对方造成经济损失的风险。例如，借款人不按期还款，就可能影响到贷款人资金的正常周转，从而使贷款人因借款人的不守信用而遭受损失。

（四）人身风险

人身风险是指由于人的生理生长规律及各种灾害事故的发生导致的人的生、老、病、死、残的风险。人生的过程离不开生、老、病、死，部分人还会遭遇残疾。这些风险一旦发生可能造成本人、家庭或其抚养者等难以预料的经济困难乃至精神痛苦等。人身风险所致的损害包括损失和伤害，即人的生、老、病、死、残引起的收入损失或额外费用损失或灾害事故的发生导致的人的身体的伤害。

三、按风险产生的原因分类

按风险产生的原因分类，可将风险分为自然风险、社会风险、政治风险、经济风险和技术风险。

（一）自然风险

自然风险是指由于自然力的不规则变化引起的种种现象，所造成的财产损失及人身伤害的风险。如洪灾、旱灾、火灾、风灾、雹灾、地震、虫灾等，都属于自然风险。自然风险是客观存在的，不以人的意志为转移，但是，其形成与发生具有一定的周期性。自然风险是人类社会普遍面临的风险，它一旦发生可能波及面很大，使人类蒙受莫大的损失。

（二）社会风险

社会风险是指由于个人或团体的故意或过失行为、不当行为等所致的损害风险。例如，盗窃、玩忽职守等引起的财产损失或人身伤害。

（三）政治风险

政治风险是指在对外投资和经济贸易过程中，因政治因素或其他订约双方所不能控制的原因所致的债权人损失的风险。例如，因战争、暴动、罢工、种族冲突等原因使货物进出口合同无法履行的风险。

（四）经济风险

经济风险是指个人或团体的经营行为或者经济环境变化而导致的经济损失的风险。

例如，在生产或销售过程中，由于市场预期失误、经营管理不善、消费需求变化、通货膨胀、汇率变动等所致产量的增加或减少、价格的涨跌等风险。

（五）技术风险

技术风险是指伴随着科学技术的发展、生产方式的改变而发生的风险。如核辐射、空气污染、噪音等风险。

四、按风险的影响程度分类

按风险的影响程度分类，可将风险分为基本风险与特定风险。

（一）基本风险

基本风险是指非个人行为引起的风险。基本风险是一种团体风险，可能影响到整个社会及其主要生产部门，本质上不易防范。例如，政局变动、经济体制改革、巨灾等，都属于基本风险。

（二）特定风险

特定风险是指风险的产生及其后果，只会影响特定的个人或组织。此风险一般可以由个人或组织对其采取某种措施加以控制。特定风险事件发生的原因多属个别情形，其结果局限于较小范围，本质上较易控制及防范。例如，火灾、盗窃等可能导致财产损失或人员伤亡，属于特定风险；又如，某企业生产的产品因质量不佳引起经济赔偿责任的风险，可列入特定风险范畴。

第三节　风险管理概述

风险管理作为一门系统的管理科学，是20世纪30年代在美国兴起的。1931年，美国的管理协会保险部最先倡导风险管理，并在以后的若干年中，以学术会议和研究班的形式，集中研究风险管理与保险问题。此后，风险管理逐渐引起美国社会的普遍关注，并在20世纪50年代末得到推广，到了20世纪70年代，风险管理开始蓬勃发展。时至今日，风险管理的理论与实践，早已跨越美国，在世界各国广为传播、广泛应用。

一、风险管理的含义

风险管理是各经济单位在对风险进行识别、估测、评价的基础上，优化组合各种风险管理技术，对风险实施有效的控制，妥善处理风险所致的后果，以期达到以较小的成本获得较大的安全保障的目标的过程。

风险管理包括管理和决策两个方面。实际上，风险管理的过程既是一个管理过程，又是一个决策过程。

从管理的角度上讲，风险管理常被定义为一门管理科学。风险管理所强调的管理过程，包含了计划、组织、控制和协调等管理的职能，其目的在于以最小的费用支出最大限度地减轻意外损害的后果。风险管理与企业战略管理及经营管理共同构成企业管理的核心。

从决策的角度来看，风险管理还被定义为一门决策科学。风险管理的过程被认为是一个决策过程。风险管理是一个组织或个人用以降低风险的负面影响的决策过程。这一过程包括为达到特定目标而进行的对风险的防范、控制以致消除的全部过程。

理解风险管理这一概念，需要把握以下几点：

（一）风险管理的主体是经济单位

这里所指的经济单位可以是个人、家庭、企业、社会团体乃至政府。因此，风险管理的范围可以涉及各种形式的经济单位：对于个人，可以就人身、财产和责任等方面风险实施管理；对于企业，可以就生产、市场、财务、技术、人事等方面实施风险管理；对于国家，则可以对社会经济诸方面的风险实施风险管理。

（二）风险管理的对象是风险

关于风险管理的对象历史上有纯粹风险说和全部风险说两种观点。前者强调风险管理的对象是纯粹风险，后者强调风险管理应以全部风险为管理对象。

（三）风险管理目标要清晰

风险管理的目标是以较小的成本获得较大的安全保障，进而确保经济单位业务活动的稳定、持续和发展，实现经济单位价值的最大化。因此，良好的风险管理能够增加经济单位成功的概率、减少失败的可能。

（四）风险管理决策要科学

在风险管理过程中，风险识别和风险衡量是基础，而选择合理的风险处理方法并进行科学的决策是关键。因此，风险管理者需要熟悉风险处理的各种方法，结合实际进行比较和选择，科学进行风险管理决策，认真组织实施。

二、风险管理的目标

风险管理的基本目标是以较小的经济成本获得较大的安全保障效益，即风险管理就是要以较少的费用支出达到较大限度的分散、转移、消除风险，以实现保障人们经济利益和社会稳定的基本目的。

风险管理目标的确定取决于不同社会、企业乃至个人的不同需要，取决于在何种程度上运用风险管理技术。比如，企业风险管理的目标可以是在巨灾中求生存，可以是稳定企业生产规模并保持一定的增长势头，可以是减少费用开支，可以是具备安全生产环境等。选择何种风险管理目标，对整个风险管理计划的实施，尤其是进行风险管理决策具有重要的意义。

风险管理的具体目标可以分为损失前目标和损失后目标。

在风险管理中，应事先确定风险事故发生前要达到的目标，这一目标被称为损失前目标。例如，通过对各种风险管理方式的比较及财务分析，谋求最经济合理的风险处置方式；减少经济单位对风险损失的忧虑和恐惧，提供一个相对安全的、稳定的环境；尽可能消除风险损失的隐患，减少经济单位自身的损害及社会财富的损失，以履行风险管理的社会责任等。

由于风险管理既不能消灭风险，又难以完全避免损失，因而，经济单位不仅应事先确定风险事故发生前要达到的目标，还应确定风险事故发生后要达到的目标，后者被称为损失后目标。例如，通过风险管理措施的采取，使经济单位在风险损失发生后仍然能够继续维持生存；保证正常的生产、生活秩序的尽快恢复；尽快实现原有的稳定的收益；促使企业尽快实现持续增长的计划；减少风险损失对社会造成的不利影响，为经济单位自身的发展创造一个良好的环境。

三、风险管理的基本程序

风险管理的基本程序是风险的识别、风险的估测、风险处理方式的选择、风险管理的实施及效果评价。

（一）风险的识别

在确定了风险管理目标的条件下，应该根据某种科学方法全面系统地认识并区别各种风险，这就是风险的识别。

风险的识别是对经济单位面临的和潜在的风险加以判断、归类和对风险性质进行分析的过程。经济单位所面临的风险是多种多样的：有潜在的，也有已经面临的；有静态的，也有动态的；有经济单位内部的，也有经济单位外部的。所有这些风险，在一定时期和一定条件下是否客观存在、存在的条件是什么，以及损害发生的可能性等，都是风险识别阶段应予以解决的问题。风险的识别需对尚未发生的、潜在的和客观存在的各种风险，系统地、连续地进行认识和归类，并分析产生风险事故的原因。

风险的识别是风险管理中的首要环节和基础程序。没有风险的识别，就难以准确地估测风险，难以选择风险处理的方式，甚至会丧失对未知风险进行管理的机会。因而，风险的识别在整个风险管理中具有重要意义。风险的识别主要包括感知风险和分析风险两方面内容。感知风险就是通过对风险的调查、了解，对风险进行判断；分析风险是指通过对风险的类别进行归纳、区分，认识风险产生的原因和条件，掌握风险所具有的性质。风险的识别是一个连续的、不间断的过程，只有使风险的识别经常化、制度化，才能使风险管理顺畅进行。

风险管理者在风险识别过程中，可以根据企业的性质、规模、技术条件等，选择以下方法进行风险识别：

1. 流程图分析法

从企业原材料投入开始，经过生产、运输、储存到销售整个过程画出流程图，以展示企业生产经营的全过程。这样便于管理者对各环节、各阶段进行调查分析，从中发现潜在的风险因素。

2. 财务报表分析法

按照企业的资产负债表、利润表等财务资料，对企业的各种资产进行综合的分析研究，识别风险所在。财务报表可以综合反映企业生产经营情况，生产经营中的许多问题都可以通过对财务报表的分析来发现。

3. 保险事故分析法

保险人通过对已经处理的大量保险赔案进行统计分析，找出产生事故的普遍性原因。

（二）风险的估测

风险的估测，又称为风险的衡量。也就是说，在风险识别的基础上，需要对该经济单位的风险发生情况及其可能造成的损害进行估计及测算。在这一阶段，风险管理者通过对所收集的大量资料进行分析并利用概率统计理论，估计和预测风险发生的可能性、危害程度及其对经济单位产生的影响等。风险估测主要包括损害概率的估测和损害程度的估测。风险估测不仅使风险管理建立在科学的基础上，而且使风险分析定量化，为风险管理者进行风险决策、选择最佳的风险管理方式提供了可靠的科学依据。

（三）风险处理方式的选择

在风险识别与估测的基础上，根据风险管理目标选择最佳的风险管理方式，是风险管理中最为重要的环节。

风险管理方式分为控制型风险管理方式和财务型风险管理方式两大类。

控制型风险管理方式主要包括回避、预防、分散和抑制等方法，其目的是降低损失频率和减少损失幅度，重点在于改变引起意外事故和扩大损失的各种条件。

财务型风险管理方式的目的是以提供基金的方式，降低发生损失的成本，即对无法控制的风险进行一些财务上的安排。财务型的风险管理方式主要有自留风险和转移风险。而转移风险又包括非保险转移和保险转移两种形式。

风险管理的关键就在于选择风险管理方式，而选择必须建立在对费用支出和可能效益进行详尽分析的基础上，必须建立在对企业或家庭等经济单位现有财务基础和所选择的风险管理目标的分析基础上。因此，风险管理方式的选择过程也就是风险管理的决策过程。

（四）风险管理的实施及效果评价

在选择风险管理方式的基础上，需要实施风险管理的决策及评价风险管理的效果。实施风险管理的决策就是将风险管理的各个方面贯彻落实。比如，实施损失控制需要购买防灾设施和安全装置；购买保险，需要选择保险公司、保险险种、考虑保险费的合理性等。风险管理效果的好坏，取决于是否能以最小的风险成本取得最大的安全保障，在实务中还要考虑风险管理与企业整体管理目标是否一致等。风险管理决策总是与未来的不确定性相联系的，所以应该将风险管理的实施结果，反馈到上述各个阶段，对采取的风险管理方式的适用性及有效性情况进行分析和评估，及时发现风险管理决策与目标的差异程度，并根据不断变化的内部条件和外部环境进行调整，以实现风险管理目标，达到风险管理的最佳效果。

第四节　风险处理方法

在风险识别、风险衡量之后，风险管理人员必须运用合理而有效的方法对风险加以处理。一般来说，处理风险的方法可以分成两大类，即风险控制型处理方法和风险融资型处理方法。

一、风险控制型处理方法

风险控制型处理方法是指在风险识别和风险衡量的基础上，针对经济单位所存在的风险因素，积极采取控制措施，以消除、减少风险因素或减少风险因素的危险性的风险处理方法。其要点是减少损失概率或降低损失程度。

常用的风险控制型处理方法包括风险回避、损失控制、风险隔离。

（一）风险回避

风险回避是指放弃某项具有风险的活动或拒绝承担某种风险以避免风险损失的一种风险处理方法。如有人为了避免因飞机意外坠毁而丧生，从来不乘坐飞机。

如果单纯从处置特定风险的角度来看，风险回避是最彻底的方法，因为其完全避免了该种风险造成损失的可能性。但并非所有风险都可以通过这种方式来处理，其适用性受到很大限制。首先，有些风险是无法回避的，如死亡风险。其次，回避一种风险，可能会产生另一种新的风险。例如，害怕飞机失事，出行改坐火车，又面临火车出轨的风险。

风险回避适用的情形包括：损失频率和损失幅度都较大的特定风险；损失频率不高，但损失后果极为严重的风险。

（二）损失控制

损失控制是指通过降低损失频率或损失程度来控制风险的风险处理方法。一般而言，在损失发生前尽量降低损失频率的行为称为损失预防（防损），努力减轻损失程度称为损失减少（减损）。例如，对汽车司机加强安全教育和驾驶技能的培训，可以有效地减少车祸发生的频率，属于防损措施；在汽车上安装安全气囊，则是减轻车祸所致损失程度的减损措施。

（三）风险隔离

风险隔离是指把风险单位进行分割或复制，尽量减少经济单位对某种特殊资产、设备或个人的依赖性，以此来减少因个别设备或个别人员遭受意外事故而造成的总体上的损失。

（1）分割风险单位：将资产或活动分散到不同的地点，而不是将它们全部集中在同一地点。如个人在旅行途中将自己的现金分几处放置，运输公司分几处建立自己的车库，巨额价值的货物分几批运送。德国安联保险公司规定：公司核心管理人员到同一地点出差，不能搭乘同一航班。

（2）复制风险单位：增加风险单位的数量，准备备用资产或设备，以便在资产或设备遭受损失时将备份投入使用。例如，企业储存设备的重要部件、配备后备人员等。

二、风险融资型处理方法

风险融资型处理方法是指通过事先的财务计划或合同安排来筹措资金，以便对风险事故造成的经济损失进行补偿的风险处理方法。

根据资金来源不同，风险融资型处理方法分为风险自留和风险转移两类。

（一）风险自留

风险自留是指由面临风险的经济单位自己承担风险事故所致损失的一种风险处理方法，通过内部资金的融通来弥补损失。

被动风险自留，或非计划的风险自留，是指管理者没有意识到风险的存在，或对于风险的严重性认识不足，没有针对风险采取相应的措施，而最终由经济单位自行承担风险损失。如在现实生活中，很多人认为意外不会降临到自己身上，从而不进行任何保险安排。

主动风险自留，或计划性风险自留，是指风险管理者在识别和衡量风险的基础上，对各种风险处理方式进行比较、权衡后，决定将风险留在内部，即由经济单位自己承担风险损失的全部或部分。其具体措施包括：将损失摊入经营成本、建立意外损失基金、保险中的自负额部分、组建专业的自保公司等。

（二）合同转移

合同转移是指将自己面临的损失风险借助合同，将损失的法律责任或财务后果转移给其他个人或组织（非保险公司）承担，包括出售、租赁、分包、签订免除责任协议等。

（1）出售。出售是指通过把财产卖给他人，将与此财产有关的风险转移给购买该项财产的个人或经济单位。例如企业出售其在洪水多发区的一栋建筑物，则企业原来面临的该建筑物的洪水风险就随着出售行为的完成转移给新的所有者了。

（2）租赁。如在租赁协议中规定：租借人对因过失造成的租赁物的损失承担赔偿责任，这样，出租人就将潜在的财产损失风险转移给了租借人。

（3）分包。如建筑工程承包人利用分包合同将部分工程分包给分承包人，从而将与这部分工程相关的风险转移给分承包人。

（4）签订免除责任协议。如医院在给重病患者施行手术之前要求病人家属签字，万一手术不成功，医生不负责任。

（三）保险

保险是处理纯粹风险的风险融资工具。对于企业和个人来说，通过缴纳保险费，可以将自身面临的风险转移给保险公司，即以小额的成本支出，转移不确定性损失。

小结：风险是保险产生的基础。风险因素、风险事故和损害构成风险的三要素。风险管理是各经济单位在对风险进行识别、估测、评价的基础上，优化组合各种风险管理技术，对风险实施有效的控制，妥善处理风险所致的后果，以期达到以较小的成本获得较大的安全保障的目标的过程。可见，风险管理的基本程序是风险的识别、风险的估测、风险处理方式的选择、风险管理的实施及效果评价。处理风险的方法可以分成两大类，即风险控制型处理方法和风险融资型处理方法。保险属于风险融资型处理方法。

复习思考题

1. 风险具有哪些特征？
2. 风险由哪些要素组成？
3. 纯粹风险与投机风险有何区别？
4. 简述风险管理的目标及其基本程序。

第二章　保险发展简史

内容提要：从上古社会开始，就出现了后备与互助的思想和各种原始形态的保险。通过本章的学习，了解保险的起源与发展过程。

第一节　古代后备思想

人类为了弥补自然灾害和意外事故所造成的各种经济损失，使生产能够持续不断，生活有所保障，无论是国外还是我国从上古社会开始，就出现了后备与互助的古代保险思想和各种原始形态的保险。

一、国外古代后备思想

国外最早产生保险思想的并不是现代保险业发达的资本主义大国，而是处在东西方贸易要道上的文明古国，如古代的巴比伦、埃及和欧洲的希腊、罗马。国外古代的保险思想见于下列史实：

（1）公元前4500年，古埃及的一项文件中记载：当时石匠中盛行一种互助基金组织，通过收缴会费来支付会员死亡后的丧葬费用。

（2）在古希腊，一些政治哲学团体或宗教组织由会员摊提形成一笔公共基金，专门用于意外情况下的救济补偿。

（3）在古罗马历史上曾出现丧葬互助会，还出现一种缴付会费的士兵团体，在士兵调职或退役时发给旅费，在死亡时发给继承人抚恤金。

（4）在公元前2500年，巴比伦时代，国王曾命令僧侣、法官和市长等，对其管辖境内居民征收赋金，建立后备基金，以备火灾及其他天灾损失之用。

（5）在公元前2250年，巴比伦王汉默拉比时代，曾在法典中规定，商队中如有人的马匹货物等中途被劫或发生其他损失，经宣誓并无纵容或过失等，可免除其个人之债务，而由全体商人补偿。此种规定办法，其后传至腓尼基，并扩充适用于船舶载运之货物。

（6）在公元前1000年，以色列王所罗门，对其国民从事海外贸易者，课征税金，作为补偿遭遇海难者所受损失之用。

（7）其他原始的保险形态。如古代犹太人婚姻时所需的各种用具，强制由住民共同负担备办。巴勒斯坦人饲养骡马者，如其骡马被盗或为野兽捕噬时，其他饲养骡马者须共同负担其损失。印度古代法典禁止高利贷，但对于经营海上、森林、原野等之商旅，则容许之；且对从事海上贸易者，在遇有不可抗力损失时，以免除偿还的义务。

(8) 欧洲中世纪的行会或基尔特制度。到了中世纪，欧洲各国城市中陆续出现各种行会组织，这些行为具有互助性质，其共同出资救济的互助范围包括死亡、痢疾、伤残、年老、火灾、盗窃、沉船、监禁、诉讼等不幸的人身和财产损失事故，但互助救济活动只是行会众多活动中的一种。这种行会或基尔特制度在 13 ~ 16 世纪特别盛行，并在此基础上产生了相互合作的保险组织。

欧洲中世纪是宗教统治的黑暗年代，许多高级教会人士反对保险方式的安排。在他们看来，任何天灾都是天罚，减轻灾难和不幸是违反上帝的意志。无庸置疑，教会势力对保险的发展曾起了阻碍作用。

二、我国古代后备思想

我国古代就有朴素的互助共济思想。如孟子主张："出入相友，守望相互，疾病相扶持。"反映了我国古代儒家的社会互助保险的思想。在春秋战国时候，其他的一些社会思想家也提出过类似的主张，这些著述体现了后备与互助的保险思想。

在实践上，我国历代有着储粮备荒，以赈济灾民的传统制度。较为典型的有：

(1)"常平仓"制度。"常平仓"制度属官办的仓储后备制度，盛行于北宋，其作用是调节灾害带来的风险，保障社会安定。

(2)"义仓"制度。"义仓"制度属于官督民办的仓储后备制度。它始于北齐，盛行于隋朝。但其发展健全，长期有成效的当推唐代。唐贞观年间，水旱灾害频繁，各地义仓的粮食储备，对荒年的救灾起了很大作用。虽然义仓由官督民办，但历代封建财政对义仓的控制从没放松。

上述这些都是以实物形式的救济后备制度，由政府统筹，带有强制性质。此外，宋朝和明朝还出现了民间的"社仓"制度，它属于相互保险形式；在宋朝还有专门赡养老幼贫病不能自我生存的"广惠仓"，这可以说是原始形态的人身救济后备制度。

尽管我国保险思想和救济后备制度产生很早，但因中央集权的封建制度和重农抑商的传统观念，商品经济发展缓慢，缺乏经常性的海上贸易，因此我国古代原始形态保险始终未能演变为商业性的保险。然而我国早期的保险思想和实践却在世界人类的文明史上占有很重要的地位。

第二节 保险的起源与发展

一、海上保险的起源与发展

海上保险是一种最古老的保险，近代保险也首先是从海上保险发展而来的。

(一) 海上保险的萌芽——共同海损

共同海损是指在海上，凡为共同利益而遭受的损失，应由得益方共同分摊，它是航海遇难所采取的一种救难措施，也是海上常见的一种损失事故。共同海损大约产生于公元前2000年，那时地中海一带出现了广泛的海上贸易活动。当时由于船舶构造非常简单，航海是一种很大的冒险活动。要使船舶在海上遭遇风浪时不致沉没，一种最有效的抢救办法是抛弃部分货物，以减轻载重量。为了使被抛弃的货物能从其他受益方获得补偿，当时的航海商提出了一条共同遵循的原则："一人为众，众为一人"。这个原则后来为公元前916年的罗地安海商法所采用，并正式规定为："凡因减轻船只载重投弃入海的货物，如为全体利益而损失的，须由全体分摊归还"，这就是著名的"共同海损"基本原则。它可以说是海上保险的萌芽。

（二）海上保险的雏形——船舶抵押借款

海上贸易的发展，带来了船舶抵押借款。这种借款在公元前800年起就很流行，而且从希腊、罗马传到意大利，在中世纪也盛行一时。船舶抵押借款契约又称冒险借贷，它是指船主把船舶作为抵押品向放款人取得航海资金的借款。如果船舶安全完成航行，船主归还贷款，并支付较高的利息。如果船舶中途沉没，债权即告结束，船主不必偿还本金和利息。

这种方式的借款实际上是最早形式的海上保险：放款人相当于保险人，借款人相当于被保险人；船舶或货物是保险对象，高出普通利息的差额（溢价）相当于保险费。公元533年，罗马皇帝查士丁尼在法典中把这种利息率限制在12%，而当时普通放款利率一般为6%。如果船舶沉没，借款就等于预付的赔款。由此可见，船舶和货物抵押借款具有保险的一些基本特征，作为海上保险的起源已成为定论。

（三）近代海上保险的发源地——意大利

在11世纪后期，十字军东侵以后，意大利商人曾控制了东西方的中介贸易，并在他们所到之处推行海上保险。在14世纪中期，经济繁荣的意大利北部出现了类似现代形式的海上保险。起初海上保险是由口头缔约，后来出现了书面合同。世界上最古老的保险单是一个名叫乔治·勒克维伦的热那亚商人在1347年10月23日出立的一张承保从热那亚到马乔卡的船舶保险单，这张保险单现在仍保存在热那亚国立博物馆。保单的措辞类似虚设的借款，即上面提及的"无偿借贷"，规定船舶安全到达目的地后契约无效，如中途发生损失，合同成立，由资本所有人（保险人）支付一定金额，保险费是在契约订立时以定金名义缴付给资本所有人。并规定，船舶变更航道使契约无效。但保单没有订明保险人所承保的风险，它还不具有现代保险单的基本形式。至于最早的纯粹保险单是一组保险人在1384年3月24日为四大包纺织品出立的从意大利城市比萨到沙弗纳的保险单。到1393年，在佛罗伦萨出立的保险单已有承保"海上灾害、天灾、火灾、抛弃"等字样，开始具有现代保险形式。

当时的保险单同其他商业契约一样，是由专业的撰状人草拟，13世纪中期在热那亚一地就有200名这样的撰状人。据一位意大利律师调查，1393年在热那亚的一位撰状人就草拟了80份保险单，可见当时意大利的海上保险已相当发达。莎士比亚在《威尼斯商人》中就写到海上保险及其种类。第一家海上保险公司于1424年在热那亚出现。

随着海上保险的发展，保险纠纷相应增多，这要求国家制定法令加以管理。1468

年威尼斯制定了关于法院如何保证保险单实施及防止欺诈的法令。1523 年佛罗伦萨制定了一部比较完整的条例，并规定了标准保险单的格式。

善于经商的伦巴第人后来移居到英国，继续从事海上贸易，并操纵了伦敦的金融市场，而且把海上保险也带进英国。今日伦敦的保险中心伦巴第街就是因当时意大利伦巴第商人聚居该处而得名。

（四）英国海上保险的发展

在美洲新大陆发现之后，英国的对外贸易获得迅速发展，保险的中心逐渐转移到英国。1568 年 12 月 22 日经伦敦市长批准开设了第一家皇家交易所，为海上保险提供了交易场所，取代了从伦巴第商人沿袭下来的一日两次在露天广场交易的习惯。1575 年由英国女王特许在伦敦皇家交易所内设立保险商会，办理保险单登记和制定标准保单和条款。当时在伦敦签发的所有保险单必须在一个名叫坎德勒的人那里登记，并缴付手续费。1601 年伊丽莎白一世女王颁布了第一部有关海上保险的法律，规定在保险商会内设立仲裁法庭，解决日益增多的海上保险纠纷案件。但该法庭的裁决可能被大法官法庭的诉讼推翻，因此取得最终裁决可能要等待很长时间。

17 世纪的英国资产阶级革命为英国资本主义发展扫清了道路，大规模的殖民掠夺使英国逐渐成为世界贸易、航海和保险中心。1720 年成立的伦敦保险公司和皇家交易保险公司因各向英国政府捐款 30 万英镑而取得了专营海上保险的特权，这为英国开展世界性的海上保险提供了有利条件。1756—1778 年，首席法官曼斯菲尔德收集了大量海上保险案例，编制了一部海上保险法案。

说到英国的海上保险不能不对当今世界上最大的保险垄断组织——伦敦劳合社作简要介绍。伦敦劳合社从一个咖啡馆演变成为当今世界上最大的保险垄断组织的历史其实就是英国海上保险发展的一个缩影。1683 年一个名叫爱德华·劳埃德的人在伦敦泰晤士河畔开设了一家咖啡馆。该处逐渐成为经营远洋航海的船东、船长、商人、经纪人和银行高利贷者聚会的场所。1691 年劳埃德咖啡馆从伦敦塔街迁至伦巴第街，不久成为船舶、货物和海上保险交易的中心。当时的海上保险交易只是在一张纸上写明保险的船舶和货物，以及保险金额，由咖啡馆内的承保人接受保险的份额，并在底下署名。劳埃德咖啡馆在 1696 年出版了每周三次的《劳埃德新闻》，着重报道海事航运消息，并登载在咖啡馆内进行拍卖船舶的广告。1713 年劳埃德死后，咖啡馆由他的女婿接管并在 1734 年又出版了《劳合社动态》。据说，除了官方的《伦敦公报》外，《劳合社动态》是英国现存历史最悠久的报纸。

随着海上保险业务的发展，在咖啡馆内进行保险交易已变得不方便了。1771 年由 79 个劳埃德咖啡馆的顾客每人出资 100 英镑另觅新址专门经营海上保险。1774 年劳合社迁至皇家交易所，但仍然沿用劳合社的名称，专门经营海上保险，成为英国海上保险交易的中心。19 世纪初，劳合社海上承保额已占伦敦海上保险市场的 90%，在以后的时间里，劳合社以其卓著的成就使英国国会在 1871 年批准了“劳埃德法案”，使劳合社成为一个正式的社会团体，从而打破了伦敦保险公司和皇家交易所专营海上保险的格局。1906 年英国国会通过的《海上保险法》规定了一个标准的保单格式和条款，它又称为劳合社船舶与货物标准保单，被世界上许多国家公认和沿用。1911年的法令又取消了劳合社成员只能经营海上保险的限制，允许其成员经营一切保险业务。

劳合社不是一个保险公司，而是一个社团，更确切地说，它是一个保险市场。它与纽约证券交易所相似，只是向其成员提供交易场所和有关的服务，本身并不承保业务。1986年劳合社又迁至新的大楼。劳合社有数百个承保各类风险的组合，每个组合又由许多会员组成，并有各自的承保人。传统上，会员对所在组合承保的业务承担无限责任。劳合社会员最多的时候达3.3万人，来自世界50多个国家。20世纪80年代后期，由于石棉案等巨额索赔，劳合社发生了严重亏损。20世纪90年代起，劳合社开始重建计划，会员不再承担无限责任。在长期的业务经营过程中，劳合社在全球保险界赢得了崇高声誉。劳合社曾创造过许多第一。劳合社设计了第一份盗窃保险单、第一份汽车保险单和第一份收音机保险单，近年又是计算机犯罪、石油能源保险和卫星保险的先驱。劳合社承保的业务十分广泛，简直无所不保，包括钢琴家的手指、芭蕾舞演员的双脚、赛马优胜者的腿、演员的生命，但在海上保险和再保险方面起了最为重要的作用。劳合社作为不同的、独立的承保组织组成的最大专业保险市场，拥有提供快速决策方法、广泛的选择和为客户定制风险解决方案等方面的无与伦比的能力。如今全球十大银行、十大制药公司、五大石油公司和道琼斯指数90%的公司都向劳合社购买保险。2002年劳合社的承保能力为123亿英镑，据伦敦劳合社首席执行官的估计，2003年劳合社的承保能力将达到142.5亿英镑，这是该市场诞生315年以来承保能力最高的一次。劳合社由其成员选举产生的一个理事会来管理，下设理赔、出版、签单、会计、法律等部门，并在100多个国家设有办事处。2000年11月，劳合社正式在我国北京设立办事处。

（五）其他国家海上保险的发展

在14世纪中期，海上保险已是每个海运国家的一个商业特征。在美洲新大陆发现之后，西班牙、法国也进入对外贸易迅速发展阶段。早在1435年，西班牙公布了有关海上保险的承保规则及损失赔偿手续的法令。1563年西班牙国王菲得普二世制定了安特卫普（地处比利时，当时为西班牙属地）法典，它分为两部分：第一部分是航海法令，第二部分是海上保险及保险单格式法令，后为欧洲各国采用。1681年法王路易十四颁布的海上条例中也有海上保险的规定。此外，荷兰、德国也颁布了海损及保险条例。海上保险法规的出现标志着这些国家的海上保险有了进一步发展。

美国的海上保险发展较迟。美国在殖民地时代，自然无独立的海上保险市场，商人被迫在伦敦投保。1721年5月25日美国出现了第一家海上保险组织，由约翰·科普森在费城市场街自己的寓所里开设了一个承保船舶和货物的保险所。独立战争后不久，1792年12月15日美国建立了第一家股份保险公司——北美保险公司，该公司出售六万股份，每股10美元，虽计划承保人寿、火灾和海上保险等业务，但最初只办理海上保险业务。1798年又建立了纽约保险公司。到1845年，美国约有75家经营海上保险的公司。在1845—1860年期间，美国海上保险业务发展迅速，该时期船舶总吨位增加了3倍。为了扩大纽约的海上保险市场，1882年建立了类似劳合社的组织，由100多个成员组成纽约海上保险承保人组织。

二、火灾保险的产生和发展

在15世纪，德国的一些城市出现了专门承保火灾损失的相互保险组织（火灾基尔特）。到了1676年，由46个相互保险组织合并成立了汉堡火灾保险社。

1666年9月2日伦敦发生的一场大火是火灾保险产生和发展起来的直接诱因。当时火灾的起因是皇家面包店的烘炉过热，火灾持续了5天，烧毁了全城的一半，有13 000幢房屋和90个教堂被烧毁，20万人无家可归，造成了无可估量的财产损失。这场特大火灾促使人们重视火灾保险。次年，一个名叫尼古拉斯·巴蓬的牙科医生独资开办了一家专门承保火险的营业所，开创了私营火灾保险的先例。由于业务发展，他于1680年邀集了3人，集资4万英镑，设立了一个火灾保险合伙组织。其保险费是根据房屋的租金和结构计算，砖石建筑的费率定为2.5%的年房租，木屋的费率为5%。正因为使用了差别费率，巴蓬有“现代保险之父”的称号。

18世纪末到19世纪中期，英、法、德、美等国相继完成了工业革命，大机器生产代替了原先的手工操作，物质财富大量集中，对火灾保险的需求也变得更为迫切。这个时期的火灾保险发展异常迅速，而且火灾保险组织以股份公司形式为主。最早的股份公司形式的保险组织是1710年由英国查尔斯·波文创办的“太阳保险公司”，它不仅承保不动产保险，而且把承保业务扩大到动产保险，营业范围遍及全国，它是英国迄今仍存在的最古老的保险公司之一。英国在1714年又出现了联合火灾保险公司，它是一个相互保险组织，费率计算除了考虑建筑物结构外，还考虑建筑物的场所、用途和财产种类，即采用分类法计算费率，实为火灾保险的一大进步。

美国于1752年由本杰明·富兰克林在费城创办了第一家火灾保险社。这位多才多艺的发明家、科学家和政治活动家还在1736年组织了美国第一家消防组织。1792年建立的北美保险公司在两年后开始承办火险业务，如今在该公司的博物馆里陈列了当时的消防设备和驾着马车去救火场面的油画。到了19世纪，欧美的火灾保险公司如雨后春笋般涌现，承保能力大为提高。1871年芝加哥一场大火造成1.5亿美元损失，其中1亿美元损失是保了险的。而且火灾保险从过去只保建筑物损失扩大到其他财产，承保的责任也从单一的火灾扩展到风暴、地震、暴动等。为了控制同业间的无序竞争，保险同业公会相继成立，共同制定火灾保险统一费率。在美国的火灾保险早期，保险人各自设计自己使用的保单，合同冗长且缺乏统一性。1873年马萨诸塞成为美国首先使用标准火险单的州，纽约州在1886年也通过了类似的法律。标准火险单的使用减少了损失清算的麻烦和法院解释的困难，也是火灾保险的一大进步。

三、其他财产保险业务的发展

海上保险与火灾保险是两个传统的财产保险业务，它们在发展过程中其承保的标的和风险范围不断得到扩展，目前已发展成为两个综合险的财产保险险种。19世纪后半期以后，除海上保险和火灾保险外，各种财产保险新险种陆续出现。如汽车保险、航空保险、机械保险、工程保险、责任保险、盗窃保险、信用保证保险等。

与财产保险业务的迅速发展相适应，19 世纪中叶以后，再保险业务迅速发展起来。最初独立经营再保险业务的再保险公司，是德国于 1846 年设立的科仑再保险公司。到 1926 年，各国共建立了 156 家再保险公司，其中德国的再保险公司数目最多。对于财产保险业务而言，由于其风险的特殊性，再保险已成为保险业务经营中不可缺少的手段。再保险使财产保险的风险得以分散，特别是财产保险业务在国际上各个保险公司之间的分保，使风险在全球范围内分散。再保险的发展，又促进了财产保险业务的发展。今天，英、美、德、瑞士等国的再保险业务在国际上占有重要的地位。

四、人身保险的产生和发展

从原始的萌芽形态到具有现代意义的人身保险，经历了漫长的探索和演变。在这个过程中，对人身保险的形成和发展影响重大的事件和人物主要有：

（1）“蒙丹期”公债储金办法。其发生于 12 世纪威尼斯共和国。当时为了应付战时财政困难，发行了强制认购的公债。其办法内容为：政府每年给予认购者一定的酬金直到认购者死亡，本金一律不退还。这种给付形式接近于同代的终身年金保险。它对后来年金保险的产生起了很大的影响作用。

（2）“冬蒂”方案。这是 1656 年意大利银行家洛伦佐·冬蒂所设计的一套联合养老保险方案，于 1689 年由法王路易十四颁布实施。该方案规定：每人认购 300 法郎，发行总数为 140 万的国债，每年由国库付 10% 的利息，本金不退还。支付利息的办法：把所有认购者按年龄分为 14 个集体，利息只付给集体的生存者，生存者可随集体死亡人数的增加而领取逐年增加的利息，集体成员全部死亡，就停止发放利息。这个办法相当于现在的联合生存者终身年金。

上述办法，都是欧洲各国政府带着财政目的强制推行的，以聚财为目的，必然引起人们的不满和反对，难以长久存在。同时，这些方案的费用负担都没有经过科学精确的计算，难以达到公平、合理。随着商品经济的发展，人们越来越要求按照等价交换的原则，根据享有的权利负担费用，这就导致了许多学者对人身保险计算问题的研究。

（3）死亡表的研究和编制。为使人身保险符合“公平、合理”的原则，不少学者开始了对人口问题的研究，并编制死亡表。其中主要的死亡表有：①1662 年英国的格朗脱编制的以 100 个同时出生的人为基数的世界上第一张死亡表。此表简单也不够精确，但给后来的研究以很大的启发。②1671 年荷兰数学家威特编制的死亡表。③1693 年英国天文学家哈雷编制的第一张最完全的死亡表。此表计算出了各年龄的死亡率和生存率。④1783 年诺爽姆登的死亡表以及 1815 年弥尔斯的死亡表等。这些死亡表的编制为人身保险科学计算的确立奠定了基础。

（4）均衡保费理论的产生。1756 年詹姆斯·道德逊根据哈雷死亡表计算出了各年龄的人投保死亡保险应缴的保费。这种保费称为“自然保费”。由于自然保费难以解决老年人投保时费用负担的问题。詹姆斯·道德逊又提出了“均衡保险费”的理论。

在人身保险计算理论研究发展的同时，人身保险业务也有了很大发展。1705 年，英国友谊保险会社获得皇家特许，经营寿险业务。到了 1720 年，英国已有 20 家人寿保险公司。1762年英国创办了公平人寿保险公司，这是世界上第一家科学的人寿保险公司。该公司第一次采用均衡保费的理论计算保险费，规定每次缴费的宽限期及保单失效后申请复效的手续，对不符合标准条件的保户另行加费，使人身保险的经营管理日趋完善，该公司的创立标志着近代人身保险制度的形成。

工业革命刺激了对人身保险的需求，使得人身保险在世界范围内迅速发展。英国1854年开办了民营简易寿险，1864年又开办了国营邮政简易寿险，接着团体保险也有了很大发展，到19世纪末，英国的寿险一直居世界首位。以后，其便先后被美国、加拿大、日本等国超过。美国的人身保险发展速度很快，1950年经营人身保险的公司有469家，1985年增加到2261家。日本是第二次世界大战后人身保险发展速度最快的国家。目前已成为世界上人身保险最发达的国家之一，其有效保额居世界首位。

如今在西方的人身保险业务中，可以称得上无险不保，无奇不有。如芭蕾舞演员的脚尖保险、唱歌演员的嗓子保险、滑稽演员的酒糟鼻子保险，甚至英国大臣们的脚趾都可以保险。

五、世界保险业发展的现状

（一）保费收入现状

第二次世界大战后，世界保险业得到了极大的发展，社会对保险的依赖程度越来越高。总体而言，经济越发达的国家，保险业也越发达。但从保费收入增长的角度来看，发展中国家名列前茅。

从保险深度和保险密度的角度考察，保费收入的差异体现出发达国家与发展中国家的保险发展水平的不平衡。总体上看，发达国家的保险深度大大高于发展中国家。

（二）险种现状

保险业务的范围是以经济的发展水平以及被保险人规避风险的需要为拓展基础的，新技术的发展推动了新工艺、新工业的产生，同时也带来了新的风险。例如，电气革命带来了电器设备的广泛运用也带来了机器损坏的风险，计算机网络的普及带来了计算机犯罪的风险等。另外，技术的进步又使过去被认为是不可保的风险成为可保风险，这为新险种的产生提供了契机。

进入20世纪90年代，世界保险市场竞争日趋激烈。在技术日新月异和自然灾害频繁的背景下，新的保险需求不断产生。在需求的带动下，新险种大量涌现，并且发展很快。例如，在寿险领域，日本推出了严重慢性疾病保险，美国推出了“变额保险”，英国甚至推出了“疯牛病保险”，并获成功；在财产保险领域，自然灾害的发生和意外事故的增多使险种创新的势头更为强劲，如核保险、航天飞机保险。甚至针对全球变暖的情况，许多保险机构也推出了有关险种。近几年来，恐怖活动频繁，治安问题严重，还催生了勒索绑架保险。总之，一旦产生保险需求，险种创新就会发生，需求是诱致新险种出现的决定性因素。

（三）巨灾风险增加，巨灾证券化形成

随着投保财产价值的增大，保险金额也越来越高。近年来，各种意外事故频发，

索赔案件经常发生并且索赔数额尤为巨大。20 世纪 90 年代以来，发生了 16 起损失超过 32 亿美元的巨大灾害，而整个 80 年代，则很少发生过损失超过 10 亿美元的灾害。1992 年，全世界的保险损失达到了一个空前的高峰，这一年，共损失了 271 亿美元，主要是由于自然灾害和人为事故，如美国发生的安德鲁飓风造成了 155 亿美元的损失，发生在洛杉矶的暴乱造成了 7.75 亿美元的损失，发生在伦敦的炸弹爆炸事件造成了 12.2 亿美元的损失。2001 年 9 月 11 日的美国恐怖袭击事件使全球保险业经受了有史以来最严峻的考验。

面对日益频繁的巨灾风险，发达国家的保险业除继续采用补足资本金，提足准备金和扩大再保险等传统的分散风险损失的手段外，开始采用金融工程技术，开发动态风险管理产品来转移巨灾风险，如发行“巨灾债券”，将巨灾风险直接转移到资本市场。

（四）从业人员的专业化程度高、知识面广

保险业具有很强的专业性和技术性，从险种开发到承保、理赔、防灾防损无不需要专业化人才。因此，保险机构十分重视人才的引进，并把专业化人才看做事关自身竞争力的一个重要因素。对于内部员工，保险人经常对其进行各种专业培训，这种培训尤以承保、理赔和财务人员为重点。对于高级管理人员，保险机构有更为严格的要求，必须要有相应的学历和资历。在保险营销过程中，专业化的程度也越来越高。保险代理人和保险经纪人要经过专业考试并取得执业证书后方可开展业务。保险从业人员的专业化，提高了保险机构的经营水平，有利于整个保险业的健康发展。

六、世界保险业的发展趋势

（一）世界保险市场全球化和金融服务一体化的趋势

当今世界，经济的发展尤其是国际贸易与国际资本市场的发展决定了市场开放的必要性，而通信、信息等高新技术的发展又为实现全球经济一体化创造了技术条件。以计算机网络技术和生物工程技术为代表的高新技术深刻地影响着经济政治生活以及人们的生存方式。在高新技术的推动下，全球经济一体化的趋势越来越明显，作为世界经济重要组成部分的保险业，也出现了国际化的趋势。保险全球化是指保险业务的国际化和保险机构的国际化。随着世界经济全球化的进一步发展，保险业国际化的趋势将不断加强。

在发达国家，为了适应世界保险业发展的需要，大都放松了对本国保险市场的监管，表现在放松对保险机构设立的限制、放松费率管制、放松对险种的监管。

在发展中国家，为了适应经济全球化的潮流，也做了一定的努力。如中国、印度、东盟国家以及智利、阿根廷、委内瑞拉等都在不同程度上开放了本国保险市场，以吸引外国投资者。

（二）保险规模大型化和保险机构的联合与兼并的趋势

规模的扩大一方面体现在保险标的的价值越来越大，巨额保险增多；另一方面则

体现在从事保险的机构越来越多。保险标的价值的增大与经济的发展是分不开的，新技术的运用使各种机器设备越来越复杂、精细，价值也越来越高，同时风险的影响面由于经济主体之间关系的日益紧密也越来越大，因此，巨额保险的数量不断增加。

与此同时，保险机构的规模日趋庞大。竞争白热化的结果必然是优胜劣汰，从而加速了保险机构之间的联合与兼并。19世纪初，全世界只有30多家保险公司，到了20世纪90年代初，全世界保险公司的数量增加到过万家。而在面临全球化竞争的情况下，许多公司又开始进行广泛的合作。竞争与合作呈现出一种相互推动的态势。近年来，合作进一步演化成保险人之间的并购，保险市场的并购案件显著增多，保险机构呈现大型化的趋势。1996年7月，英国的太阳联合保险与皇家保险宣布合并，成立皇家太阳联合保险公司，一举成为英国第一大综合性保险公司。在再保险领域，并购之风也愈演愈烈，仅在1996年上半年，并购大案就接二连三。如美国通用再保险收购了德国科隆再保险，慕尼黑再保险收购了美国再保险。另外，在保险中介市场上，并购活动也呈增多趋势。

（三）保险经营转向以非价格竞争为主，并且更加注重事先的预防

市场竞争的白热化使保险业面临的价格压力越来越大，长期的亏损使许多公司破产倒闭，严重地影响了保险人与被保险人双方的利益。因此保险人越来越注重非价格的竞争，努力在保险经营上积极创新，力求在保险技术和保险服务上吸引顾客。与此同时，保险人越来越不甘于被动地提供事后的补偿，而是积极地参与事前和事中的防灾防损，在成本收益分析的基础上联合各类技术专家从事风险的识别、测定与预防工作，为被保险人提供各种相关的防灾防损服务。其主要有：一方面提高自己的服务水平与竞争力；另一方面减少被保险人的损失可能和自己赔付的可能。这样减少了损失发生后可能的外部影响，也就有利于社会经济的稳定运行。

（四）保险业的风险控制和资金管理尤为重要

保险公司将使用新的方法来控制风险和管理资金。对保险公司来说，资金的有效管理从未显得如此重要。巨灾的频繁发生、恐怖袭击以及全球性市场低迷和银行低息政策的影响，对保险公司的资本金造成了巨大压力，保险公司的财力被日益削弱，偿付能力不断下降。保险公司正在尝试使用各种新方法来分析风险，从而决定资金流向。

（五）养老保险将成为保险业发展的亮点

目前很多国家正在进行退休及养老制度改革，这类保险的需求正日益增大。未来保险公司的成败在很大程度上将取决于在该领域的表现。现有的保险公司将向客户提供更多的资产管理和金融服务，并逐步向金融服务公司转型。

第三节　中国保险业的发展历程

一、中国近代保险业

（一）外商保险公司垄断时期

我国古代保险的雏形或萌芽并没有演变成现代商业保险。近代中国保险业是随着帝国主义势力的入侵而传入的。

19 世纪初叶，当我国清朝政府仍处于闭关自守时，已完成工业革命的英国首先用鸦片强行打开了我国门户，其保险商也开始跟随他们的战舰抢占中国市场，近代保险制度也随之传入我国。1805 年，英国保险商出于殖民目的向亚洲扩张，在广州开设了第一家保险机构，称为“谏当保安行”或“广州保险会社”。1835 年，在中国香港设立保安保险公司（即裕仁保险公司）。经过两次鸦片战争，以英帝国主义为首的保险商，凭借一系列强加于我国的不平等条款及其在华特权，进一步在中国增设保险机构。如 1845 年在上海这个“冒险家乐园”开设了“永福”、“大东方”两家人寿保险公司，19 世纪 70 年代又有“扬子”、“保宁”、“香港”、“中华”、“太阳”、“巴勒”等保险公司；此外，英商“太阳”、“怡和”洋行也增设保险部等。

外商保险公司在我国的出现是帝国主义经济侵略的产物，他们凭借不平等条款及其在华特权，挟其保险经营的技术和雄厚资金，利用买办在我国为所欲为地扩张业务领域，并用各种手段实行垄断经营，长期霸占我国保险市场，攫取了大量的高额利润。到 20 世纪前，已形成了以上海为中心，以英商为主的外商保险公司垄断中国保险市场的局面。

（二）民族保险业的诞生和兴起

鸦片战争后，外商保险资本对我国保险市场的掠夺，激起了我国人民振兴图强维护民族权利，自办保险的民族意识。他们中的一些有识之士，民族资产阶级思想的传播者，如魏源、郑观应、王韬、陈炽等人，开始把西方的保险知识介绍到国内，并主张创办自己的保险事业，为创建我国的保险业做了舆论准备。19 世纪中叶，外国保险在华势力急剧扩张的同时，民族保险业也脱颖而出。1865 年 5 月 25 日，中国人自己创办的第一家保险公司“义和公司保险行”在上海诞生，它打破了外商保险公司独占我国保险市场的局面，为以后民族保险业的兴起开辟了先河。此后，相继出现的民族保险公司有：保险招商局、仁和水险公司、济和水火险公司（后二者合并为仁济和水火险公司）、安泰保险公司、常安保险公司、万安保险公司等。其中仁济和保险公司是我国第一家规模较大的船舶运输保险公司；香港华商、上海华安人寿保险公司和延年寿保险公司等是最早由华商经营的人寿保险公司。从 1865 年到 1911 年中华民国成立之前，华商保险公司已有 45 家，其中上海 37 家，其他城市 8 家。1907 年，上海有 9 家华商保险公司组成历史上第一家中国人自己的保险同业公会组织——华商火险公会，用以抗衡洋商的“上海火险公会”，这反映出民族保险业开始迈出联合团结的第一步，同时，清政府也注意到了保险这一事业，并草拟了《保险业章程草案》、《海船法草案》和《商律草案》。这些保险法规虽未颁行实施，但对民族保险业的兴起、发展起到了一定的促进作用。这些法规的拟定也使保险业的法律制度逐步走向系统化和完备化。上述情况表明我国民族保险业在辛亥革命前已兴起和形成。但这时期的民族保险业的资本和规模都不大，对比外商保险公司仍处于薄弱地位。

（三）20世纪初期的中国保险业

1. 民族保险事业的发展

第一次世界大战期间，由于欧美帝国主义国家忙于战争，致使我国民族资本有了发展的机遇，民族资本的火灾保险公司和人寿保险公司在上海、广州、香港等地相继成立。第一次世界大战后民族保险业因外国势力的加强而陷入萧条，但在“五四”运动以后，中国民族银行业的发展及对民族保险业的投入，又使保险业有了迅速的发展，并且保险业务迅速由上海等地延伸到其他口岸和内地商埠。据1937年《中国保险年鉴》统计资料显示，当时全国有保险公司40家，分支机构126家，这些分支机构遍及全国各地。

在民族保险业的发展和中外保险公司剧烈竞争的形势下，一些规模较大的民族保险公司将保险业务由国内扩展到国外，开拓保险市场，扩展国外保险业务。1937年前后华商保险公司陆续在西贡、巴达维亚、新加坡、马尼拉等城市设立分支公司。中国保险公司在大阪、伦敦、纽约等地设立代理处，由所在地中国银行代理保险业务。

2. 外商保险公司进一步垄断中国保险市场

第一次世界大战后，美、日保险在华势力迅速扩大，形成了以英、美、日为主的多国势力控制中国保险市场的局面。据1937年《中国保险年鉴》统计资料显示，当时外商保险公司及其代理机构设在上海的共有126家，而华资保险公司仅有24家。这些外商保险公司垄断控制了我国的保险市场，攫取大量的超额利润。据1937年资料显示，中国每年流出的保费外汇达235万英镑，占全国总保险费收入的75%。

“九一八”事变后，日本帝国主义对东北沦陷区实行经济上的全面控制，对日本以外的保险公司进行重新登记，逐步采取驱逐政策，独占保险市场。

3. 官僚资本保险机构对中国保险市场的控制

1937年，“七·七”事变后，中华民族抗日战争全面展开，国民党政府被迫迁都到重庆，经济中心逐渐西移，中国保险也随之西移重庆。这促使了内地保险业的发展，大后方的保险机构大量增加。至1945年8月，川、云、贵、陕、甘5省共有保险总分机构134处。然而当时大后方的保险市场却是由国民党官僚资本和政府有关部门兴办的官办保险公司所操纵和控制，它们凭借雄厚资金和其政治后台，几乎包揽了当时大部分保险业务。在重庆，“四大家族”的官僚资本控制了占全国90%的保险业务，形成官僚资本对保险业的霸权地位。

第二次世界大战后，中国的保险中心又东移上海。在抗日战争胜利氛围的鼓动下，百业渴望振兴，保险业也求励精图治，曾一度呈现出表面繁荣景象。但这一时期的情况却是官僚资本保险机构卷土重来的外商保险公司相互利用，控制保险市场。外商公司控制官僚资本公司，而民族资本保险公司则受外商和官僚资本保险公司的双重控制。由于国民党政府的腐败统治，恶性通货膨胀，投机活力盛行，物价飞涨，民不聊生，国民经济陷入崩溃状态，到 1949 年，华商保险公司已处于奄奄一息的境地。

4. 我国近代商业保险发展受阻的原因

近代商业保险制度在我国先后虽然经历了 100 多年的时间，但却始终未能获得较大发展，其主要原因在于：

（1）近代商业保险是帝国主义列强用枪炮强制输入我国的，并长期统治垄断我国保险市场。他们经营保险的目的在于谋求最大利润，掠夺中国财富，他们在中国实行的是掠夺性的保险政策，其业务范围局限于当时经济较发达的通商口岸，保险对象绝大部分是工商业者，没有也不可能面向广大群众。中国的民族保险业虽曾有过发展，但由于其自身的软弱和局限性，始终步履维艰，发展缓慢，在保险市场上处于受压制，从属地位。中国各朝政府虽也曾对保险有所认识，制定了一些法律法规，以图监督、管理保险市场，然而旧中国的半殖民地性质决定了政府作为的限制——约束不了外商保险机构，难以规范保险市场。因此，无论是民族保险，还是旧中国政府都难以担当起培育、建设中国保险市场的重任。

（2）近代中国长期处于半封建、半殖民地落后状况，实行闭关自守、抑制商品经济发展的政策，自给自足的自然经济占主导地位。在这种经济环境下，经济非常落后，人民生活极其贫困，难以形成对保险的有效需求。同时在自给自足的小农经济条件下，人们以家庭为经济单位，以土地为生，土地的不可移动性束缚了人们之间的相互交往，滋生的是封闭式保守思想意识，对于各种风险事故引起的经济困难，习惯于依靠血缘亲属关系来解决，没有保险的习惯。

（3）近代中国长期战乱，特别是抗战发生后，国统区货币贬值，物价飞涨，通货膨胀严重，国民党的腐败使国民经济陷于崩溃状态，致使原本落后的保险市场难以维持，至新中国成立前夕，整个保险事业几乎陷于崩溃。

二、中国现代保险业的发展

1949 年 10 月，中华人民共和国成立，翻开了新中国保险事业的新篇章。从那时至今的 60 年间，中国保险事业几经波折，如今已逐步走向成熟和完善。

（一）新中国保险事业的形成和发展（1949—1958 年）

这一时期主要表现为两方面的内容：

1. 人民保险事业的创立和发展

1949 年，随着解放战争在全国范围内取得决定性胜利，建立统一的国家保险公司被提到了议事日程。1949 年 9 月 25 日至 10 月 6 日，经过紧张的筹备，第一次全国保险工作会议在北京西郊民巷举行，会议讨论了一系列人民保险事业发展的方针政策问题，为新中国保险事业的发展指明了方向。1949 年 10 月 20 日，中国人民保险公司在北京成立，宣告了新中国统一的国家保险机构的诞生，从此揭开了中国保险事业崭新的一页。

中国人民保险公司成立后，本着“保护国家财产，保障生产安全，促进物资交流，增进人民福利”的基本方针，配合国家经济建设，先后开办了各种保险业务。国民经济恢复时期，中国人民保险公司为配合国民经济恢复这一中心工作，开办的国内业务主要是对国营企业，县以上供销合作社及国家机关财产和铁路、轮船、飞机的旅客实行强制保险。此外还在农村开展自愿性的牲畜保险以及城市中的各种自愿性质的财产保险和人身保险。这对当时年轻的中华人民共和国国民经济的恢复和发展，起了积极的促进作用。但是由于认识上的原因以及缺乏经验，在业务经营过程中犯了盲目冒进，强迫命令的错误，一度在群众中引起了反感，因此，在“一五”期间，确立了“整顿城市业务，停办农村业务，整顿机构，在巩固基础上稳步前进”的方针，对保险市场进行了整顿：逐步收缩停办农村业务，集中力量发展城市中的强制保险，运输保险和火险三项业务。后来为了充实国家财政和社会后备力量，又重点发展农村保险，停办部分国营强制保险，稳步扩大城市保险业务；有计划地办理适应群众需要的个人财产和人身保险。人民保险事业在整顿、巩固中稳步发展。

2. 人民政府对旧中国保险市场的整顿和改造

在创建和发展人民保险事业的同时，人民政府对旧中国的保险市场进行了整顿和改造。首先，接管官僚资本的保险公司。由于官僚保险机构大多集中在上海，所以接管工作以上海为重点。1949 年 5 月 27 日上海解放后，上海军管会财政经济接管委员会金融处立即发出保字第一号训令，接管 324 家官僚资本保险机构。其他解放了的城市的官僚资本保险机构也由当地军管会相继接管。其次，对民族资本的保险公司进行整顿和改造。对于民族资本的保险公司先行重新登记，并允许其进行社会主义改造，几经合并，又投入部分国家资金，最终于 1956 年成为公私合营的专营海外保险业务的太平保险公司。最后，对外商保险公司实行限制政策。新中国成立后，为彻底改变帝国主义垄断中国保险市场的局面，维护民族独立，中国政府废除了外商保险公司一切在华特权，对其业务经营严格管理，限制其业务经营范围，切断业务来源，对违反中国法令和不服从管理的外商保险公司进行严肃查处。到 1952 年底，由于外商保险公司在我国保险市场上的业务量逐年下降而陆续申请停业，最终全部自动撤离中国保险市场。

（二）中国保险事业的停顿（1958—1978 年）

1958—1978 年这 20 年间，我国经历了 3 年“大跃进”，3 年自然灾害，10 年“文化大革命”的剧烈跌宕，我国经济的发展受到了严重的影响。我国的保险市场因此偏离了正确轨道，而陷入崩溃的状态。由于受极“左”思潮的影响，1958 年全国各地刮起了“共产风”，人民公社化、“一大二公”，到处是吃饭不要钱，生、老、病、死都由国家包下来，片面认为保险已完成了历史使命，没有存在的必要，于是 1958 年 10 月在西安召开的全国财贸会议上提出了立即停办国内保险业务的建议，同年 12 月在武汉召开的全国财政会议上正式作出了立即停办国内保险业务的决定，同时，财政部发出停办国内保险业务以后财务处理的通知。至此，除上海等个别城市还保留少量的国内业务外，全国其余各地全部停办了国内保险业务。中国人民保险公司专营国外业务，改由中国人民银行总行国外局领导。至1958年底到次年，数万名保险干部转业，几千个机构被撤销，国内保险业务进入空前低谷时期。

1964年，随着国民经济的好转，中国人民银行向国务院财贸办公室请示建议恢复保险公司建制获准。保险建制改为局级，对外行文用中国人民保险公司的名义。1965—1966年，随着全国农业生产的发展，国内一些大城市的国内保险业务陆续恢复。但“文化大革命”打乱了中国经济发展的进程，保险被视为“封资修”而予以砸烂，国内业务被迫全部停办，国外业务也遭到严重摧残，最后中国人民保险公司只剩下9人从事国外保险业务工作的守摊和清摊工作，全国各地的保险机构全部瘫痪。

（三）中国保险事业的恢复（1979—1985年）

党的十一届三中全会作出了把党和国家工作的重点转移到社会主义现代化经济建设上来的战略决策。我国保险市场以此为契机逐渐恢复。1979年4月，国务院批准并转发了中国人民银行全国分行行长会议纪要，作出了逐步恢复国内保险业务的重大决策。同年11月，中国人民银行召开了全国保险工作会议，肯定了保险对发展国民经济的积极作用，并在吸取国内外保险经验的基础上，根据国家改革开放的精神，具体部署了恢复国内保险业务的方针政策和措施。全国保险工作会议结束后，恢复国内保险业务，组建各地分支机构的工作全面展开。截至1980年底，除西藏外，全国28个省、自治区、直辖市都已恢复了保险公司的分支机构，各级机构总数达311个，专职保险干部3423人，全年保费收入超过2.9亿人民币。

在恢复各类财产保险业务的基础上，1982年，中国人民保险公司又开始恢复办理人身保险业务和农村保险业务。与此同时，涉外保险业务也快速发展，1983年，中国人民保险公司已与120多个国家和地区，1000多家保险公司建立了国际业务关系，全年收入1.5亿多美元的保险费，并承保了对外贸易的70%以上的业务。

恢复初期，中国人民保险公司为中国人民银行的一个局级专业公司。其管理体制沿袭20世纪50年代的实行总、分、支公司垂直领导形式。为了适应保险市场发展的需要，1982年经国务院批准同意，设立了中国人民保险公司董事会、监事会。其主要任务是：贯彻执行国家保险事业的方针政策，领导和监督保险公司的经营和管理工作。1983年9月，国务院同意中国人民保险公司从中国人民银行中分设出来，升格为国务院直属局级经济实体，按照国家的法律行政法规的规定，独立行使职权和进行业务活动。从1984年1月起，中国人民保险公司的分支机构改由保险总公司领导。1985年2月，中国人民保险公司各省、自治区、直辖市分公司经当地党政部门批准，全部升格为厅局级机构，实行总公司与当地人民政府双重领导。至此我国保险事业已基本恢复。

从新中国保险事业的建立到20世纪80年代我国保险业的恢复这一期间，人民保险事业从无到有，取得了长足的进步，但我国长期实行的计划经济却导致了人们对保险认识的偏差，致使我国保险业跌宕起伏，发展坎坷，而国家对保险业的垄断经营，又在一定程度上妨碍了保险业的发展。

（四）中国保险业的逐步完善（1986年至今）

我国保险业从1986年起进入了全面发展的时期，并逐步走向完善和成熟。

1. 保险机构不断增加，逐步形成多元化竞争格局

1985 年 3 月 3 日，国务院颁布了《保险企业管理暂行条例》，为我国保险市场的新发展创造了所需的法律环境。1986 年，中国人民银行首先批准设立了新疆生产建设兵团农垦保险公司，专门经营新疆生产建设兵团内部的以种植和牧养业为主的保险业务，这预示着独家经营的局面从此在我国保险市场上消失。随后，1987 年，中国交通银行及其分支机构开始设立保险部，经营保险业务。1991 年，交通银行在此基础上组建成立了中国太平洋保险公司，成为第二家全国性的综合保险分公司。接着，1986 年在深圳成立了平安保险公司并于 1992 年更名为中国平安保险公司，成为第三家全国性的综合保险公司。进入 20 世纪 90 年代后，保险市场供给主体发展迅速，大众、华安、新华、泰康、华泰等全国性或区域性的专业保险公司进入保险市场。

在国有保险机构改革和民族保险公司不断发展的同时，外资保险机构也逐渐进入中国保险市场。从 1992 年美国友邦保险公司在上海设立分公司以来，已有多家外资保险公司获准在我国营业或筹建营业性机构，而入世以来，我国已先后批准多家外资保险营业机构开业。我国保险市场供给主体的增加，供给主体的多元化，表明我国保险市场多元化格局已经形成。

2. 中介人制度初步建立

随着中国保险市场趋于成熟，保险中介人制度也逐步建立。保险代理人、保险经纪人以及保险公估人共同组成保险中介体系。1986 年以来，中国保险市场上陆续出现了各种保险中介人。保险代理人是我国保险市场出现最早也是发展最快的一种中介人，特别是 1992 年美国友邦寿险营销机制的引入，使我国寿险市场上的营销员制（寿险个人代理制）得以迅速发展。1996 年 12 月中旬，为提高代理人素质，规范代理人行为，保险监督机关在国内各城市首次组织了“全国保险代理人资格考试”。此外，我国东南沿海的部分经济发达地区（尤其是深圳和上海等）成立了多家地方性的保险经纪公司。1999 年开始举行全国经纪人资格考试为保险经纪人制度的建立和发展准备了条件。保险公估人公司，精算师事务所等中介机构也陆续出现，例如上海东方公估行、上海大洋物产公估行、天津北方公估行和杭州浙江公估行等。这些情况表明我国保险中介体系已现雏形。

3. 保险业务持续发展，市场规模迅速扩大

随着国民经济的发展，保险市场主体的增加，我国保险业务持续发展。就其经营的险种而言，已从恢复国内业务初期的几十种传统业务发展成今天的包括信用保证保险、责任保险在内的近千个险种。就其业务发展规模而言，保费收入连年增加，远远高于国民经济发展的周期速度。随着我国经济体制改革的深化，国民收入水平的提高，中国保险市场的潜力十分巨大，保险市场规模仍将继续扩大。

4. 保险市场监管体系已具雏形，保险市场监管逐步走向规范化

随着中国保险市场体系的建立，保险业务的发展，一个以政府监管为主，行业自律为辅的保险市场监管体系也在逐步地建立和完善。1985 年 3 月 3 日颁布的《保险企业管理暂行条例》（简称《管理条例》）是新中国成立以来第一部保险业的法规。《管理条例》指定中国人民银行是保险行业的管理机关，规定了保险企业的设立条件、中

国人民保险公司的地位、偿付能力和保险准备金、再保险等方面的内容。1989 年 2 月 16 日，针对当时保险市场的形势和存在的问题，国务院办公厅下发了《关于加强保险事业管理的通知》，提出了整顿保险秩序的措施和办法。1992 年美国友邦在上海设立分公司后不久，中国人民银行颁布了《上海外资保险机构暂行管理办法》指导引进外资保险公司的试点工作。1995 年 6 月 30 日《中华人民共和国保险法》（以下简称《保险法》）正式颁布，并于同年 10 月 1 日起正式实施。《保险法》是新中国成立以来的第一保险大法，它对保险公司、保险合同、保险经营规则、保险业的监管和代理人，经纪人等作出了比较详细的规定。《保险法》的颁布，标志着新中国保险市场监管的法规建设进入了一个暂新的发展阶段。2002 年，针对我国加入世贸组织承诺对保险业的要求，保险法作了第一次修改，修改内容主要限于保险业法部分。《保险法》的修改标志着我国保险法制建设迈出了重要一步，对深化保险体制改革，加强和改善保险监管，推进保险市场化进程，加快我国保险业与国际接轨，保证我国保险业的持续快速健康发展产生了深远的影响。

近年来，保险业发展形势发生了很大变化，2002 年版《保险法》已经不能适应当前保险业改革发展的需要，系统、全面修订保险法的呼声很高。2009 年 2 月 28 日，新修订的《保险法》问世，于 2009 年 10 月 1 日起实施。这次保险法的修订，不仅突出了加强监管和防范风险、拓宽保险服务领域，对依法合规经营提出了更高要求，而且在规则完善和制度设计上特别注意加强对被保险人和受益人利益的保护，体现在：限制保险人合同解除权，增设保险合同不可抗辩规则；明确规范保险人理赔的程序和时限，以利于被保险人保险金请求权的实现；明确保险标的转让时财产保险合同的承继和延续；规范格式条款，强化了对保险条款内容公平性和合法性的要求；在保险业法部分，要求保险公司应当“公平、合理地拟订保险条款和费率，不得损害投保人、被保险人和受益人的合法权益”。这对今后保险产品的开发和保险条款的完善提出了更高的要求。新《保险法》对于指导我国保险实践、规范保险市场、保护消费者利益、促进保险业顺利发展、构建和谐社会必将发挥重要作用。

在我国保险法规建设的同时，保险市场监管机构和行业自律组织逐步建立。1995 年 7 月，中国人民银行设立了专门行使监管职能的司局——保险司。1998 年 11 月 18 日，经国务院批准，中国保险监督管理委员会正式在北京成立。根据国务院的规定，中国保监会是国务院直属事业单位，是中国商业保险的主管部门，根据国务院授权履行行政管理职能，依照法律、法规集中统一监管保险市场。中国保险监督管理委员会的成立，为保险市场监管趋向成熟化、专业化提供了组织保证。自 1994 年，上海市保险同业公会成立，全国各地的保险同业公会或保险行业协会相继成立，并于 1997 年 9 月，签署了我国保险界第一个《全国保险行业公约》，这是我国保险市场行业自律机制建设的重要举措，也是迈向规范和有序竞争的开端。

小结：从上古社会开始，就出现了后备与互助的古代保险思想和各种原始形态的保险。共同海损是海上保险的萌芽，船舶抵押借款是海上保险的雏形。

随着经济的全球化，保险的国际化趋势愈加明显，保险机构的联合、兼并成为潮流，保险公司更加注重风险管理和资金运用。

复习思考题：

1. 何为海上保险的萌芽？
2. 为什么船舶抵押借款是海上保险的雏形？
3. 劳合社是英国的一家保险公司吗？
4. 火灾保险产生的诱因是什么？

第三章　保险的本质、功能与作用

内容提要：保险是一种合同行为，又是一种经济关系。通过本章的学习，掌握保险的要素、保险的基本职能与派生职能，正确认识保险的作用，了解保险的分类方法。

第一节　保险的本质

一、保险的定义

保险是指投保人根据合同约定，向保险人支付保险费，保险人对于合同约定的可能发生的事故因其发生所造成的财产损失承担赔偿保险金责任，或者当被保险人死亡、伤残、疾病或者达到合同约定的年龄、期限时承担给付保险金责任的商业保险行为。

对保险可以从两个不同的角度进行定义：

（一）保险的法律定义

从法律的意义上解释，保险是一种合同行为，体现的是一种民事法律关系。保险关系是通过保险双方当事人以签订保险合同的方式建立起来的一种民事法律关系。民事法律关系的内容体现为主体间的权利义务关系，而保险合同正是投保人与保险人约定保险权利义务关系的协议。根据保险合同的约定，投保人有交纳保险费的义务，保险人有收取保险费的权利，被保险人有在合同约定事故发生时获得经济补偿或给付的权利，而保险人有提供合同约定的经济补偿或给付的义务。这种保险主体间的权利义务关系正是保险这种民事法律关系的体现。

（二）保险的经济学定义

从经济学的角度来看，保险是一种经济关系，是分摊意外损害的一种财务安排。保险体现了保险双方当事人之间的一种经济关系，在保险关系中，投保人把损害风险以交付保险费的方式转移给保险人，由于保险人集中了大量同质的风险，因而能借助大数法则来预测损害发生的概率，并据此制定保险费率，通过向大量投保人收取保险费形成的保险基金来补偿其中少数被保险人的意外损害。因此，保险既是一种经济关系，又是一种有效的财务安排，它使少数不幸的被保险人的损害，以保险人为中介，在全体被保险人（包括受损者）中得以分摊。

二、保险的要素

保险的要素是从事保险活动所应具备的必要的因素。保险要素的构成主要有：可保风险、大量同质风险的集合与分散、保险费率的制定、保险基金的建立和保险合同的订立等。

（一）可保风险

风险的存在是保险业产生和发展的自然基础，没有风险就不可能有保险，但保险人并非承保一切风险，而是只对可保风险才予以承保。因此，可保风险也就成为了保险的第一要素。

可保风险，是指可以用保险方式来处理的风险。这种风险应该是不可抗力的风险，其所致的损害应该是实质损害。换言之，可保风险是保险人愿意并能够承保的风险，是符合保险人承保条件的特定风险。

可保风险一般具有以下条件：

1. 非投机性

非投机性即保险人所承保的风险，应该是只有损失机会而无获利可能的纯粹风险。可保风险不具有投机性，保险人通常不能承保投机风险，因为，保险人如果承保投机风险，既难以确定承保条件，又与保险的经济补偿的性质职能相违背。

2. 偶然性

偶然性即保险人所承保的风险，应该是偶然的。可保风险应该是既有发生的可能，又是不可预知的。因为如果风险不可能发生，就无保险的必要；同时，某种风险的发生情况不具有必然性。

3. 意外性

意外性即保险人所承保的风险，应该是意外发生的。风险的发生既不是因为被保险人及其关系人的故意行为，也不是被保险人及其关系人不采取合理的防范措施所引起的。

4. 普遍性

普遍性即保险人所承保的风险，应该是大量标的均有遭受损害的可能性。保险是以大数法则作为保险人建立稳固的保险基金的数理基础，因此，可保风险必须是普遍存在的风险，即大量标的都有可能遭受损害。如果风险只是相对于一个标的或几个标的而言，那么保险人承保这一风险等于是下赌注、进行投机。只有一个标的或少量标的所潜在的或面临的风险，是不具备大数法则这一数理基础的。只有对大量标的遭受损害的可能性进行统计和观察，才能使保险人比较精确地测算出损失及伤害的概率，并以此作为制定保险费率的依据。

5. 严重性

严重性即保险人所承保的风险，应该是有较为严重的，甚至有发生重大损害的可能性。风险的发生有导致重大或比较重大的损害可能性，才会产生保险需求，保险供给也才可能因此产生。

（二）大量同质风险的集合与分散

保险人分散风险、分摊损害的功能是通过大量的具有相同性质风险的经济单位的集合与分散来实现的。大量的投保人将其所潜在的或面临的风险以参加保险的方式转嫁给保险人，保险人则通过承保形式，将同种性质的分散性风险集合起来，当发生保险合同约定的事故时，又将少数人遭遇的风险损失及伤害分摊给全体投保人。因此，保险的经济补偿和给付过程，既是风险的集合过程，又是风险的分散过程。

（三）保险费率的制定

保险关系体现了一种交换关系，投保人以交纳保险费为条件，换取保险人在保险事故发生时对被保险人的保险保障。而保险交易行为本身要求合理地制定保险商品的价格——保险费率。因此，保险费率的制定就成为了保险的一个基本要素。保险费率的高低直接影响到保险的供求状况，保险人应该根据大数法则和概率论，合理地制定保险费率，在保证保险人经营稳定性的同时，保障被保险人的合法权益。

（四）保险基金的建立

保险对风险的分摊及对损害的补偿，是在保险人将投保人交纳的保险费集中起来形成保险基金的前提下进行的。保险基金主要是由按照各类风险出险的机率和损害程度确定的保险费率所收取的保险费建立起来的货币基金。保险实际上是将在一定时期内可能发生的自然灾害和意外事故所导致的经济损害的总额，在有共同风险的投保人之间平均化了，使少数人的经济损害，由所有的投保人平均分摊，从而使单个人难以承受的损失，变成多数人可以承担的损害。这实际上是把损害均摊给了有相同风险的投保人。这种均摊损害的方法只是把损害平均化，但并没有减少损害。从全社会的角度来考察，“平均化的损害仍然是损害”。所以，保险对损害的分摊，必须通过保险基金的建立才能实现。显然，如果没有建立起保险基金，当保险事故发生时，保险人的赔偿或给付责任就无法履行。保险基金的存在形式是各种准备金，如未到期责任准备金等。当保险基金处于暂时闲置状态时，保险人可以将保险基金重新投入社会再生产过程加以运用。可见，保险基金既是保险人赔付保险金的基础，又是保险人从事资金运用活动的基础。保险基金的规模大小，制约着保险企业的业务发展规模。

（五）保险合同的订立

保险关系是通过保险双方当事人以签订保险合同的方式建立起来的。如果没有保险合同的订立，就没有保险关系的建立，就不可能明确地约定保险双方当事人、关系人各自的权利和义务。因而，保险合同是保险双方各自享有权利和履行义务的法律依据，保险合同的订立是保险的一个基本要素。

三、保险与其他类似经济行为的比较

（一）保险与储蓄

保险与储蓄都是客户以现有的剩余资金作为将来需要的准备，都是处理经济不稳定的措施。由于人身保险具有储蓄性，因此，人们往往习惯于将两者进行比较。实际上，保险与储蓄存在着较大的区别，这主要体现在：

1. 目的不同

对投保人而言，参加保险的目的是以小额的保费支出将不确定的风险转嫁给保险人，使被保险人获得生产、生活安定的保障；而对储户而言，参加储蓄的目的则是多种多样的，主要用于预计的费用支出。

2. 性质不同

大量同质风险的集合与分散，是保险的要素之一。保险人将大量的投保人交纳的保险费集中起来，对其中少数遭遇保险事故的被保险人进行补偿或给付，从而实现了被保险人之间的互相帮助，因此，保险具有互助性质；储蓄则是单独地、个别地进行的行为，各储户之间没有什么关系，因而储蓄属于自助行为。

3. 权益不同

保险一般是以自愿为原则，投保人投保自愿、退保自由，但投保人退保后所领取的退保金一般小于其所交纳的保险费；然而，如果投保人没有退保，一旦发生了保险事故，被保险人获得的保险金却又可能大大超过投保人所交纳的保险费；而在储蓄中，储户存款自愿、取款自由，对自己的存款有完全的随时主张权，所领取的是本金和利息之和，既不会小于本金，也不会大大超过本金。

（二）保险与赌博

由于保险与赌博都取决于偶然事件的发生，都有可能获得大大超过支出的收入，因此，有人将两者混为一谈。实际上，保险与赌博有着显著的区别：

1. 目的不同

如前所述，投保人参加保险是为了转嫁风险、获得保险保障；而赌博的目的则不同，赌博的参加者一般是希望以小额的赌注博得大额的钱财，或者说，赌博的目的通常是图谋暴利。

2. 结果不同

保险的结果是分散风险，利己利人；赌博的结果往往是制造风险、损人利己，甚至损己损人、扰乱社会。

3. 法律地位不同

保险行为以法律为依据，有法律作为保障；赌博一般属于非法行为，得不到法律的保障。

（三）保险与救济

保险与救济都是对风险损失的补偿方式，但两者也存在着区别：

1. 权利与义务不同

保险双方当事人按照保险合同的约定，都要享有相应的权利、承担相应的义务，从总体上讲，保险双方的权利和义务是对等的，双方都要受保险合同的约束；而救济是一种任意的单方面的施舍行为，其出发点是基于人道主义精神，救济者提供的是无偿援助，救济双方没有对等的权利和义务可言。

2. 性质不同

保险是一种互助行为；而救济是依赖外来的援助，既不是自助、更不是互助，而只是一种他助行为。

3. 主体不同

在保险事故发生后，保险人一般是将保险金支付给保险合同约定的被保险人或者受益人；而在救济中，救济者和被救济者往往事先都无法确定，救济者可以是国家、社团组织或个人等，被救济者则可能是各种灾害事故的受灾者或贫困者等。

第二节 保险的职能

保险的职能是由保险的本质和内容决定的，是指保险内在的、固有的功能。保险的职能包括基本职能和派生职能。保险的基本职能是保险的原始职能，是保险固有的职能，并且不会随着时间和外部环境的改变而改变。保险的派生职能是随着保险业的发展和客观环境的变化，在基本职能的基础上派生出来的职能。一般认为，保险的基本职能是经济补偿和经济给付，保险的派生职能是融通资金和防灾防损。

一、保险的基本职能

（一）经济补偿职能

保险从产生时起，就对保险标的发生保险事故后的经济损失进行补偿，因而，经济补偿是保险的基本职能。保险发展到现在，这一职能仍然没有改变。在保险活动中，投保人根据保险合同的约定，向保险人支付保险费，保险人对于保险合同约定的可能发生的事故因其发生所造成的财产及其相关利益的损失承担赔偿保险金的责任。显然，经济补偿的职能主要适用于广义的财产保险，即适用于财产损失保险、责任保险和信用保证保险等。

（二）经济给付职能

对于人身保险而言，保险的基本职能不是经济补偿，而是经济给付。在人身保险中，由于人的价值无法用货币来衡量，人所遭受的伤害也难以通过货币形式进行补偿，因此，人身保险的保险金额是由保险双方当事人在订立保险合同时通过协商确定的。根据保险合同的约定，人身保险的投保人应向保险人支付保险费，当被保险人死亡、伤残、疾病或者达到合同约定的年龄、期限时，保险人应承担给付保险金的责任。

保险人通过保险的经济补偿和经济给付的职能，为被保险人及其关系人提供经济保障。

二、派生职能

（一）融资职能

融资职能是指保险人将保险资金中的暂时闲置部分，以有偿返还的方式重新投入社会再生产过程，以扩大社会再生产规模的职能。融资职能就是保险业进行资金融通的职能。

保险公司从收取保险费到赔付保险金之间存在着时间差和规模差，使保险资金中始终有一部分资金处于暂时闲置状态，从而为保险公司融通资金提供了可能性。

融资职能是保险业在实现基本职能的基础上顺应一定的社会经济条件而派生出来的特殊职能。它最初产生于市场经济较为发达的西方国家。在市场经济社会里，资金的闲置被认为是一种不容宽恕的浪费。为防止浪费，就需要将处于暂时闲置状态的保险资金加以运用，参与社会资金周转。通过保险资金的运用产生收益，在扩大社会再生产规模的同时，增大保险资金总量，降低保险经营成本，稳定保险公司的经营。

经济补偿和经济给付的职能活动是保险人的负债业务，而利用包括负债业务形成的保险基金在内的保险资金进行的融资职能活动则是保险人的资产业务。保险资金的融通是保险公司收益的重要来源。

（二）防灾防损职能

保险业是经营风险的行业。保险人作为保险经营者，为了稳定经营，需要分析、预测、评估哪些风险可以作为承保风险，哪些风险可以进行分散，哪些风险不能承保。由于人为因素与风险发生的机率具有相关性，通过人为的预防措施，可以减少损害的产生，因此，保险又派生出防灾防损的职能。在发达国家的保险经营活动中，该职能受到广泛重视，保险人通过分析潜在的损害风险，评价保险标的的风险管理计划，提出费用合理的替代方案和采取损害管理措施等风险管理服务来实现防灾防损职能。保险的防灾防损职能，既具有社会效益，又具有经济效益。

第三节　保险的作用

保险的作用是保险职能发挥的结果，是指保险在实施职能时所产生的客观效应。保险的作用既有积极作用，又有消极作用。其积极作用又分别体现于对微观经济的作用和宏观经济的作用。

一、保险在微观经济中的作用

（一）有助于受灾企业及时恢复生产或经营

风险是客观存在的。自然灾害、意外事故的发生，尤其是重大灾害事故的出现，会破坏企业的资金循环，缩小企业的生产经营规模，甚至中断企业的生产经营过程，导致企业的经济损失。但是，如果企业参加了保险，在遭受了保险责任范围内的损失后，就能够按照保险合同的约定，从保险公司及时获得保险赔款，尽快地恢复生产或经营活动。

（二）有助于企业加强经济核算

财务型的风险管理方式之一是通过保险方式转移风险。如果企业参加了保险，就能够将企业面临的不确定的大额的损失，变为确定的小额的保险费支出，并摊入到企业的生产成本或流通费用中，使企业以交纳保险费为代价，将风险损失转嫁给了保险公司，既符合企业经营核算制度，又保证了企业财务成果的稳定。

（三）有助于促进企业加强风险管理

保险本身就是风险管理方式之一，而保险防灾防损职能的发挥，更促进了企业加强风险管理。保险公司常年与各种灾害事故打交道，积累了较为丰富的风险管理经验，可以帮助投保企业尽可能地消除风险的潜在因素，达到防灾防损的目的。保险公司还可以通过保险费率这一价格杠杆调动企业防灾防损的积极性，共同搞好风险管理工作。尽管保险方式能对自然灾害、意外事故造成的损失进行经济补偿，但是，风险一旦发生，就可能造成社会财富的损失，被保险企业也不可能从风险损失中获得额外的利益。因此，加强风险管理符合企业和保险公司的共同利益。

（四）有助于安定人民生活

灾害事故的发生对于个人及家庭而言同样是不可避免的。参加保险不仅是企业风险管理的有效手段，也是个人及家庭风险管理的有效手段。家庭财产保险可以使受灾的家庭恢复原有的物质生活条件；人身保险可以转嫁被保险人的生、老、病、死、残等风险，对家庭的正常生活起保障作用。也就是说，保险这种方式，可以通过保险人赔偿或给付保险金，帮助被保险人及其关系人重建家园，使获得保险保障的个人及家庭的生活，能够保持一种安定的状态。

（五）有助于保证民事赔偿责任的履行，保障受害的第三者的利益

在日常生活及社会活动中，难免发生因致害人等的过错或无过错导致的受害的第三者的财产损失或人身伤亡引起的民事损害赔偿责任。致害人等可以作为被保险人，将这种责任风险通过责任保险转嫁给保险人。这样，既可以分散被保险人的意外的责任风险，又能切实保障受害的第二者的经济利益。

二、保险在宏观经济中的作用

（一）有助于保障社会再生产的顺畅运行

社会再生产过程包括生产、分配、交换和消费四个环节，这四个环节互相联系、互为依存，在时间上继起，在空间上并存。但是，社会再生产过程会因遭遇各种自然灾害和意外事故而被迫中断和失衡。其中任何一个环节的中断和失衡，都将影响整个社会再生产过程的均衡发展。保险对经济损失的补偿，能及时和迅速地对这种中断和失衡发挥修补作用，从而保障社会再生产的延续及其顺畅运行。

（二）有助于推动科学技术转化为现实生产力

现代社会的商品竞争越来越趋向于高新技术的竞争。在商品价值方面，技术附加值的比重越来越大，但是，对于熟悉原有技术工艺的经济活动主体来说，新技术的采用，既可能提高劳动生产率，又意味着新的风险。而保险的作用正是在于通过对采用

新技术风险提供保障，为企业开发新技术、新产品以及使用专利撑腰壮胆，以促进科学技术向现实生产力的转化。

(三) 有助于促进对外经济贸易的发展和国际收支的平衡

在对外贸易及国际经济交往中，保险是不可缺少的重要环节。保险业务的发展，如出口信用保险、投资保险、海洋货物运输保险、远洋船舶保险等险种的发展，既可以促进对外经济贸易，保障国际经济交往，又能带来无形的贸易收入，平衡国际收支。因此，外汇保费收入作为一项重要的非贸易收入，已成为许多国家积累外汇资金的重要来源。

(四) 有助于促进社会稳定

社会是由千千万万的家庭和企业等构成的，家庭和企业是社会的组成细胞，家庭的安定和企业的稳定都是社会稳定的因素。保险通过对保险责任范围内的损失和伤害的补偿和给付，分散了被保险人的风险，使被保险人能够及时地恢复正常的生产和生活，从而为社会的稳定提供了切实有效的保障。

三、保险的消极作用

保险既有积极作用，又有消极作用。这些消极作用可以说是在保险产生以后，社会所不得不付出的代价。

(一) 产生道德风险，出现保险欺诈

保险产生后，道德风险也随之产生，出现了形形色色的保险欺诈现象。例如，为了获得巨额保险金而杀害被保险人的事件在国外屡有发生。

(二) 增大费用支出

一方面，伴随着保险的产生，开设机构、开办业务、雇佣工作人员等，使社会支出中新增了一笔保险公司的业务费用支出；另一方面，其他职业的工作者借保险之机漫天要价，例如，有的原告律师在重大责任事故的案件中，索价高昂，大大超过原告的经济损失，以图在原告多得赔款的同时自已多得诉讼费用。此外，保险欺诈带来的查勘定损乃至侦破费用，事实上也使保险经营成本增大，费用开支增加。

可见，保险给社会带来很大效益，也使社会付出较大代价。但其社会效益大于其所付出的代价，此代价是社会为获得保险效益而必须做出的一种牺牲。所谓有利必有弊，有得必有失，不能因噎废食，而应尽可能充分发挥其积极作用，尽可能避免或减少消极作用。

第四节　保险的分类

随着社会的进步和保险业的迅速发展，保险领域不断扩大，新的险种层出不穷。为了更好地对保险理论和实务进行研究和分析，按照一定的标准对保险业务进行分类是十分必要的。根据不同的要求，从不同的角度，对保险有不同的分类。这里介绍几种较常见的分类方法。

一、按保险的性质分类

（一）社会保险

社会保险是指国家或政府通过立法形式，采取强制手段对劳动者因遭遇年老、疾病、生育、伤残、失业和死亡等社会特定风险而暂时或永久失去劳动能力、失去生活来源或中断劳动收入时的基本生活需要提供经济保障的一种制度。其主要项目包括养老保险、医疗保险、失业保险和工伤保险等。在现实生活中，有许多风险是商业保险不能解决的，如大规模的失业、贫困化等问题。这些风险如果得不到保障，就会造成社会动荡，直接影响经济发展，所以只能依靠社会保险的办法来解决。社会保险一般是强制保险。

（二）商业保险

它是指投保人根据合同约定，向保险人支付保险费，保险人对于合同约定的风险所致被保险人的财产损失承担赔偿责任，或当被保险人死亡、伤残、疾病，或者达到合同约定的年龄、期限时承担给付保险金责任。商业保险一般是自愿保险。

（三）政策保险

政策保险是政府为了某种政策目的，委托商业保险公司或成立专门政策性保险经营机构运用商业保险的技术来开办的一种保险。如目前我国的出口信用保险就是由专门的出口信用保险公司来经营的。很多国家的农业保险也属于政策性保险业务。其表现出国家对于外贸出口和农业方面的扶持态度。由于政策保险是国家实现其某种政策目的而举办的，体现了公共利益性和公共政策性，决定了政策保险在经营目标上与一般的商业保险不同，即不以赢利为目标。实际上，很多国家政府都对政策性保险业务给予补贴。

社会保险与商业保险的区别表现在：

1. 实施方式

社会保险一般是以法律或行政法规规定，采取强制方式实施；商业保险的实施方式大多采取自愿原则。

2. 管理方式

社会保险是维持国民基本生活需要的制度。在管理上，要求有权威性的机构进行统一管理，一般是由政府直接管理或政府的权威职能部门统一管理。商业保险则是保险公司根据投保方的需要和缴费能力所提供的保险，采用商业化管理方式，经营主体只要符合保险法要求的条件并得到保险监管部门的批准，就可以经营商业保险业务。

3. 经营目的

国家举办社会保险是以社会安定为宗旨，社会保险不以赢利为经营目的；而商业保险的经营主体在为社会提供丰富保险产品的同时，以赢利作为经营的目的。

4. 保障程度

社会保险是政府为解决有关社会问题而对国民实行的一种基本经济保障，具有保障国民最基本生活的特点，保障程度低。商业保险采取市场经营原则，实行多投多保、少投少保的保险原则。

5. 保险费负担

社会保险的保险费一般是由国家、单位和个人三方共同负担；商业保险的保险费则是由投保方自己负担。

6. 保障关系

社会保险不遵循对等原则，而是有利于低收入阶层。相对于他们缴纳的保险费来说，低收入者获得了更高的保障即实际上是通过一定的方式把高收入者的保障转移给低收入者。从这一点看，社会保险起到一定的“转移支付”作用。商业保险遵循对等原则，被保险人获得的保障取决于其自身缴纳的保险费。

二、按保险的实施方式分类

（一）自愿保险

自愿保险也称任意保险，是由单位和个人自由决定是否参加保险，保险双方采取自愿方式签订保险合同。自愿保险的保险关系，是当事人之间自由决定、彼此合意后所成立的合同关系。保险人可以根据情况决定是否承保，以什么条件承保。投保人可以自行决定是否投保、向谁投保，也可以自由选择保障范围、保障程度和保险期限。

（二）强制保险

强制保险也称法定保险，是指保险人与投保人以法律、法规为依据而建立的保险关系。如为了保障交通事故受害者的利益，很多国家把汽车第三者责任保险规定为强制保险。强制保险具有全面性和统一性的特点，表现在：凡是在法令规定范围内的保险对象，不论法人或自然人，不管是否愿意，都必须依法参加保险。实施强制保险通常是为了满足政府某些社会政策、经济政策和公共安全方面的需要。

三、按保险标的分类

（一）财产保险

财产保险是以财产及其有关利益为保险标的。按照保险保障范围的不同，财产保险业务进一步分为财产损失保险、责任保险和信用保证保险。

1. 财产损失保险

财产损失保险是指狭义财产保险，以物质财产为保险标的的保险业务。其种类很多，主要险种包括火灾保险、货物运输保险、运输工具保险、工程保险等。

2. 责任保险

责任保险是以被保险人依法应负的民事赔偿责任或经过特别约定的合同责任为保险标的的保险业务。其分为公众责任保险、产品责任保险、职业责任保险、雇主责任保险等。

3. 信用保证保险

信用保证保险是由保险人作为保证人为被保证人向权利人提供担保的一类保险业务。当被保证人的作为或不作为致使权利人遭受经济损失时，保险人负经济赔偿责任。

（二）人身保险

人身保险是以人的寿命和身体为保险标的的保险业务。根据保障范围的不同，人身保险分为人寿保险、意外伤害保险和健康保险。

1. 人寿保险

人寿保险是以被保险人的生命为保险标的，以生存和死亡为给付保险金条件的人身保险。人寿保险是人身保险的主要组成部分，被保险人在保险期内死亡或期满生存，都可以作为保险事故，即当被保险人在保险期内死亡或达到保险合同约定的年龄、期限时，保险人按照合同约定给付死亡保险金或期满生存保险金。

2. 意外伤害保险

意外伤害保险是指当被保险人因遭受意外伤害使其身体残废或死亡时，保险人依照合同规定给付保险金的人身保险业务。在意外伤害保险中，保险人承保的风险是意外伤害风险，保险人承担赔付责任的条件是被保险人因意外事故导致残疾或死亡。

3. 健康保险

健康保险是以人的身体作为保险标的。在被保险人因疾病或意外事故所致医疗费用支出或收入损失时，保险人承担赔偿责任的一种人身保险业务。

国际上对保险业务有不同的划分方法，多数国家按照精算标准和财务处理原则分为寿险与非寿险。我国《保险法》第九十二条将保险公司的业务范围分为财产保险业务和人身保险业务；并规定同一保险人不得同时兼营财产保险业务和人身保险业务。但是，经营财产保险业务的保险公司经保险监督管理机构核准，可以经营短期健康保险业务和意外伤害保险业务。因此，法律上已开始允许财产保险公司经营“第三领域”业务。

由于意外伤害保险和健康保险都以人的生命和身体作为保险标的，按照我国1995年颁布和实施的《保险法》的规定，属于人身保险业务，所以只能由寿险公司经营，财产保险公司不得经营。然而，健康保险和意外伤害保险（尤其是短期性业务），都具有一定的补偿性质，而且在精算基础和财务处理方式上与财产保险相同，因此，在学术上被视为“第三领域”。在国际上多数国家允许寿险公司和非寿险公司同时经营“第三领域”的业务。我国修订以后的《保险法》参照了国际通行作法，允许财产保险公司进入“第三领域”，将会为我国保险市场的竞争带来新的活力。一是有利于激活我国医疗保险市场。由于多方面原因，我国医疗保险业务发展缓慢，远不适应公众的商业医疗保险需求。允许产险公司经营短期健康保险，可以借助其网络和人才优势，与寿险公司共同拓展医疗保险业务。二是有利于意外保险业务的发展。让财产保险公司进入到意外保险业务领域，可以促进竞争，丰富意外险产品，形成合理费率，提高服务质量，更好地满足公众的保险需求。三是由于财产保险业务范围的扩大，有利于财产保险公司优化产品结构，增加保费收入，加快业务发展。

四、按承保方式分类

（一）原保险

原保险是指投保人与保险人之间直接签订合同所确立的保险关系。当被保险人在保险期内由于保险事故造成损失时，保险人对被保险人负赔偿或给付责任。

（二）再保险

再保险也称分保，是指保险人将其承担的保险业务，部分转移给其他保险人承担的保险关系。《保险法》第二十九条第一款规定："保险人将其承担的保险业务，以分保形式，部分转移给其他保险人的，为再保险"。分出业务的一方是原保险人，接受业务的一方是再保险人。原保险人转让部分保险业务的动机是避免过度承担风险责任，目的是稳定经营。再保险是保险人之间的一种业务活动，投保人与再保险人之间没有直接的业务关系。因此，《保险法》第三十条规定："再保险接受人不得向原保险的投保人要求支付保险费。原保险的被保险人或者受益人，不得向再保险接受人提出赔偿或者给付保险金的请求。再保险分出人不得以再保险接受人未履行再保险责任为由，拒绝履行或者迟延履行其原保险责任。"

（三）重复保险

重复保险是指投保人以同一保险标的、同一保险利益、同一风险事故分别与两个或两个以上的保险人订立保险合同，且保险期限重复。发生保险事故造成保险标的的损失需按一定方法在保险人之间进行赔款的分摊计算。

（四）共同保险

共同保险是由两个或两个以上的保险人联合，直接对同一标的、同一保险利益、同一风险事故提供保险保障。发生保险损失按照保险人各自的承保比例来进行赔款的支付。

共同保险和再保险的区别：共同保险中，每一个保险人直接面对投保人，风险在各保险人之间被横向分散；再保险中，投保人直接面对的是原保险人，原保险人又与再保险人发生业务关系，投保人与再保险人之间没有直接的联系，两者通过原保险人发生间接关系，风险在各保险人之间被纵向分散。

共同保险与重复保险的区别：共同保险中，几家保险人事先达成协议，联合起来共同承保，投保人与各保险人之间只有一个保险合同；重复保险中，投保人与各保险人分别签订保险合同，因而存在多个保险合同。

再保险与原保险的区别：一是合同主体不同。原保险合同主体一方是保险人，另一方是投保人与被保险人；再保险合同主体双方均为保险人。二是保险标的不同。原保险合同中的保险标的既可以是财产及其利益、责任和信用，也可以是人的生命与身体；再保险合同中的保险标的只能是原保险人承保被保险人的保险合同的责任的一部分。三是合同性质不同。原保险合同中的财产保险合同属于补偿性质，人寿保险合同属于给付性质；再保险合同全部属于补偿性质，再保险人按合同规定对原保险人所支付的赔款或保险金进行分摊。

小结：保险是一种合同行为，体现的是一种民事法律关系。保险关系是通过保险双方当事人以签订保险合同的方式建立起来的一种民事法律关系。保险又是一种经济关系，是分摊意外损害的一种财务安排。保险体现了保险双方当事人之间的一种经济关系。保险具有补偿和给付的基本职能，还具有融资和防灾防损的派生职能。保险对于国家、企业、家庭、个人均有积极作用。

复习思考题：

1. 保险的要素有哪些？
2. 什么是可保风险？可保风险需要具备哪些条件？
3. 保险的基本职能是什么？
4. 保险具有哪些派生职能？

第四章 保险合同

内容提要：保险合同是投保人与保险人约定保险权利、义务关系的协议。保险合同具有自身的特征。静态地分析保险合同，可以把保险合同分为主体、客体、内容三部分。动态地分析保险合同，保险合同必然经历从订立到终止的过程。

第一节 保险合同的特征

保险合同又称为保险契约，是合同的一种形式，是投保人与保险人约定保险权利、义务关系的协议。投保人和保险人是直接签订保险合同的双方，是保险合同的双方当事人。按照保险合同的约定，投保人应向保险人交付约定的保险费，保险人则应在约定的保险事故发生时，履行赔偿或给付保险金的义务。

按照保险合同的性质，保险合同可以分为两种类型：一类是补偿性合同，即当发生约定的保险事故使被保险人遭受经济损失时，保险人根据保险合同的约定，对保险标的的实际损失给予被保险人经济补偿。财产保险合同一般属于补偿性合同。另一类是给付性合同，即只要发生了保险合同约定的事故，保险人就应该按照保险合同的约定履行给付保险金的义务。人身保险合同一般属于给付性合同。

保险合同主要具有以下特征：

一、保险合同是最大诚信合同

“重合同、守信用”是任何经济合同的当事人都必须遵循的原则。任何合同从订立到履行都应该诺守诚信，而保险合同对保险双方当事人的诚信要求更甚于一般合同。保险合同从订立到履行都要求保险双方当事人最大限度地诚实守信。因为根据保险合同的约定，保险人是对未来可能发生的保险事故承担赔偿或者给付保险金责任，而未来是不确定的，保险双方当事人对保险标的的信息是不对称的。一方面，保险人承保及赔付，很大程度上是以投保人或被保险人的告知和保证事项为依据。如果投保人或被保险人不如实告知保险标的的风险情况，不履行保证事项，会影响到保险人的合法权益。另一方面，保险合同一般是保险人单方面拟订的，投保人可能对保险合同的专业术语及相关内容不清楚、不熟悉，保险人及其代理人在进行展业宣传及承保时，如果不向投保人说明保险合同的条款内容（如免责条款），势必损害到投保人、被保险人的合法权益。因此，无论是从保险人的角度，还是从投保人、被保险人的角度，保险双方都只有最大诚信，才能保证对方的合法权益，并最终保障保险业的健康发展。因而，保险合同具有最大诚信的特征。

二、保险合同是双务合同

根据合同当事人对权利义务的承担方式，可以将合同分为单务合同和双务合同。单务合同是当事人一方只有权利，而另一方只承担义务的合同；双务合同是合同当事人双方相互承担义务、享有权利的合同。在等价交换的经济关系中，绝大多数合同都是双务合同。保险合同是典型的双务合同，保险双方相互承担义务、享有权利。在保险合同中，投保人有按照合同约定支付保险费的义务，被保险人在保险事故发生时享有请求保险人赔偿或者给付保险金的权利；保险人应承担保险合同约定的保险事故发生时赔付保险金的义务，享有收取保险费的权利。

三、保险合同是有偿合同

有偿合同是与无偿合同相对而言的。根据合同当事人取得权利是否偿付代价可以将合同划分为无偿合同和有偿合同。有偿合同是指因为享有一定的权利而必须偿付一定对价的合同。所谓对价，其含义是合同中任何一方权利的取得，都应该给付对方当事人认可的相对应的代价。在这个基础上建立的关系是对价关系。保险合同具有对价关系。在保险合同中，保险双方的对价是相互的，投保人的对价是支付保险费，保险人的对价是对保险合同约定风险的承担。值得注意的是，保险人并不一定或必然要赔偿损失或给付保险金，而是只有在发生了保险合同约定的保险事故时，保险人才会承担赔付保险金的责任。换言之，保险合同是有偿合同，体现为投保人以支付保险费为代价换取保险人在保险事故发生时承担赔偿或者给付保险金责任的承诺。

四、保险合同是附合合同

根据合同的一方当事人对合同的内容是否只能表示附合来划分，可以将合同分为商议合同和附合合同。商议合同是缔约双方就合同的重要内容，充分协商而订立的合同。大多数经济合同都属于商议合同。附合合同则是指合同的双方当事人不是充分协商合同的重要内容，而是由合同的一方当事人提出合同的主要内容，另一方当事人只能做出取舍的决定而订立的合同。保险业的自身特点，使保险合同趋于定型性、技术化、标准化。保险合同的基本条款一般是由保险人事先拟定并统一印制出来，投保人对其内容若同意则投保，若不同意一般也没有修改其中的某项条款的权利。即使有必要修改或变更保险单的某项内容，通常也只能采用保险人事先准备的附加条款，而不能完全按投保人的设想做出改变。也就是说，对于保险人单方面制定的保险合同内容，投保人一般只能做出“取或舍”的决定，因此，保险合同是附合合同。

五、保险合同是射幸合同

对合同作交换合同和射幸合同的分类，是根据合同的一方给予对方的报偿是否与对方所给予的报偿具有对等的价值来划分的。交换合同是指合同的任何一方给予对方的报偿都具有对等的价值，如买卖合同即是一种典型的交换合同。而射幸合同是指合同的效果在订约时不能确定的合同。所谓射幸，就是侥幸、碰运气的意思。保险合同之所以是射幸合同，源于保险事故发生的不确定性，或者说是因为保险合同履行的结果是建立在保险事故可能发生也可能不发生的基础上的。就单个保险合同而言，在订立保险合同之时，投保人交纳保费换取的只是保险人的承诺，而保险人是否履行赔偿或给付保险金的义务，取决于约定的保险事故是否发生。所以，就单个保险合同而言，保险合同具有射幸性。但是，保险合同的射幸性并不意味着保险人可能履行合同或不履行合同，因为在保险期限内如果发生了保险事故，保险人要承担赔付保险金的责任，这就意味着保险人履行了保险合同规定的赔付义务，而且，保险人支付给被保险人或受益人的保险金一般会大大超过其收取的保险费；如果在保险期限内没有发生保险事故，尽管投保人支付了保险费而被保险人或受益人未得到赔付的保险金，但保险人在保险期间承担的风险及其保障责任，也是保险人在履行合同。保险合同的射幸性一般是针对单个保险合同来说的，就某类保险合同整体而言，保险人收取的保险费与实际赔付的保险金，原则上应是大体平衡的。

六、保险合同是要式合同

合同分为要式合同和非要式合同，是根据合同的成立是不是需要采取特定方式来划分的。所谓要式合同，是指需要采取特定方式才能成立的合同，即需要履行特定的程序或采取特定的形式合同才能成立，如必须采取书面形式，需要签证、公证或经有关机关批准登记才能生效的合同。非要式合同是指不需要特定方式即可成立的合同。由于保险合同的成立标志着保险双方权利义务关系的确立，关系到责任的认定，因而如果保险双方就合同条款达成一致意见，投保人应填写投保单，保险人应及时向投保人签发保险单或其他保险凭证，并在保险单或其他保险凭证中载明当事人双方约定的合同内容。因此，保险合同应该是要式合同。

第二节　保险合同的主体

保险合同的主体与一般的合同主体不同，可以包括保险合同的当事人、关系人和辅助人。从与保险合同发生直接关系来看，保险合同的主体就是保险合同的当事人，包括保险人与投保人；从与保险合同发生间接关系来看，保险合同的主体还包括保险合同的关系人，即被保险人与受益人。此外，由于保险业务涉及面较广，具有一定的技术性和专门知识，因此，保险合同的主体还可以包括保险合同的辅助人，即保险代理人、保险经纪人和保险公估人。

一、保险合同的当事人

保险合同的当事人是指直接订立保险合同的人，是具有权利能力和行为能力的人。在保险合同中，通常约定了保险合同当事人的权利和义务。保险合同的当事人是保险人和投保人。

（一）保险人

保险人又称为承保人，是指与投保人订立保险合同，并按照合同约定承担赔偿或者给付保险金责任的保险公司。保险人是订立保险合同的一方当事人，它依法设立，专门经营保险业务，按保险合同的约定向投保人收取保险费，对于保险合同约定的可能发生的事故因其所造成的财产损失承担赔偿保险金责任，或者当被保险人死亡、伤残、疾病或者达到合同约定的年龄、期限时承担给付保险金责任。世界上绝大多数国家，对保险人的资格都限定为法人，只有个别国家（如英国）允许个人经营保险业务。按照我国《保险法》的规定，保险人只限于是保险公司，目的在于使保险人有严密的组织、雄厚的财力，以保证保险业的稳健经营并承担起对广大的被保险人的经济保障的重大责任。我国《保险法》对保险公司的组织形式，保险公司的设立、变更和终止，保险公司的业务经营范围以及其他经营规则等都有明确的规定。

（二）投保人

投保人是指与保险人订立保险合同，并按照合同约定负有支付保险费义务的人。可见，相对于保险人而言，投保人是订立保险合同的另一方当事人；保险合同成立后，投保人应该按照保险合同的约定承担交付保险费的义务。投保人可以是自然人，也可以是法人。

按照《保险法》及民法的相关规定，作为投保人还应该具备一定条件：

1. 投保人应该具有民事行为能力

公民的民事行为能力因年龄及精神状况的不同而不同。《中华人民共和国民法通则》（以下简称《民法通则》）规定：无民事行为能力人实施的民事行为或限制民事行为能力人依法不能独立实施的民事行为，在法律上无效；十八周岁以上的公民具有完全民事行为能力，可以独立进行民事活动，是完全民事行为能力人；十六周岁以上不满十八周岁的公民，以自己的劳动收入为主要生活来源的，视为完全民事行为能力人；不满十周岁的未成年人和不能辨认自己行为的精神病人是无民事行为能力人；十周岁以上的未成年人和不能完全辨认自己行为的精神病人是限制民事行为能力人。按照《民法通则》的规定，作为投保人的公民，应具有完全的民事行为能力，其与保险人订立的保险合同在法律上才是有效的。

法人是具有民事权利能力和民事行为能力，依法独立享有民事权利和承担民事义务的组织。因此，法人可以成为投保人。

2. 人身保险的投保人在保险合同订立时，对被保险人应当具有保险利益

新《保险法》第十二条第一款规定："人身保险的投保人在保险合同订立时，对被保险人应当具有保险利益。"

二、保险合同的关系人

保险合同的关系人是指与保险合同的订立间接发生关系的人。在保险合同约定事故发生时，保险合同的关系人享有保险金的请求权。保险合同的关系人包括被保险人和受益人。

（一）被保险人

新《保险法》第十二条第五款规定："被保险人是指其财产或者人身受保险合同保障，享有保险金请求权的人。"也就是说，被保险人的财产、寿命或身体受到保险合同的保障，如果在保险期限内发生了保险事故，被保险人有权向保险人请求赔偿或者给付保险金。在财产保险中，被保险人是保险标的的所有人或具有经济利益的人。在人身保险中，被保险人就是保险的对象。

被保险人与投保人的关系，一般有两种情况。第一种情况是投保人为自己的利益订立保险合同，投保人就是被保险人。例如：在财产保险中，投保人以自己具有所有权的财产为保险标的向保险人投保；在人身保险中，投保人以自己的寿命或者身体作为保险标的与保险人订立保险合同。这些都是投保人与被保险人为同一人。第二种情况是投保人为他人的利益订立保险合同，投保人与被保险人相分离。在这种情况下，只要投保人对保险标的具有保险利益，其订立的保险合同在法律上就有效。

（二）受益人

新《保险法》第十八条第三款规定：受益人是指人身保险合同中由被保险人或者投保人指定的享有保险金请求权的人。按照《保险法》的规定，受益人的概念仅限于人身保险合同，受益人享有保险金的请求权。

人身保险的受益人由被保险人或者投保人指定。但是，为了保障被保险人的生命安全，投保人指定受益人须经被保险人同意。

被保险人一般可以任意指定受益人。但被保险人为无民事行为能力人或者限制民事行为能力人的，可以由其监护人指定受益人。

被保险人或者投保人可以指定一人或者数人为受益人。受益人为数人的，被保险人或者投保人可以确定受益顺序和受益份额；未确定受益份额的，受益人按照相等份额享有受益权。

被保险人或者投保人可以变更受益人并书面通知保险人。投保人变更受益人时须经被保险人同意。保险人收到变更受益人的书面通知后，应当在保险单上批注。

一般而言，只要人身保险合同中指定了受益人，被保险人死亡后，就只有受益人享有保险金请求权。在特殊情况下，被保险人的继承人有权享受保险金。

为了减少道德风险，保障被保险人的生命安全，世界各国的保险法一般都规定：受益人故意造成被保险人死亡或者伤残的，或者故意杀害被保险人未遂的，丧失受益权。

三、保险合同的辅助人

保险合同的辅助人是指辅佐、帮助保险双方当事人订立及履行保险合同的人。它通常包括保险代理人、保险经纪人和保险公证人。在我国一般又将保险合同的辅助人称为保险中介人。

（一）保险代理人

保险代理人是根据保险人的委托，向保险人收取代理手续费，并在保险人授权的范围内代为办理保险业务的单位或者个人。

保险人委托保险代理人代为办理保险业务的，应当与保险代理人签订委托代理协议，依法约定双方的权利和义务及其他代理事项。

保险代理人的行为，通常视为被代理的保险人的行为。在保险人的授权范围内，保险代理人的行为对其所代理的保险人有法律约束力。保险代理人根据保险人的授权代为办理保险业务的行为，由保险人承担责任。

我国的保险代理人有三种形式：专业代理人、兼业代理人和个人代理人。保险代理人的基本业务范围是代理推销保险产品、代理收取保险费。

（二）保险经纪人

保险经纪人是基于投保人的利益，为投保人与保险人订立保险合同提供中介服务，并依法收取佣金的单位。

保险经纪人主要是投保人利益的代表。保险经纪人的法律地位与保险代理人截然不同。因保险经纪人在办理保险业务中的过错，给投保人、被保险人或其他委托人造成损失的，由保险经纪人承担赔偿责任。

保险经纪人一般可以经营下列业务：为投保人拟订投保方案、选择保险人、办理投保手续；协助被保险人或受益人进行索赔；再保险经纪业务；为委托人提供防灾、防损或风险评估、风险管理咨询服务；保险监督管理机构批准的其他业务。

（三）保险公估人

按照《保险法》的规定，保险人和被保险人可以聘请依法设立的独立的评估机构或者具有法定资格的专家，对保险事故进行评估和鉴定。在我国，保险公估人以保险公估机构的方式从事业务。保险公估机构是指依法设立的，接受保险当事人委托，专门从事保险标的的评估、勘验、鉴定、估损、理算等业务的单位。保险公估人基于公正、独立的立场，凭借丰富的专业知识和技术，办理保险公估业务。保险公估人既可以接受保险人的委托，又可以接受被保险人的委托。保险公估人向委托人（保险人或被保险人）收取公估费用。保险公估人应当依法公正的执行业务。保险公估人因故意或者过失给保险人或者被保险人造成损害的，依法承担赔偿责任。

第三节 保险合同的客体

保险合同的客体是指保险双方当事人权利义务所共同指向的对象。

保险合同的客体不是保险标的，而是保险利益。保险利益是指投保人或被保险人对保险标的具有的法律上承认的利益。保险利益与保险标的不同。保险标的是保险合同中所载明的投保对象，是保险事故发生的客体，即是指作为保险对象的财产及其有关利益或者人的寿命或身体。保险合同并非保障保险标的在保险有效期内不受损害，而是当被保险人的保险标的发生约定的保险事故时给予经济上的赔偿或给付。保险标的是订立保险合同的必要内容，是保险利益的载体，而保险合同保障的是投保人、被保险人对保险标的所具有的合法利益，没有保险利益，保险合同将会失去客体要件而无效。

第四节　保险合同的内容

保险合同的内容有广义和狭义之分。广义的保险合同的内容是指以保险合同双方权利义务关系为核心的全部事项，包括保险合同的主体、客体、权利义务及其他声明事项；狭义的保险合同的内容是指以保险合同双方当事人依法约定的权利与义务，即表现为保险合同的条款。在此，对狭义的保险合同的内容进行阐述。

一、保险条款

保险合同的条款简称保险条款，是保险合同双方当事人依法约定各自的权利义务的条款。保险条款是对保险双方权利义务的具体约定，在保险合同中居于核心地位。保险条款对保险合同的双方当事人具有法律约束力。保险条款一般分为基本条款和特约条款。

（一）基本条款

保险合同的基本条款是指规定保险合同双方权利义务基本事项的条款。在任何保险合同中，基本条款是不可缺少的条款，一般是由保险人在法定的必须载明事项的基础上事先拟定好并印在保险单上。保险的险种不同，其基本条款也不同。

（二）特约条款

保险合同的特约条款是由保险双方当事人根据特殊需要，共同约定的条款。如保险合同当事人在保险合同基本条款的基础上，约定的补充条款，以增加或限制基本条款所规定的权利与义务。由于保险标的的风险状况不同，投保人对保险的需求也有所不同，附加条款就是应投保人的要求而增加的内容。附加条款的灵活运用，弥补了基本条款的不足，如利用附加条款来变更或者补充原保险单的内容，变更原保险单的约定事项等。

二、保险合同的主要内容

保险合同的内容主要有以下各项：

（一）保险人的名称和住所

我国《保险法》明确规定保险人为保险公司，因此，保险人的名称就是保险公司的名称，保险人的住所就是保险公司的营业场所。在保险合同中对保险人的名称和住所应当准确、清楚地加以记载，以便于保险人行使收取保费的权利、履行赔偿或者给付保险金的义务。

（二）投保人、被保险人的名称和住所，以及人身保险的受益人的名称和住所

投保人是保险合同的一方当事人，在保险合同中明确记载其姓名和住所，有利于投保人履行交纳保险费的义务；被保险人作为保险合同的关系人，载明其名称和住所，有利于被保险人在保险事故发生时行使保险金的请求权，并履行保险合同规定的义务；如果在人身保险合同中约定了受益人，也应将受益人的名称和住所记载清楚，以利于受益人享受请求保险金的权利。

（三）保险标的

保险标的是指作为保险对象的财产及其有关利益或者人的寿命或身体。保险标的是保险利益的载体。不同的保险合同，有不同的保险标的。财产保险合同的保险标的是财产及其有关的利益，即财产保险合同的保险标的既包括有形的财产，又包括无形的责任及利益。人身保险合同的保险标的是人的寿命或身体。在保险合同中载明保险标的，有利于确定保险合同的种类、判断投保人对保险标的是否具有保险利益、明确保险人承担责任的对象及范围、确定保险金额、确定诉讼管辖等。

（四）保险责任和责任免除

保险责任是指保险合同中载明的风险事故发生后保险人应承担的赔偿或者给付责任。保险责任是保险双方当事人在保险合同中对保险人所应承担的风险责任范围的具体约定。保险责任因保险的险种不同而不同。

责任免除，又称除外责任，是指保险人按照法律规定或者合同约定，不承担保险责任的范围。责任免除是对保险责任的限制，是对保险人不负赔偿或给付保险金责任范围的具体规定。在保险合同中应明确列明责任免除，以对保险人承担责任的范围加以明确限制，更好地确定双方当事人的权利义务关系。责任免除条款一般涉及的损害有：战争或军事行动所造成的损害；保险标的物的自然损耗；被保险人及其关系人的故意行为所致损害以及其他不属于保险责任范围的损害等。

（五）保险期限

保险期限，又称保险期间，是指保险人对保险事故承担赔付责任的起止期限。保险期间规定了保险合同的有效期限，是对保险人为被保险人提供保险保障的起止日期的具体规定。保险期限，既可以按年、月、日计算，比如以一年为期；也可以按一定事件的起止时间来计算，比如建筑工程保险的保险期限就是以一个工程的工期来确定的。保险期限是保险人履行赔付义务的依据。保险标的只有在保险期限内发生的保险事故，保险人才承担赔付保险金的责任。

（六）保险价值

保险价值是财产保险中的特有概念，是指保险标的在某一特定时期内以货币估计的价值额。保险价值是保险金额确定的依据。

（七）保险金额

保险金额简称保额，是保险当事人双方约定的，在保险事故发生时，保险人承担

赔偿或给付保险金责任的最高限额。保险金额是保险人计算保险费的重要依据。在财产保险中，保险金额的确定以保险标的的价值为依据；在人身保险中，由于人的价值无法用货币衡量，因而一般是由保险合同双方自行约定保险金额。

财产保险合同中的保险金额不得超过保险价值，超过保险价值的，超过的部分无效；保险金额低于保险价值的，除合同另有约定外，保险人按照保险金额与保险价值的比例承担赔偿责任。

（八）保险费及其支付办法

保险费是指投保人为使被保险人获得保险保障，按合同约定支付给保险人的费用。保险费是保险基金的来源。缴纳保险费是投保人应履行的基本义务。保险费的多少，由保险金额、保险费率和保险期限等因素决定。

保险费率一般用百分率或千分率表示。保险费率由纯费率和附加费率组成，其中，纯费率是保险费率的基本组成部分。在财产保险中，主要依据保险标的的损失率确定纯费率；在人身保险中，则是依据人的死亡率或生存率、利率等因素确定纯费率。而附加费率主要是依据保险企业在一定期限内的各种营业费用及预定利润确定的。

保险费既可以一次性支付，也可以分期支付；既可以现金支付，也可以转账支付。但不论采取什么方式支付保险费，都应在保险合同中载明。

（九）保险金赔偿或者给付办法

保险金赔偿或给付办法是指保险人承担保险责任的方法。保险金赔偿或给付的方法，原则上应采取货币形式，但也有一些财产保险合同约定对特定的损失，可以采取修复、置换等方法。保险金赔偿或给付办法的明确约定及记载，有利于保险人更好地履行保险赔付责任，减少保险双方的赔付纠纷。

（十）违约责任和争议处理

违约责任是指保险合同当事人因其过错，不能履行或不能完全履行保险合同规定的义务时，根据法律规定或合同约定所必须承担的法律后果。在保险合同中任何一方违约都会给对方造成损失，因此，应在合同中明确规定哪些行为是违约行为以及违约应承担的法律责任，以保障保险双方的合法权益。

争议处理是指保险双方解决保险合同纠纷的方式。保险合同的争议处理方式，一般包括协商、仲裁和诉讼三种方式。

（十一）订立合同的时间

保险合同应注明订立的时间，以便确认保险责任开始时间、投保人对保险标的是否具有保险利益以及其他涉及保险当事人之间的权利义务关系。注明订立保险合同的时间，还有助于确认保险合同订立前是否已经发生保险事故，以便查明事实真相、避免骗赔事件的发生。

三、保险合同的条款解释原则

保险合同订立后，可能因种种原因使保险双方当事人及关系人对保险合同条款的内容有不同的理解以致双方发生争议。在争议的情况下，一般由当事人双方协商解决，若协商不能达成一致，则应通过仲裁机关或者法院做出裁决或判决。为保证裁决或判决的客观和公正，需要依照法律的规定或行业习惯确定一定的条款解释原则。保险合同条款的解释原则，可以概括为以下三点：

(一) 文义解释

文义解释就是指对合同条款的文字应按照其通常的含义并结合上下文来解释；同一个合同中出现的同一个文句，前后的解释应当相同；条款中出现的专业术语，应按照其所属行业的通常含义进行解释。在保险合同中，对一般条文的解释，应该按照该文字通常的含义并结合合同的整体内容来解释；对保险专业术语、法律术语及其他专业术语，可以依据保险法及相关的法律、法规或行业惯例等进行解释。

(二) 意图解释

意图解释就是指解释保险合同条款应遵循签约当时双方当事人的真实意图，以当时的客观情况为出发点来进行解释。保险合同的条款是由保险双方当事人意思表示一致而确立的，因此，解释时应充分尊重双方当事人订立合同时的真实意图。在双方对合同条款有歧义而又无法运用文义解释原则时，应通过分析背景材料等方式，对签约当时双方当事人的真实意图进行逻辑上的推断。

(三) 解释应有利于被保险人和受益人

由于保险合同一般是由保险人事先拟定的，是附合合同，保险合同条款主要是格式条款，在订立保险合同时，投保人往往只能表示接受或不接受，使保险人在条文的拟定上处于主动地位，被保险人则居于被动地位，而且，保险条款的专业性较强，有些保险专业术语一般人难以理解，因此，对保险条款有两种或两种以上的解释时，应当做出不利于提供格式条款一方的解释，即解释应有利于被保险人和受益人。

第五节　保险合同的订立

保险合同的订立是投保人与保险人意思表示一致而进行的法律行为。

一、保险合同的订立程序

与其他合同一样，保险合同的订立，大致可分为两个程序：要约和承诺。

(一) 要约

要约是要约人以缔结合同为目的而进行的意思表示。它是合同当事人一方向另一方表示愿与其订立合同的提议。一个有效的要约应具备三个条件：要约应明确表示订立合同的愿望；要约应具备合同的主要内容；要约在其有效期内对要约人具有约束力。在保险合同中，一般投保人为要约人，投保人填写投保单，并交给保险人的行为被视为要约。投保单一经保险人接受，便成为保险合同的一部分。

(二) 承诺

承诺是受约人对要约人提出的要约全部接受的意思表示，即受约人向要约人表示愿意完全按照要约内容与其订立合同的答复。一个有效的承诺也应具备三个条件：承诺不能附带任何条件；承诺应由受约人本人或其合法代理人作出；承诺应在要约的有效期内作出。在保险合同的订立过程中，一般是投保人提出要约，保险人根据投保单的内容签发保险单、保险凭证或暂保单，合同即告成立，但有时情况并不这么简单。因为在签订合同过程中，双方当事人往往有个协商过程，如要约人对受约人提出要约，受约人对要约人的要约提出修改或附加条件，这时受约人的行为就被认为是提出了新的要约，原要约人与受约人的法律地位互换，即原要约人成为新的受约人，原受约人成为新的要约人。如果保险人对投保人的要约附加了新的内容或条件，则保险人成为新要约人，投保人成为新受约人。合同能否成立，则要看最后一位要约人的要约能否得到最后一位受约人的承诺。

二、保险合同的成立与生效

一般而言，保险合同的订立意味着保险合同的成立，但是，保险合同的成立与保险合同的生效不是一个概念。

保险合同的成立是保险双方当事人就保险合同条款达成协议。新《保险法》第十三条规定："投保人提出保险要求，经保险人同意承保，保险合同成立。保险人应当及时向投保人签发保险单或者其他保险凭证。"

保险合同的生效是指保险合同对保险双方当事人产生法律约束力。保险合同的生效意味着保险合同具有了法律效力，保险合同的双方当事人、关系人都应按照保险合同的约定承担义务、享有权利；否则，将承担相应的法律后果。

新《保险法》第十三条第三款规定："依法成立的保险合同，自成立时生效。投保人和保险人可以对合同的效力约定附条件或者附期限。"

三、保险合同的订立形式

订立保险合同应该采取书面形式。保险合同的书面形式主要有投保单、保险单、保险凭证和暂保单等。

(一) 投保单

投保单是投保人向保险人申请订立保险合同的一种书面形式的要约。在投保单中应列明订立保险合同所必需的项目。投保单一般有统一的格式，由保险人事先准备好，投保人应按保险人所列项目据实逐一填写。投保单一经保险人承诺，即成为保险合同的重要组成部分。投保人对在投保单中所填写的内容，应承担相应的法律后果，例如，投保人在填写投保单时未履行如实告知义务，足以影响到保险人决定是否同意承保或者提高保险费率的，保险人有权解除保险合同，并不承担赔偿或者给付保险金的责任。

(二) 保险单

保险单简称保单，是指保险人与投保人之间订立保险合同的正式的书面证明。保险单通常是由保险人签发的，是对投保人要约的一种承诺。保险单是保险双方履约的依据。在保险单上应将保险合同的全部内容详尽列明，包括保险双方当事人、关系人的权利和义务。保险单上既应列明保险项目（如被保险人的名称、保险标的、保险费、保险金额、保险期限等），还应附上保险合同条款，以便保险双方明确各自应享有的权利、应承担的义务。

（三）保险凭证

保险凭证又称为小保单，是一种简化了的保险单，是保险人向投保人签发的证明保险合同已经成立的一种书面凭证。保险凭证与保险单具有同等的法律效力。保险凭证没有列明的内容，以保险单的条款为准；保险凭证与保险单的内容相冲突时，以保险凭证为准。保险凭证只在少数几种业务中使用，如货物运输保险等。采用保险凭证的主要目的在于简化手续。

（四）暂保单

暂保单又称为临时保单，是保险单或保险凭证出立前发出的临时性的保险单证。使用暂保单主要是基于三种情况：保险代理人已招揽到保险业务但尚未向保险人办妥保险手续时；保险公司的分支机构接受投保，但尚需请示上级公司时；保险双方当事人已就合同的主要条款达成协议，但有些条件尚需进一步商榷时。在以上情况下，保险人可先出具暂保单，作为投保人已保险的证明。暂保单的法律效力与正式保单相同，但其有效期较短，一般为30天。在暂保单的有效期间，保险人一旦确定承保并签发保险单，暂保单即自动失效而为保险单所取代；保险人如果确定不予承保，则有权随时提前终止暂保单的效力。

第六节 保险合同的变更、中止与复效

一、保险合同的变更

保险合同的变更是指在保险合同的有效期内，保险合同当事人、关系人对合同所做的修改或补充。保险合同成立并生效后，具有法律约束力，保险双方一般不得擅自变更。但是，如果主观意愿或客观情况发生变化，也可以依法变更保险合同。保险合同的变更，主要是保险合同的主体变更或内容变更。

（一）保险合同的主体变更

保险合同的主体变更是指保险合同的当事人或关系人的变更，主要是指投保人、被保险人或受益人的变更，保险人一般不会变更。保险合同的主体变更，不改变保险合同的客体和内容。

1. 财产保险合同主体的变更

财产保险合同主体的变更是指投保人或被保险人的变更。财产保险合同主体的变更意味着财产保险合同的转让。财产保险标的的转让可以因买卖、继承、赠予等法律

事实的出现而发生，从而导致保险标的从一个所有权人转移至另一个所有权人。在这种情况下，要使保险合同继续有效，就需要变更保险合同中的被保险人。

（1）一般财产保险合同主体的变更。在一般情况下，财产保险标的的转让应当通知保险人，经保险人同意继续承保后，依法变更被保险人。保险人可以根据财产保险合同主体变更引起的风险状况的变化，加收或退减部分保险费。

（2）货物运输保险合同主体的变更。在财产保险中，货物运输保险合同由于其标的流动性大，运输过程中经常通过货物运输单据的转让而发生物权转移。因此，法律允许货运险合同不经保险人同意即可变更被保险人，但须被保险人记名背书。

2. 人身保险合同主体的变更

人身保险合同主体的变更，一般取决于投保人或被保险人的主观意愿，而不以保险标的的转让为前提。人身保险合同主体的变更可以是投保人、被保险人或受益人的变更。

（1）投保人的变更。如果投保人与被保险人是同一人时，要变更投保人应通知保险人；如果投保人与被保险人不是同一人时，要变更投保人应征得被保险人的同意并通知保险人。投保人的变更应经过保险人的核准及办理相关手续，方能有效。

（2）被保险人的变更。人身保险的被保险人是保险的标的，因而一般不能轻易变更。如果要变更，通常是以下两种情况：一种是在团体人身保险中，由于作为团体的投保人的员工处于流动状态，投保人可以员工的流动情况通知保险人变更被保险人；另一种是当投保人与被保险人为同一人时，经保险人同意，可以变更被保险人。被保险人的变更应该采取书面形式。

（3）受益人的变更。人身保险合同主体的变更主要是指受益人的变更。被保险人或者投保人可以变更受益人并书面通知保险人。保险人收到变更受益人的书面通知后，应当在保险单上批注。投保人变更受益人时则须经被保险人同意。

（二）保险合同的内容变更

在保险合同的有效期内，投保人或被保险人与保险人经协商同意，可以变更保险合同的有关内容。

保险合同的内容变更是指合同约定事项的变更，也就是保险关系双方各自所承担的义务和享有的权利的变更。如保险合同中的保险责任、保险金额、保险期限等发生变化，财产保险的保险标的的价值、数量、存放地点、危险程度等发生变化，人身保险的被保险人的职业、投保人的交费方式等发生变化，都可以属于保险合同的内容变更的范围。

保险合同内容发生变更，投保人或被保险人应主动向保险人申请办理批改手续，保险人同意后，应在原保单或者其他保险凭证上批注或附贴批单，或者由投保人和保险人订立变更的书面协议。

保险合同的变更往往意味着保险人承担风险的增加或减少，为此可能需要加收或退减部分保险费。

为了明确保险双方当事人在保险合同变更后的权利和义务，按照国际惯例，合同变更后的有效性按下列顺序认定：手写批注优于打印批注；加贴的附加条款优于基本条款；加贴的批注优于正文的批注。

二、人身保险合同的中止与复效

保险合同的中止与复效仅适用于人身保险合同。

（一）保险合同的中止

保险合同的中止是指保险合同暂时失去效力。在人身保险中，保险期限一般较长，投保人可能因为种种主客观原因不能按期缴纳续期保险费，为了保障保险双方的合法权益，并给投保人一定的回旋余地，各国的保险法一般都对缴费的宽限期及合同中止做了明确规定。新《保险法》第三十六条规定：“合同约定分期支付保险费，投保人支付首期保险费后，除合同另有约定外，投保人自保险人催告之日起超过三十日未支付当期保险费，或者超过约定的期限六十日未支付当期保险费的，合同效力中止，或者由保险人按照合同约定的条件减少保险金额。”即人身保险的保险合同生效后，如果投保人未按期缴纳保险费，并超过了60天的宽限期，保险合同的效力中止。在保险合同中止前的宽限期内如果发生了保险事故，保险人应承担赔付责任；但是如果是在保险合同中止后发生的保险事故，保险人不承担赔付责任。保险合同的中止并不意味着保险合同的解除，经过一定的程序仍然可以恢复法律效力。

（二）保险合同的复效

保险合同的复效是指保险合同效力的恢复。保险合同效力中止后，经保险人与投保人协商并达成协议，在投保人补交保险费后，可以恢复保险合同的效力。但是按照新《保险法》第三十七条的规定，自合同效力中止之日起两年内双方未达成协议的，保险人有权解除合同。

第七节 保险合同的终止

保险合同的终止是指合同双方当事人确定的权利义务关系的消灭。保险合同的终止主要包括下面几种情况：

一、保险合同的解除

保险合同的解除是指在保险合同的有效期限届满前，当事人依照法律规定或者合同约定提前终止合同效力的法律行为。

保险合同的解除按解约的主体可以分为投保人解除保险合同、保险人解除保险合同和保险双方约定解除保险合同三种情况。

（一）投保人解除保险合同

由于保险合同是在平等自愿的基础上订立的，因而在一般情况下，投保人可以随时提出解除保险合同。

我国新《保险法》第十五条规定："除本法另有规定或者保险合同另有约定外，保险合同成立后，投保人可以解除保险合同，保险人不得解除合同。"也就是说，保险合同成立后，投保人一般可以解除保险合同，而不须承担违约责任。但是，某些保险合同具有特殊性，如货物运输保险合同和运输工具航程保险合同，保险责任开始后，难以确定终止责任的具体时间、空间，因此，投保人不能要求解除保险合同。如果保险双方当事人通过合同约定，对投保人的合同解除做出限制的，投保人也不得解除保险合同。

（二）保险人解除保险合同

按照各国的保险法规定，保险人一般不能解除保险合同，否则应承担违约责任。因为如果允许保险人任意解除保险合同，可能严重损害被保险人的利益。例如，保险人可能在得悉风险增大（如洪灾预报）时解除保险合同，使被保险人得不到应有的保险保障。为了保障被保险人的合法权益，在一般情况下，保险人不能随意解除保险合同。

根据我国《保险法》的规定，保险人在下列情况下有权解除保险合同：

（1）投保人故意隐瞒事实，不履行如实告知义务的，或者因过失未履行如实告知义务，足以影响保险人决定是否同意承保或者提高保险费率的，保险人有权解除保险合同。

（2）被保险人在未发生保险事故的情况下谎称发生了保险事故，向保险人提出赔付保险金的请求，保险人有权解除保险合同，并不退还保险费。

（3）投保人、被保险人故意制造保险事故的，保险人有权解除保险合同，不承担赔付责任。

（4）投保人、被保险人未按约定履行其对保险标的的安全应尽责任的，保险人有权要求增加保险费或解除保险合同。

（5）在保险合同有效期内，保险标的危险程度增加的，被保险人按照合同约定应及时通知保险人，保险人有权要求增加保险费或者解除保险合同。被保险人未履行通知义务的，因保险标的危险程度增加而发生的保险事故，保险人不承担赔偿责任。

（6）人身保险的投保人申报的被保险人年龄不真实，并且其真实年龄不符合合同约定的年龄限制的，保险人可以解除合同，并在扣除手续费后，向投保人退还保险费，但是自合同成立之日起逾两年的除外。

（7）自保险合同效力中止之日起两年内，保险双方当事人未达成复效协议的，保险人有权解除保险合同。

我国《保险法》的上述规定，赋予了保险人在投保人、被保险人严重违反法律规定及合同约定的情况下解除保险合同的权利，这既是对投保人和被保险人违法行为的惩戒，又是对保险人合法权益的维护，体现了诚实信用原则和公平互利原则。

（三）保险双方约定解除保险合同

这种情况简称为约定解除或协议注销。保险合同当事人在不违反法律法规或公共利益的前提下，可以在合同中约定当一定的事实发生时，一方或双方当事人有权解除合同，并且可以约定行使解除权的期限。如我国的船舶战争险条款规定，对于定期保险，保险人有权在任何时候向被保险人发出注销战争险的通知，在发出通知后 14 天期满时终止战争险责任。

可见，所谓约定解除是指保险双方经过协商可以在保险合同中规定一方或双方当事人以一定条件注销保险合同的权利。

保险合同解除的程序是：在法律规定或保险合同约定的条件下，具有解约权的一方当事人，可以单方决定解除保险合同，但解约方应将解除保险合同的通知做成书面文件并及时通知对方当事人。任何一方不符合法律的规定或保险合同约定，擅自解除保险合同的，应当承担相应的违约责任及其他法律责任。

二、保险合同的期满终止

这是保险合同终止的最普遍的原因。保险期限是保险人承担保险责任的起止时限。如果在保险期限内发生了保险事故，保险人按照合同约定赔偿了保险金额的一部分，保险合同期满时，保险合同的权利义务关系终止；如果在保险期限内没有发生保险事故，保险人没有赔付，保险合同载明的期限届满时，保险合同自然终止。一般而言，只要超过了保险合同规定的责任期限，保险合同就终止，保险人就不再承担保险责任。

三、保险合同的履约终止

保险合同是保险双方当事人约定在一定的保险事故发生时，保险人承担赔偿或给付保险金责任的合同。因此，保险合同约定的保险事故发生，保险人履行完赔偿或者给付保险金责任后，无论保险期限是否届满，保险合同即告终止。

四、保险标的发生部分或全部损失而终止

新《保险法》第五十八条规定："保险标的发生部分损失的，自保险人赔偿之日起三十日内，投保人可以解除合同；除合同另有约定外，保险人也可以解除合同，但应当提前十五日通知投保人。"保险标的发生部分损失后，保险标的本身的状况及面临的风险已经有所变化，因此，我国《保险法》允许保险双方当事人终止保险合同。

保险标的发生全部损失，保险合同也应该终止。一方面，保险标的可能因保险事故全部灭失，此情况下保险人按保险金额全额赔付后，保险合同如前所述因履约而终止；另一方面，如果保险标的因除外责任而全损（例如地震造成企业厂房全损），由于保险标的已不存在，保险合同因失去了保障对象而只能终止。

小结：保险合同与一般经济合同相比，具有自身的特征。静态地分析保险合同，可以把保险合同分为主体、客体、内容三要素。保险合同的当事人、关系人和辅助人共同构成保险合同的主体；保险合同的客体是保险利益；保险合同的内容主要体现为保险条款的各项内容。动态地分析保险合同，保险合同必然经历从订立到终止的过程，其中，有一些合同可能因种种原因而变更，人身保险可能出现合同的中止和复效。

复习思考题:

1. 什么是保险合同？保险合同具有哪些特征？
2. 何为保险合同的当事人？
3. 简述保险合同的解释原则，说明为什么保险合同的解释要有利于被保险人和受益人。
4. 保险合同的客体是保险标的吗？为什么？
5. 保险合同终止有哪几种情况？

第五章　保险合同的基本原则

内容提要： 在商业保险的长期发展过程中，为了规范保险行为，保证保险机制的健康运行，逐渐形成了一些公认的准则，这些准则在保险法中作了相应的规定。最大诚信原则、保险利益原则、近因原则适用于所有保险合同；而损失补偿原则、代位原则、分摊原则仅适用于补偿性保险合同。通过本章的学习，应掌握各原则的含义和主要内容。

第一节　最大诚信原则

一、最大诚信原则的基本含义和产生的原因

（一）最大诚信原则的基本含义

诚信即诚实和守信用，具体而言就是要求一方当事人对另一方当事人不得隐瞒、欺骗，做到诚实；任何一方当事人都应该善意地、全面地履行自己的义务，做到守信用。诚实信用原则是各国立法对民事、商事活动的基本要求。合同法规定：当事人行使权利义务应当遵循诚实信用原则。当事人在订立合同过程中故意隐瞒与订立合同有关的重要事实或者提供虚假情况，及有其他违背诚实信用原则的行为，给对方造成损失的，应当承担损害赔偿责任。

由于保险经营活动的特殊性，保险活动中对诚信的要求更为严格，要求合同双方在订立和履行保险合同过程中做到最大诚信。最大诚信原则的基本含义是：保险双方在签订和履行保险合同时，必须保持最大的诚意，互不欺骗和隐瞒，恪守合同的承诺，全面履行自己应尽的义务；否则，将导致保险合同无效，或承担其他法律后果。

（二）最大诚信原则产生的原因

在商业保险的发展过程中，最大诚信原则起源于海上保险，当投保人与保险人签订保险合同时，保险人往往不能对保险财产进行实地了解，只能凭投保人对保险标的风险情况的描述，来决定是否承保，以什么条件承保等。这就客观上要求投保人对保险标的及风险状况的描述必须真实可靠；否则，将影响保险人对风险的判断。随着海上保险业务的发展，最大诚信逐步成为海上保险的一项基本准则。

保险活动必须坚持最大诚信原则的主要原因在于保险合同双方信息的不对称性，表现在两个方面：

1. 保险人对保险标的的非控制性

在整个保险经营活动中，投保人向保险人转嫁的是保险标的未来面临的特定风险，而非保险标的本身。无论承保前还是承保后，保险标的始终控制在投保人、被保险人手中，投保人对保险标的及风险状况最为了解，保险人在承保时虽然要对保险标的进行审核，但往往因没有足够的人力、物力、财力、时间，对投保人、被保险人及保险标的进行详细的调查研究，其对保险标的及风险状况的判断主要依靠投保人的陈述。即要求投保人、被保险人在合同订立与履行过程中有关保险标的的情况如实告知保险人，投保人对保险标的及风险程度等情况陈述的完整准确与否，直接影响到保险人是否承保、保险费率的确定和保险合同履行过程中对保险标的风险状况的把握，投保人的任何欺骗或隐瞒行为，必然会侵害保险人的利益。因此，为保证保险经营活动的正常进行，维护保险人的利益，要求投保人、被保险人遵循最大诚信原则。

2. 保险的专业性

保险合同因投保人与保险人意思表示一致而成立，并以双方相互诚实信用为基础。投保人向保险人支付保险费转移风险，相当程度上是基于信赖保险人对保险条款所作的解释和说明。保险合同是附和合同，合同条款一般由保险人事先拟定，具有较强的专业性和技术性，投保人不熟悉保险业务知识，在缔约时会处于不利地位。这就要求保险人也应坚持最大诚信原则，将保险合同的主要内容告知投保人、被保险人。

二、最大诚信原则的主要内容

最大诚信原则的基本内容包括告知与说明、保证、弃权与禁止反言。投保人应履行告知义务；保险人应履行说明义务；保证主要是对被保险人的约束；弃权与禁止反言的规定主要约束保险人。

（一）投保人的告知义务

1. 告知的含义

告知是投保人或被保险人在保险合同签订和履行的过程中对保险标的有关事项向保险人所作的陈述。告知分广义告知和狭义告知两种。

广义告知是指保险合同订立时，投保方必须就保险标的的风险状态等有关事项向保险人进行口头或书面陈述，以及合同订立后，保险标的的风险增加或事故发生等的通知。

狭义告知仅指投保方对保险合同成立时保险标的的有关事项向保险人进行口头或书面陈述。事实上，在保险实务中所称的告知，一般是指狭义告知。关于保险合同订立后保险标的的风险增加，或保险事故发生时的告知，一般称为通知。

2. 告知的形式

国际上对于告知的立法形式有两种，即无限告知和询问回答告知。①无限告知，即法律或保险人对告知的内容没有明确规定，投保方须主动地将保险标的的状况及有关重要事实如实告知保险人。②询问告知，又称主观告知，指投保方只对保险人询问的问题如实告知，对询问以外的问题投保方无需告知。

我国的保险立法采用询问告知的形式。新《保险法》第十六条规定：订立保险合同，保险人就保险标的或者被保险人的有关情况提出询问的，投保人应当如实告知。可见，我国保险法采取的是询问告知形式。在保险实务中，一般操作方法是保险人将需投保人告知的内容列在投保单上，要求投保人如实填写。

3. 告知的内容

在保险合同订立时，投保人应将那些足以影响保险人决定是否承保和确定费率的重要事实如实告知保险人。比如将人身保险中被保险的年龄、性别、健康状况、既往病史、家族遗传史、职业、居住环境、嗜好等如实告知保险人；将财产保险中保险标的的价值、使用性质、风险状况等如实告知保险人。

4. 违反告知义务的法律后果

投保人对保险人询问的事项，未尽如实告知义务时，根据各国保险法的规定，保险人有条件地取得解除保险合同的权利。因为，投保人违反如实告知义务，会使得保险人承保后处于不利的地位，若继续维持保险合同的效力，对保险人不公平，会损害保险人利益，反而会助长投保人不履行告知义务的行为。

基于此，新《保险法》第十六条规定：投保人故意或者因重大过失未履行前款规定的如实告知义务，足以影响保险人决定是否同意承保或者提高保险费率的，保险人有权解除合同。

前款规定的合同解除权，自保险人知道有解除事由之日起，超过三十日不行使而消灭。自合同成立之日起超过二年的，保险人不得解除合同；发生保险事故的，保险人应当承担赔偿或者给付保险金的责任。

投保人故意不履行如实告知义务的，保险人对于合同解除前发生的保险事故，不承担赔偿或者给付保险金的责任，并不退还保险费。

投保人因重大过失未履行如实告知义务，对保险事故的发生有严重影响的，保险人对于合同解除前发生的保险事故，不承担赔偿或者给付保险金的责任，但应当退还保险费。

保险人在合同订立时已经知道投保人未如实告知的情况的，保险人不得解除合同；发生保险事故的，保险人应当承担赔偿或者给付保险金的责任。

从以上的规定可以看出：由于投保人的故意与过失在性质上的不同，《保险法》在是否退还保险费的问题上作了不同的规定，其目的在于惩戒故意不履行告知义务的行为。

5. 及时通知

所谓通知，是指投保人、被保险人在保险标的危险程度增加或保险事故发生时应尽快通知保险人，使保险人知悉有关情况。通知主要有以下几方面的内容：

第一，保险合同有效期内，若保险标的危险程度增加，应及时通知保险人，以便保险人决定是否继续承保，或以什么条件接受这种变化。因为在保险合同中，危险程度的大小是保险人决定承保以及确定保险费率的重要依据，而危险程度又取决于保险标的所处的不同条件或状态。如果保险标的所处的条件或状态发生了变化，导致当事人订立合同所无法预见的有关危险因素及危险程度的增加，势必影响到保险人的根本利益。因此，投保人、被保险人应当将危险增加之事实告知保险人。被保险人未履行通知义务的，因保险标的危险程度增加而发生的保险事故，保险人不承担赔偿责任。

第二，被保险人在知道保险事故发生后，应及时通知保险人，以便保险人及时查勘定损。被保险人有义务根据保险人的要求，提供与确认保险事故的性质、原因、损失程度等有关的证明和资料。

第三，在财产保险合同中，重复保险的投保人应当将重复保险的有关情况通知各保险人。

第四，保险标的的转让应当通知保险人。新《保险法》第四十九条规定：保险标的转让的，保险标的的受让人承继被保险人的权利和义务。

保险标的转让的，被保险人或者受让人应当及时通知保险人，但货物运输保险合同和另有约定的合同除外。

因保险标的转让导致危险程度显著增加的，保险人自收到前款规定的通知之日起三十日内，可以按照合同约定增加保险费或者解除合同。保险人解除合同的，应当将已收取的保险费，按照合同约定扣除自保险责任开始之日起至合同解除之日止应收的部分后，退还投保人。

被保险人、受让人未履行本条第二款规定的通知义务的，因转让导致保险标的危险程度显著增加而发生的保险事故，保险人不承担赔偿保险金的责任。

（二）保险人的说明义务

1. 说明义务的含义

保险人的说明义务，是指保险人应当向投保人说明保险合同条款的内容，特别是免责条款内容的义务。

2. 说明的形式

保险人可以书面或口头形式对投保人作出说明，也可以通过代理人向投保人作出说明。保险人应当就其说明的内容负责，对其代理人所作的说明，亦负同一责任。

3. 说明的内容

保险人说明的内容，主要是影响投保人决定是否投保及如何投保的一切事项。保险人有义务在订立保险合同前向投保人详细说明保险合同的各项条款，并对投保人提出的有关合同条款的提问作出直接、真实的回答，就投保人有关保险合同的疑问进行正确的解释。保险人说明义务的重心，是保险合同的免责条款。因为免责条款直接关系到保险人对被保险人是否承担赔付责任的范围，对投保决策具有决定性的作用，如果不对这些条款予以说明，投保人的投保决策可能与其真正的需要发生冲突，会影响投保人或被保险人的利益。

新《保险法》第十七条规定：订立保险合同，采用保险人提供的格式条款的，保险人向投保人提供的投保单应当附格式条款，保险人应当向投保人说明合同的内容。

对保险合同中免除保险人责任的条款，保险人在订立合同时应当在投保单、保险单或者其他保险凭证上作出足以引起投保人注意的提示，并对该条款的内容以书面或者口头形式向投保人作出明确说明；未作提示或者明确说明的，该条款不产生效力。

（三）投保人或被保险人之保证

保证是最大诚信原则的另一项重要内容。所谓保证是指保险人要求投保人或被保险人对某一事项的作为或不作为，某种事态的存在或不存在作出许诺。保证是保险人签发保险单或承担保险责任的条件，其目的在于控制风险，确保保险标的及其周围环境处于良好的状态中。保证属于保险合同的重要内容。

1. 保证从表现形式上看，可分为明示保证与默示保证

（1）明示保证

明示保证是指以文字形式记载明示保险合同中的保证事项，成为保险合同的条款。例如，我国机动车辆保险条款规定，被保险人必须对保险车辆妥善保管、使用、保养，使之处于正常技术状态。明示保证是保证的重要表现形式。

（2）默示保证

默示保证是指在保险合同中虽然没有以文字形式加以规定，但习惯上是社会公认的投保人或被保险人应该保证的事项。默示保险在海上保险中运用比较多，如海上保险的默示保证有三项：保险的船舶必须有适航能力；要按预定的或习惯的航线航行；必须从事合法的运输业务。默示保证与明示保证具有同等的法律效力，被保险人都必须严格遵守。

2. 从保证的内容上看，保证分为承诺保证与确认保证

（1）承诺保证

承诺保证是指投保人或被保险人对将来某一事项的作为或不作为的保证，即对未来有关事项的保证。例如，投保家庭财产保险时，投保人或被保险人保证不在家中放置危险物品；投保家庭财产盗窃险，保证家中无人时，门窗一定要关好、上锁。

（2）确认保证

确认保证是指投保人或被保险人对过去或现在某一特定事实的存在或不存在的保证。确认保证是要求对过去或投保当时的事实作出如实的陈述，而不是对该事实以后的发展情况作保证。例如，投保人身保险时，投保人保证被保险人在过去和投保当时健康状况良好，但不保证今后也一定如此。正是被保险人未来面临患病的风险，现在才有投保的必要。

3. 违反保证的法律后果

保险活动中，无论是明示保证还是默示保证，保证的事项均属重要事实，因而被保险人一旦违反保证的事项，保险合同即告失效，或保险人拒绝赔偿损失或给付保险金。而且除人寿保险外，保险人一般不退还保险费。

4. 保证与告知的区别

第一，告知的目的在于使保险人正确估计风险发生的可能与程度；保证的目的是控制风险。

第二，告知是在订立保险合同时投保人所作的陈述，并非保险合同的内容；而保证是保险合同的重要组成部分。

第三，保证在法律上被推定是重要的，任何违反都将导致保险合同被解除的后果；

而告知须由保险人证明其确系重要，才能成为解除保险合同的依据。

（四）弃权与禁止反言

弃权是指合同一方任意放弃其在保险合同中的某种权利。禁止反言，亦称禁止抗辩，指合同一方既然已经放弃这种权利，将来就不得反悔，再向对方主张这种权利。此条主要用以约束保险人。比如在海上保险中，保险人已知被保险轮船改变航道而没提出解除合同，则视为保险人放弃对不能改变航道这一要求的权利，因改变航道而发生的保险事故造成的损失，保险人就要赔偿。

弃权与禁止反言的情况主要发生在保险代理关系中，保险代理人是基于保险人利益并以保险人名义从事保险代理活动，他们在业务活动中可能会受利益驱动而不按保险单的承保条件招揽业务，即放弃保险人可以主张的权利，保险合同一旦生效，保险人不得以投保人未履行告知义务而解除保险合同。

新《保险法》第一百二十七条规定：保险代理人根据保险人的授权代为办理保险业务的行为，由保险人承担责任。

保险代理人没有代理权、超越代理权或者代理权终止后以保险人名义订立合同，使投保人有理由相信其有代理权的，该代理行为有效。保险人可以依法追究越权的保险代理人的责任。

第二节　保险利益原则

一、保险利益与保险利益原则

保险利益原则是保险合同的基本原则。保险利益是投保人或被保险人对保险标的具有的法律上承认的利益。比如在财产保险合同中，保险标的毁损灭失直接影响被保险人的经济利益，视为被保险人对该保险标的具有保险利益；在人身保险合同中，投保人对其配偶、子女具有保险利益。

新《保险法》第十二条规定：人身保险的投保人在保险合同订立时，对被保险人应当具有保险利益。

财产保险的被保险人在保险事故发生时，对保险标的应当具有保险利益。

人身保险是以人的寿命和身体为保险标的的保险。

财产保险是以财产及其有关利益为保险标的的保险。

被保险人是指其财产或者人身受保险合同保障，享有保险金请求权的人。投保人可以为被保险人。

保险利益是指投保人或者被保险人对保险标的具有的法律上承认的利益。

二、保险利益成立的条件

保险利益应符合下列条件：

（一）保险利益应为合法的利益

投保人或被保险人对保险标的所具有的利益要为法律所承认。只有在法律上可以主张的合法利益才能受到国家法律的保护。因此，保险利益必须是符合法律规定的、符合社会公共秩序的、为法律所认可并受到法律保护的利益。

（二）保险利益应为经济利益

在财产保险中，由于保险保障是通过货币形式的经济补偿来实现其职能的，如果被保险人的利益不能用货币来反映，则保险人的承保和赔付就难以进行。因此，被保险人对保险标的的保险利益在数量上应该可以用货币来计量，无法定量的利益不能成为可保利益。

（三）保险利益应为确定的利益

确定的利益是指投保人对保险标的在客观上或事实上已经存在或可以确定的利益。这种利益不仅是可以确定的，而且是客观存在的利益，不是当事人主观臆断的利益。

三、坚持保险利益原则的意义

保险利益原则规定，投保人或被保险人对保险标的要具有法律上承认的利益；否则，保险合同无效。坚持保险利益原则的意义在于：

（一）避免赌博行为的发生

保险和赌博都具有射幸性，若以与自己毫无利害关系的保险标的投保，投保人就可能因保险事故的发生而获得高于所交保险费若干倍的额外收益，如果没有发生事故则丧失保险费，这种以小的损失牟取较大的经济利益的投机行为是一种赌博行为。坚持保险利益原则，就把保险与赌博在本质上区分开。

英国历史上曾出现过保险赌博。投保人以与自己毫无利害关系的标的投保，一旦发生保险事故就可获得相当于保险费千百倍的巨额赔款，于是人们就像在赛马场上下赌注一样买保险，这就严重影响了社会的安定，于是英国政府于17世纪中叶通过立法禁止了这种行为，维护了正常的社会秩序，保证了保险事业的健康发展。

（二）防止道德风险

投保人以与自己毫无利害关系的保险标的投保，就会出现投保人为了谋取保险赔偿而任意购买保险，并盼望事故发生的现象；甚至为了获得巨额赔偿或给付，采用纵火、谋财害命等手段，制造保险事故，增加了道德风险事故的发生。在保险利益原则的规定下，由于投保人与保险标的之间存在利害关系的制约，投保的目的是为了获得一种经济保障，在很大程度上可以防范道德风险。

（三）限制损失赔偿金额

财产保险合同是补偿性合同，保障的是被保险人的经济利益，补偿的是被保险人的经济损失，而保险利益以被保险人对保险标的的经济利益为范围，是保险人衡量损失及被保险人获得赔偿的依据。保险人的赔偿金额不能超过保险利益，否则被保险人将因保险而不当得利，这有悖于损失补偿原则。

四、财产保险利益和人身保险利益之比较

（一）保险利益的认定

虽然一切保险利益均来源于法律、合同、习惯或惯例，但由于两大险种保险标的的性质不同，保险利益产生的条件也各异。

1. 财产保险利益的认定

一般来说，财产保险的保险利益主要产生于被保险人对保险标的的各项权利和义务。它主要包括现有利益、期待利益和责任利益。

现有利益是投保人或被保险人对保险标的现在正享有的利益，包括所有利益、占有利益、抵押利益、留置利益、债权利益等，是保险利益最为通常的形态。

期待利益又称希望利益，是指通过现有利益而合理预期的未来利益，如盈利收入利益、租金收入利益、运费收入利益等。

责任利益主要针对责任保险而言，是指民事赔偿责任的不发生而享有的利益。

2. 人身保险利益的认定

各国保险立法对人身保险利益的规定有共同之处，即投保人对自己的寿命和身体具有保险利益。但当投保人为他人投保时保险利益的认定却有不同方法：

第一，利益主义。以投保人和被保险人之间是否存在金钱上的利害关系或者其他利害关系为判断标准，如英美的保险法以此方式认定保险利益。

第二，同意主义。不论投保人和被保险人之间有无利益关系，均以取得被保险人同意为判断标准，如韩国、德国、法国等的保险法以此方式认定。

第三，折衷主义。将以上二者结合起来，如我国台湾地区的保险立法。

我国新《保险法》第三十一条规定：投保人对下列人员具有保险利益：

本人；

配偶、子女、父母；

前项以外与投保人有抚养、赡养或者扶养关系的家庭其他成员、近亲属；

与投保人有劳动关系的劳动者。

除前款规定外，被保险人同意投保人为其订立合同的，视为投保人对被保险人具有保险利益。订立合同时，投保人对被保险人不具有保险利益的，合同无效。

从以上规定可以看出，我国保险法在人身保险保险利益的规定上将投保人与被保险人具有利害关系和被保险人同意二者结合起来，既可以有效地防范道德风险，也具有灵活性。

（二）保险利益的量

1. 财产保险的保险标的具有可估价性，决定了被保险人对保险标的的保险利益都有量的规定

对于财产保险而言，被保险人对保险标的的保险利益，在量上表现为保险标的的价值。因此，财产保险的损失补偿，以被保险人对保险标的具有的保险利益为限。

2. 人身保险的保险标的不可估价，因此保险利益一般没有客观的评判标准

对于人身保险而言，投保人为自己投保，保险利益可以无限，但要受到缴费能力的限制；投保人为他人投保，保险利益的量取决于投保人与被保险人法律上的相互关系或经济上的相互关系和依赖程度，但除法律或保险合同对保险金额有限制外，保险利益一般没有严格的量的规定。在个别情况下，人身保险的保险利益也可加以计算和限定，比如债权人对债务人生命的保险利益可以确定为债务金额。

（三）保险利益存在的时间和归属主体

此问题既涉及保险利益是在签约时存在，还是在保险合同有效期内和保险事故发生时皆应存在，也涉及保险利益是对谁（投保人还是被保险人）的要求。

1. 财产保险利益在保险合同订立时不一定严格要求投保人必须具有，但保险事故发生时被保险人对保险标的必须具有

财产保险保险利益的规定，主要目的在于衡量是否有损失以及损失的大小，作为赔偿计算的依据，防止道德风险。因此财产保险强调保险事故发生时被保险人对保险标的必须具有保险利益。如果签约时投保人对保险标的具有保险利益，而保险事故发生时，被保险人对保险标的不具有保险利益，意味着被保险人无损失，依据补偿原则的规定保险人将不负赔偿责任；反之，即使某些情况下签约时投保人对保险标的没有保险利益，但只要保险事故发生时被保险人对保险标的具有保险利益，保险人仍要承担赔偿责任。比如，在国际贸易中以 CFR 条件进行货物买卖时，货物装船前，买方可投保货运险。但此时买方严格说来对货物不具有保险利益，但只要保险事故发生时对保险标的具有保险利益，保险人就要承担赔偿责任，这在世界各国基本上是一条公认的准则。

从另一个角度分析，财产保险合同多数情况下投保人与被保险人为同一人，但在特殊的情况下投保人与被保险人不是同一人，比如在保险实务中出现的商场为购物顾客附赠财产保险、单位为职工购买家庭财产保险等。类似这种投保人与被保险人不是同一人的情况，投保人对于保险标的实际上并没有保险利益，保险合同是否有效关键看被保险人对保险标的是否具有保险利益。因为在此情况下投保人只有缴纳保险费的义务，一旦保险标的发生保险事故，投保人无从获取非分之利。只要被保险人对保险标的具有保险利益，就可以有效地防范道德风险。

2. 人身保险着重强调签约时投保人对保险标的具有保险利益，至于保险事故发生时是否存在，并不影响保单的效力和保险金的给付

当投保人为自己买保险时，当然对保险标的具有保险利益，在保险合同有效期内也具有保险利益。但人身保险合同投保人与被保险人不是同一人的情况比较多见，如丈夫为妻子投保、企业为职工投保等。如果投保人签约时对被保险人具有保险利益，那么保险合同生效后即使投保人与被保险人的关系发生了变化，如夫妻离婚、职工离开原单位等，投保人对被保险人没有了保险利益，不影响保险合同的效力，保险事故发生时保险人应承担保险金给付责任。其原因如下：

首先，人身保险合同不是补偿性合同，因而不必要求保险事故发生时投保人对保

险标的一定具有保险利益。人身保险保险利益的规定，其目的在于防止道德风险和赌博行为，如果签约时作了严格的控制，道德风险一般较少发生于保险合同有效期内。

其次，人身保险合同的保险标的是人，且寿险合同多数具有储蓄性，被保险人受保险合同保障的权利不能因为投保人与被保险人保险利益的丧失而被剥夺；否则，既有违保险宗旨，也有失公平。

第三节　近因原则

一、近因和近因原则

任何一张保险单上保险人承担风险责任的范围都是有限的，即保险人承担赔付责任是以保险合同所约定的风险发生所导致保险标的损失为条件，但在保险实务中，导致保险标的损失的原因有时错综复杂，为了维护保险合同的公正，近因原则应运而生。近因原则是判断风险事故与保险标的损失之间的因果关系，从而确定保险赔付责任的一项基本原则。长期以来，它是保险实务中处理赔案时所遵循的重要原则之一。

保险损失的近因，是指引起保险损失最直接、最有效、起主导作用或支配作用的原因，而不一定是在时间上或空间上与保险损失最近的原因。近因原则是指保险赔付以保险风险为损失发生的近因为要件原则，即在风险事故与保险标的损失关系中，如果近因属于保险风险，保险人应负赔付责任；近因属于不保风险，则保险人不负赔偿责任。

二、近因的判定

近因判定的正确与否，关系到保险双方当事人的切身利益。前面虽然对近因原则在理论上作了表述，但由于在保险实务中，致损原因多种多样，对近因判定也比较复杂，因此，如何确定损失近因，要根据具体情况作具体的分析。一般而言，在损失的原因有两个以上，且各个原因之间的因果关系未中断的场合，其最先发生并造成一连串事故的原因即为近因，保险人在分析引起损失的原因时应以最先发生的原因为近因。从近因的判断看，可能会有以下几种情况：

（一）单一原因造成的损失

单一原因致损，即造成保险标的损失的原因只有一个，那么，这个原因就是近因。若这个近因属于保险风险，保险人负赔付责任；若该项近因属不保风险或除外责任，则保险人不承担赔付责任。例如，某人投保了企业财产保险，地震引起房屋倒塌，使机器设备受损。若本险种列明地震不属于保险责任，保险人不予赔偿；若地震列为保险责任，则保险人应承担赔偿责任。

（二）同时发生的多种原因造成的损失

多种原因同时致损，即各原因的发生无先后之分，且对损害结果的形成都有直接与实质的影响效果，那么，原则上它们都是损失的近因。至于是否承担保险责任，可分为两种情况：

（1）多种原因均属保险风险，保险人负责赔偿全部损失。例如，暴雨和洪水均属保险责任，其同时造成家庭财产损失，保险人负责赔偿全部损失。

（2）多种原因中，既有保险风险，又有除外风险，保险人的责任视损害的可分性如何而定。如果损失是可以划分的，保险人就只负责保险风险所致损失部分的赔偿；如果损失难以划分，则保险人不予赔付或按比例赔付。

（三）连续发生的多种原因造成的损失

多种原因连续发生，即各原因依次发生，持续不断，且具有前因后果的关系。若损失是由两个以上的原因所造成，且各原因之间的因果关系未中断，那么最先发生并造成一连串事故的原因为近因。如果该近因为保险风险，保险人应负责赔偿损失；反之，不负责。具体分析如下：

（1）连续发生的原因都是保险风险，保险人承担赔付责任。例如，财产保险中，火灾、爆炸都属于保险责任，如爆炸引起火灾，火灾导致财产损失这样一个因果关系过程，保险人应赔偿损失。

（2）连续发生的原因中既有保险风险又有除外风险，这又分为两种情况：

①若前因是保险风险、后果是除外风险，且后因是前因的必然结果，保险人承担全部赔付责任。如某汽车投保了机动车辆第三者责任险，汽车行驶过程中，轮胎压飞石子，石子击中路人眼睛、造成失明，一连串事故具有因果关系，则轮胎压飞石子为近因，汽车在正常行驶过程中，发生意外致使第三者遭受人身伤亡的，属于第三者责任保险的保险责任，保险人依照合同应予赔偿。

②前因是除外风险、后因是保险风险，后果是前因的必然结果，保险人不承担赔付责任。如战争导致火灾发生，而被保险人仅投保普通财产保险，未投保战争险，则受损财产并不能因火灾发生而得到保险人的赔偿。

（四）间断发生的多项原因造成的损失

在一连串连续发生的原因中，有一项新的独立的原因介人，导致损失。若新的独立的原因为保险风险，保险人应承担赔付责任；反之，保险人不承担赔付责任。

坚持近因原则的目的在于分清有关各方的责任，明确保险人的承保危险与保险标的的损失之间的因果关系。近因原则的规定是保险理赔的理论依据，运用近因原则，应根据实际案情、实事求是分析，并注重对重要判例的援用。

第四节　损失补偿原则

一、损失补偿原则的含义

财产保险合同本质上是一种补偿性合同，损失补偿原则是保险人理赔时应遵循的基本原则。

损失补偿原则可以这样表述：在财产保险合同中，当被保险人具有保险利益的保险标的遭受了保险责任范围内的损失时，保险人要对被保险人的经济损失给予补偿，且补偿的数额以恰好弥补被保险人因保险事故而造成的经济损失为限，被保险人不能获得额外利益。理解该原则应注意两点：

（1）只有被保险人在保险事故发生时对保险标的具有保险利益，才能获得补偿，这是损失补偿原则的前提。按照保险利益原则，投保人与保险人签订保险合同时，对保险标的具有保险利益是保险合同生效的前提条件。但对财产保险合同而言，不仅要求投保时投保人对保险标的具有保险利益，而且保险事故发生时，被保险人必须对保险标的具有保险利益，才能获得保险赔偿。因为投保人向保险人投保的目的是转移财产未来的风险，以确保其不因保险事故发生而丧失对保险标的具有的经济利益。当保险事故发生时，被保险人如果对保险标的无保险利益，对他来讲就无经济损失，也就不能从保险人哪里获得经济补偿。因此，损失补偿原则是以保险利益原则为依据的，保险人是否对被保险人进行补偿，是以保险事故发生时被保险人是否对保险标的具有保险利益为前提条件。

（2）保险人补偿的数额以恰好弥补被保险人因保险事故造成的经济损失为限。这包括两层含义：一是被保险人以其财产足额投保的话，其因保险事故造成的经济损失，有权按照保险合同规定获得充分的补偿；二是保险人对被保险人的补偿数额，仅以被保险人因保险事故造成的实际损失为限，通过补偿使被保险人能够保全其应得的经济利益或使受损标的迅速恢复到损失前的状态，任何超过保险标的实际损失的补偿，都会导致被保险人获得额外利益，就违背了损失补偿原则。

二、损失补偿原则量的规定

损失补偿原则的基本含义如上所述。但在保险实务中，要贯彻损失补偿原则，保险人要对其赔偿金额进行限制，保险理赔中一般要受三个量的限制。

（一）以实际损失金额为限

衡量实际损失是多少，首先要确定保险标的发生损失时的市场价（实际价值）是多少，保险人的赔偿金额不能超过损失当时的市场价（定值保险、重值价值保险例外）；否则，将导致被保险人获得额外利益。

（二）以保险金额为限

保险金额是财产保险合同中保险人承担赔偿责任的最高限额，也是计算保险费的依据。保险人的赔偿金额不能高于保险金额；否则，将扩大保险责任，使保险人收取的保险费不足以抵补赔偿支出，影响保险人的经营稳定。

（三）以保险利益为限

被保险人在保险事故发生时对保险标的具有保险利益是其向保险人索赔的必要条件，保险人对被保险人的赔偿金额要以被保险人对保险标的具有的保险利益为限。保险事故发生时，如果被保险人已丧失了对保险标的的全部保险利益，保险人则不予赔偿；如果被保险人丧失了对保险标的的部分保险利益，那么保险人对被保险人的赔偿仅以仍然存在的那部分保险利益为限。

综上所述，财产保险合同中约定的保险事故发生时，保险人对被保险人的赔偿金额要受实际损失金额、保险金额和保险利益三个量的限制，而且当三者金额不一致时，保险人的赔偿金额以三者中最小者为限。

三、被保险人不能获得额外利益

财产保险合同适用损失补偿原则，遵循该原则的实质是保险标的损失多少补偿多少，其最终结果是被保险人不能通过保险人的赔偿而获得额外利益，各国在法律上都有相应的规定。如果允许被保险人获得大于其实际损失金额的赔偿，将可能导致被保险人故意损毁保险财产以获利，诱发道德风险，增加保险欺诈行为，不仅影响保险业务的正常经营，而且会对社会造成危害。因此，为了防止被保险人获得额外利益，在法律上和保险合同中要作以下规定：

(1) 超额保险中超额部分无效。

(2) 一个投保人虽然可以将其同一保险标的及其利益，同时向两个或两个以上的保险人投保同类保险，但在保险事故发生时，他从各个保险人处获得的赔偿金额总和不得超过其保险财产的实际损失金额。

(3) 因第三者对保险标的的损害而造成保险事故的，被保险人从保险人处获得全部或部分赔偿后，应将其向第三者责任方享有的赔偿请求权转让给保险人。

(4) 如果保险标的受损后仍有残值，保险人要在赔款中作价扣除；或在保险人履行了全部赔偿责任后，被保险人将损余物资转给保险人所有。

第五节　代位原则

代位原则是损失补偿原则的派生原则，也是遵循损失补偿原则的必然要求和结果。

代位原则的基本含义是指保险人对被保险人因保险事故发生造成的损失进行赔偿后，依法或按保险合同约定取得对财产损失负有责任的第三者进行追偿的权利或取得对受损标的的所有权。代位原则包括权利代位和物上代位两项内容。

一、权利代位

权利代位，也称代位求偿权，是指保险事故由第三者责任方所致，被保险人因保险标的受损而从保险人处获得赔偿以后，应将其向第三者责任方享有的赔偿请求权转让给保险人，由保险人在赔偿金额范围内代位行使被保险人对第三者请求赔偿的权利。

权利代位是遵循损失补偿原则的必然要求的结果。被保险人因保险事故发生而遭受的损失固然应该得到补偿，保险人对被保险人应承担的赔偿责任不应该因第三者的介入而改变。但若被保险人在得到保险金后又从第三者责任方获得赔偿，则其可能反因损失而获利，这显然与损失补偿原则相违背。为了避免被保险人获得双重利益，同时，也为了维护保险人的利益，被保险人在获得保险金后应将其对第三者责任方的赔偿请求权转让给保险人。这正是权利代位的立法本意。基于此，新《保险法》第六十条第一款规定：因第三者对保险标的的损害而造成保险事故的，保险人自向被保险人赔偿保险金之日起，在赔偿金额范围内代位行使被保险人对第三者请求赔偿的权利。

（一）权利代位的产生

权利代位的产生是有一定条件的。保险人要获得代位求偿权必须具备两个条件：一是由于第三者的行为使保险标的遭受损害，被保险人才依法或按合同约定对第三者责任方有赔偿请求权，也才会因获得保险金而将该赔偿请求权转让给保险人。因此，如果没有第三者的存在，就没有代位求偿的对象，权利代位就失去了基础。二是由于保险人向被保险人赔偿了保险金。只有保险人按保险合同规定履行了赔偿责任以后，才取得代位求偿权。换言之，对第三者求偿权的转移是随保险人赔偿保险金而发生，而不是随保险事故的发生而发生。因此，在保险人赔偿保险金之前，被保险人可以行使此权利，从第三者处获得全部或部分赔偿，但他应该将此情况告知保险人，以减免保险人的赔偿责任。新《保险法》第六十条第二款规定：前款规定的保险事故发生后，被保险人已经从第三者取得损害赔偿的，保险人赔偿保险金时，可以相应扣减被保险人从第三者已取得的赔偿金额。

（二）权利代位的范围

保险人行使权利代位的范围，即其向第三者责任方求偿的金额，以其赔偿的保险金为限。这是由权利代位与保险赔偿之间的关系所决定的，保险人对被保险人赔偿保险金是其获得权利代位的条件，权利代位的目的是为了避免被保险人获双重利益，而非对被保险人享有保险标的权利的剥夺。所以，保险人从第三者那里可以得到的代位求偿金额以赔偿的保险金为限，超出保险金的部分仍归被保险人所有。新《保险法》第六十条第三款规定：保险人依照本条第一款规定行使代位请求赔偿的权利，不影响被保险人就未取得赔偿的部分向第三者请求赔偿的权利。

（三）第三者的范围

如上所述，第三者责任方的存在是权利代位产生的前提条件。因此，应对第三者的范围作出界定，以明确保险人代位求偿的对象。这里的第三者是指对保险事故的发生和保险标的损失负有民事赔偿责任的人，既可以是法人，也可以是自然人。无论是法人或自然人，保险人都可以实施代位求偿权。但对保险人代位求偿的范围，许多国家的保险立法都有限制，其共同的规定是保险人不得对被保险人的家庭成员或雇员行使代位求偿权，我国法律上也有类似的规定。

新《保险法》第六十二条规定：除被保险人的家庭成员或者其组成人员故意造成本法第六十条第一款规定的保险事故外，保险人不得对被保险人的家庭成员或者其组成人员行使代位请求赔偿的权利。

为什么作这样的限制？因为这些人与被保险人有一致的经济利益关系，若因其过失行为导致保险财产的损失，保险人对其有求偿权的话，实际上意味着向被保险人求偿。也就是说，保险人一只手将保险金支付给被保险人，另一只手又把保险金收回，实质上保险人并未对被保险人履行赔偿责任。

（四）权利代位中被保险人的义务

保险人在权利代位中对第三者责任方的求偿权是因履行保险赔偿责任而由被保险人转移的。也就是说，保险人对第三者的求偿权始于被保险人，保险人只是代替被保险人行使此权利。被保险人是受害者也是知情者，被保险人有义务协助保险人向第三者责任方进行追偿，以维护保险人的利益。

为此，新《保险法》第六十三条规定：保险人向第三者行使代位请求赔偿的权利时，被保险人应当向保险人提供必要的文件和所知道的有关情况。

（五）被保险人不得妨碍保险人行使代位求偿权

代位求偿权是保险人向被保险人履行赔偿责任后所获得的一项权利，此权利受法律保护，被保险人有义务协助保险人向第三者责任方进行追偿，不得妨碍保险人行使该权利，以维护保险人利益。

因此，新《保险法》第六十一条规定：保险事故发生后，保险人未赔偿保险金之前，被保险人放弃对第三者请求赔偿的权利的，保险人不承担赔偿保险金的责任。

保险人向被保险人赔偿保险金后，被保险人未经保险人同意放弃对第三者请求赔偿的权利的，该行为无效。

被保险人故意或者因重大过失致使保险人不能行使代位请求赔偿的权利的，保险人可以扣减或者要求返还相应的保险金。

二、物上代位

物上代位是指所有权的代位。保险人对被保险人全额赔偿保险金后，即可取得对受损标的的权利。物上代位通常有两种情况：一种情况是委付；另一种情况是受损标的损余价值（即残值）的处理。

（一）委付

委付是指放弃物权的一种法律行为。在财产保险合同中，当保险标的受损按推定全损处理时，被保险人用口头或书面形式向保险人提出申请，明确表示愿将保险标的的所有权转让给保险人，要求保险人按全损进行赔偿。保险人如果接受这一要求，被保险人签发委付书给保险人，委付即告成立。保险人一旦接受委付，就不能撤销；被保险人也不得以退还保险金的方式要求保险人退还保险标的。由于委付是受损标的所有权的转移，因此，保险人接受了委付后，可以通过处理受损标的获得利益，而且所获利益可以大于其赔偿的保险金。但保险人如果接受了委付，就接受了受损标的的全部权利和义务。因此，保险人一般在接受委付前，要进行调查研究，查明损失发生的原因以及对受损标的可能承担的义务，权衡利弊得失，慎重考虑是否接受委付。

（二）损余价值（即残值）的处理

在保险实务中，物上代位的另一种情况是受损标的的损余价值（残值）的处理。保险标的遭受损失后，有时尚有损余价值存在，保险人对被保险人的损失进行全额赔偿以后，受损标的的损余价值应归保险人所有；否则，被保险人将通过处置受损标的而获额外利益。保险人通常的做法是将保险标的的损余价值从赔款中扣除，保险标的仍留给被保险人。

我国《保险法》对物上代位的问题也作了相应规定。新《保险法》第五十九条规定：保险事故发生后，保险人已支付了全部保险金额，并且保险金额等于保险价值的，受损保险标的的全部权利归于保险人；保险金额低于保险价值的，保险人按照保险金额与保险价值的比例取得受损保险标的的部分权利。

第六节　分摊原则

分摊原则是损失补偿原则的派生原则，也是遵循损失补偿原则的必然要求和结果。

分摊原则的基本含义是指在重复保险存在的情况下，各保险人按法律规定或保险合同约定共同承担赔偿责任。但各保险人承担的赔偿金额总和不得超过保险标的的实际损失金额，以防止被保险人获额外利益。

一、重复保险的存在是分摊的前提

新《保险法》第五十六条第四款规定：重复保险是指投保人对同一保险标的、同一保险利益、同一保险事故分别与两个以上保险人订立保险合同，且保险金额总和超过保险价值的保险。

重复保险的存在是分摊的前提，因为只有在重复保险存在的情况下，才涉及各保险人如何分别对被保险人进行赔偿的问题。我国《保险法》并未对重复保险行为加以禁止，但为了防止重复保险的存在所产生的不良后果，防止被保险人获得额外利益，对各保险人如何承担赔偿责任作了规定，并对各保险人的赔偿金额总和作了限制。

二、重复保险的分摊方法

为了防止被保险人在重复保险存在的情况下获得额外利益，明确各保险人的责任，保险法律或保险合同上要对分摊方法作出具体的规定。重复保险的分摊方法主要有以下三种：

（一）保险金额比例责任制

这种方法是以每个保险人的保险金额与各保险人的保险金额总和的比例来分摊损失金额。其计算公式为：

$$\text{某保险人的赔偿金额}=\frac{\text{某保险人的保险金额}}{\text{各保险人的保险金额总和}}\times\text{损失金额}$$

例：甲、乙两家保险公司同时承保同一标的、同一风险，甲保险单的保险金额为4万元，乙保险单的保险金额为6万元，损失金额为5万元。两个保险人的保险金额总和为10万元。

甲保险人的赔偿金额：$\frac{4}{10} \times 5 = 2$（万元）

乙保险人的赔偿金额 $= \frac{6}{10} \times 5 = 3$（万元）

（二）赔偿限额比例责任制

这种方法各保险人的分摊金额不是以保险金额为基础，而是依照每个保险人在没有其他保险人重复保险的情况下单独承担的赔偿限额与各保险人赔偿限额总和的比例来分摊损失金额。其计算公式为：

$$某保险人的赔偿金额 = \frac{某保险人的独立责任限额}{各保险人独立责任限额之和} \times 损失金额$$

比如，依照前面的例子，甲保险人的独立责任限额为4万元，乙保险人的独立责任限额为5万元，则：

甲保险人的赔偿金额 $= \frac{4}{4+5} \times 5 \approx 2.22$（万元）

乙保险人的赔偿金额 $= \frac{5}{4+5} \times 5 \approx 2.78$（万元）

（三）顺序责任制

这种方法是按保险合同订立的先后顺序由各保险人分摊损失金额，即由先出保险单的保险人首先负赔偿责任，第二个保险人只有在承保的财产损失金额超出第一张保险单的保险金额时，才依次承担超出部分的赔偿责任，以此类推。用此方式计算上例，甲保险人的赔偿金额为4万元，乙保险人的赔偿金额为1万元。

新《保险法》第五十六条第二款规定：重复保险的各保险人赔偿保险金的总和不得超过保险价值。除合同另有约定外，各保险人按照其保险金额与保险金额总和的比例承担赔偿保险金的责任。

显然，我国保险法规定的重复保险的分摊方法采用的是保险金额比例责任制。

小结：最大诚信原则、保险利益原则、近因原则是所有保险合同都必须遵循的原则。损失补偿原则、代位原则、分摊原则仅适用于补偿性保险合同（财产保险合同和补偿性的医疗保险合同）。

复习思考题：

1. 简述最大诚信原则的含义和主要内容。
2. 什么是保险利益？坚持保险利益原则有何意义？
3. 什么是近因和近因原则？
4. 简述损失补偿原则量的限定。
5. 何为权利代位？
6. 简述权利代位和物上代位的区别。

第六章　保险业务经营

内容提要： 保险作为经营风险的特殊行业，其经营活动包括展业、承保、分保、理赔、投资环节。

第一节　保险业务经营概述

一、保险经营的基本原则

（一）风险大量原则

风险大量原则是指保险人在可保风险的范围内，应根据自己的承保能力，争取承保尽可能多的保险标的。风险大量原则是保险经营的首要原则。这是因为：

第一，保险的经营过程实际上就是风险管理过程，而风险的发生具有偶然的、不确定的因素，保险人只有承保尽可能多的保险标的，才能建立雄厚的保险基金，以保证保险经济补偿职能的履行。

第二，保险经营是以大数法则为基础的，只有承保大量保险标的，才能使风险发生的实际情形更接近预先计算的风险损失概率，以确保保险经营的稳定性。

第三，扩大承保数量是保险企业提高经济效益的一个重要途径。因为承保标的越多，保险费的收入就越多，单位营业费用则相对下降。

（二）风险选择原则

为了保证保险经营的稳定性，保险人对投保的标的和风险并非来者不拒，而是有所选择。因为：

第一，任何保险合同对保险标的和可保风险范围都作了规定，保险费率是在对面临同质风险的同类标的损失概率测定的基础上制定的，为了保证保险经营的稳定，保险人必然要进行选择。

第二，防止逆选择。所谓逆选择，就是指那些有较大风险的投保人试图以平均的保险费率购买保险。逆选择意味着投保人没有按照应支付的公平费率去转移自己的风险。如居住在低洼地区的居民按照平均费率选择投保洪水保险。这样一来，由于某些更容易遭受损失的投保人购买保险而无须支付超过平均费率的保险费，保险人就成了逆选择的牺牲品，会影响保险人的财务稳定。

因此，保险人要按照风险选择原则，准确评价承保标的的风险种类程度，以及投保金额的恰当与否，从而决定是否接受投保，以及以什么费率承保。保险核保是风险选择的重要环节。

（三）风险分散原则

风险分散原则是指保险人承保风险分散的范围尽可能扩大。因为风险单位过于集中，保险标的金额过大，一次保险事故发生可能使保险人支出巨额赔款，可能导致保险企业偿付能力不足，从而损害被保险人利益，也威胁保险人的生存发展。因此，保险除了对风险进行有选择的承保外，还要遵循风险分散的原则，尽可能地将风险分散，以确保保险经营的稳定。保险人对风险的分散一般采用承保时的风险分散和承保后的风险分散两种手段。

1. 承保时的风险分散

承保时的风险分散主要表现在保险人对风险的控制方面，即保险人对将承保的风险责任要适当加以控制。控制风险的目的是为减少被保险人对保险的过分依赖，同时也是为了防止因保险而可能产生的道德风险。保险人控制风险的方法主要有以下几种：

（1）控制保险金额。保险人在承保时对保险标的要合理划分危险单位，按照每个危险单位的最大可能损失确定保险金额。例如，对于市区密集地段建筑群，应分成若干地段，并科学估测每一地段的最大可能损失，从而确定保险人对每一地段所能承保的最高限额。如保险价值超过保险人的承保限额时，保险人对超出部分不予承保。这样一来，保险人所承担的保险责任就能控制在可承受的范围之内。

（2）实行比例承保。比例承保即保险人按照保险标的实际价值的一定比例确定保险金额，而不是全额承保。例如，在农作物保险中，保险人通常按平均收获量的一定成数确定保险金额，如按正常年景的平均收获量的 6 ~ 7 成承保，其余部分由被保险人自己承担责任。

（3）规定免赔额（率）。规定免赔额即对一些保险风险造成的损失规定一个额度或比率，由被保险人负责赔偿。例如，在机动车辆保险中，对车辆损失险和第三者责任保险，每次保险事故发生，保险人赔偿时要根据驾驶员在交通事故中所负责任实行绝对免赔，以起到分散风险和督促被保险人加强安全防范的作用。

2. 承保后的风险分散

承保后的风险分散以再保险为主要手段。再保险是指保险人将其所承担的业务中超出自己承受能力以外的风险转移给其他保险人承担。

二、经营保险业务的组织形式

（一）股份有限保险公司

股份有限保险公司是世界各国保险业广泛采取的一种组织形式，也得到各国保险法的认可。股份有限公司是指由一定数量的股东依法设立的，全部资本分为等额的股份，其成员以其认购的股份金额为限对公司的债务承担责任的公司。股份有限公司因其具有集聚闲散资金为大规模资金的功能，易于筹集巨大规模资本金来组建大的企业，不仅有利于规模经营，而且能够有效地分散投资风险，因而为广大的投资者所青睐，并为组建现代大型企业所推崇。我国保险市场上的保险组织主要是股份有限公司。

保险股份有限公司的特点是：

（1）保险股份有限公司是典型的资合公司。股东的股权体现在股票上，并随股票的转移而转移。股份具有有限性，股东拥有多少股份就承担多少责任。若公司破产，股东仅以出资的股份承担有限责任。

（2）保险股份有限公司易于积聚资金，财力雄厚，经营规模较大，经营效率较高，使保险风险在较广的范围内分散，满足保险的基本经营原则。

（3）灵活的经营机制，经营以盈利为目标，使其不断开发新产品，努力经营成本，具有较强的市场竞争力。

（4）采用固定保费制，使被保险人没有增加额外负担的忧虑，有利于保险业务的拓展。

由于保险业的特殊性，为防止因股份过于集中导致少数大股东操纵或者控制股份有限保险公司，保护其他股东的利益和被保险人利益，有些国家法律上规定了每个股东所持股份的最高限额。

（二）国有独资保险公司

国有独资保险公司股东只有一个——国家。它本质上是有限责任公司，其资本金来源于国家投资，因此是一种特殊形式的有限责任公司。根据《公司法》规定，国有独资公司是指国家授权的投资机构或者国家授权的部门，单独投资设立的有限责任公司。

与股份有限保险公司相比，国有独资保险公司具有以下特征：

（1）投资主体单一。国有独资的投资主体只有国家或者国家的投资部门。除此之外，没有其他任何投资者。

（2）无股东大会，遵循谁投资谁受益和谁投资谁承担投资风险额的原则，国有独资保险公司因无其他投资主体，一切投资利益和风险都应由投资主体独立享有和承担，因此无股东大会。国有独资保险公司只设立董事会、监事会等，董事会成员由国家授权的投资部门委派、变更，公司职工经选举进入董事会。公司的最高权力归于国家授权的投资部门。因此，有关公司的合并、分立、解散以及增减资本金、发行债券等都应由国家授权的投资部门决定。也就是说，凡是股份公司股东大会的权利，在独资公司都归于国家授权的投资部门，当然，国家为了维护独资公司的独立性，也可以将股份公司的股东大会的其他权利授予董事会行使。

（三）相互保险公司

相互保险公司是保险业特有的一种公司形态，是一种非盈利保险组织。公司由具有相同保险需求的人员组成，每个成员既是投保人和被保险人，同时又是保险人。这种保险组织没有股东，公司由保单持有人拥有，他们以缴付保险费为条件，只要缴付保险费，就可以成为公司成员；而一旦解除保险关系，也就自然脱离公司，成员资格随之消失。

相互保险公司没有资本金，以各成员缴付的保险费来承担全部保险责任，并以缴付的保险费为根据，参与分配公司盈余。如果发生亏空，也以所缴付的保险费为依据，计算各自的承担额进行弥补。

相互保险公司的权力机关是会员大会或者会员代表大会。会员的一切权利与义务都建立在缴付保险费基础上，但其理事不限于会员，可以是非会员。之所以非会员为理事，在于能够充分利用非会员的关系开展业务。在设立相互保险公司时，由会员或者非会员出资，以支付开业费用和担保资金，但其性质属于借入资金，由设立后所筹集的保险费归还，在归还时，应支付利息。若经营结果有盈余，以分红方式分配给会员；如果营运结果发生亏空，因现在的保险费筹集已经改为固定保险费方式，不能采取追加方式弥补，因此，采取减少保险金的方式弥补。

最初的相互保险公司充分体现了相互性，即会员直接管理公司，实行公司自治，由会员相互承担风险责任。但是，随着规模的扩大，会员很难真正参与管理，现在已经演变为委托具有法人资格的代理人营运管理，负责处理一切保险业务。代理人通常由会员大会选举的指导委员会控制，但不承担任何责任，实际责任仍由所有会员承担。因此，过去的相互性已经部分消失，与股份制保险公司在内部组织机构的设置、保险业务的拓展、保险费率的拟定、保险基金的投资运用等，已无明显的差异。

相互保险公司比较适宜于长期性的人寿保险业务，会员间的相互关系能够较为长久维系。正因为此，现在世界上一些规模大的人寿保险公司是相互保险公司。然而，由于股份制保险公司推出了分红保单，相互保险公司的分红优势也日渐消失。

（四）保险合作社

保险合作社也是一种非盈利的保险组织。保险合作社由社员共同出资入股设立，被保险人只能是社员。社员对保险合作社的权利以其认购的股金为限。社员一方面作为保险合作社的股东，另一方面又作为保险合作社的被保险人，保险合作社是保险人。社员关系为社团关系，而保险依据保险合同产生。要作为保险合作社的社员才有可能作为被保险人，但社员可以不与保险合作社建立保险关系。也就是说，保险关系的建立必须以社员为条件，但社员却不一定必须建立保险关系。保险关系的消灭既不影响社员关系的存在，也不丧失社员身份。

（五）个人保险组织

个人保险组织就是个人充当保险人的组织。这种组织形式在各国都比较少见，迄今为止，只有英国伦敦的劳合社。劳合社至今仍是世界最大的保险垄断组织之一，它是从劳埃德咖啡馆演变而来，劳合社的每个社员就是一个保险人。他们常常是组成承保小组，以组为单位对外承保，每个成员以其全部财产承担保险责任。现在，劳合社开始接纳法人作为保险人，并承担有限责任。

第二节　保险展业

展业又称推销保险单，是保险经营活动的起点，是争取保险客户的过程。展业对于保险人来说意义重大，没有稳定且日益扩大的保险客户群体，保险公司就难以维持经营。任何一家保险企业都要投入大量的人力、物力进行展业，力求扩大自己的业务量和占有市场。

一、保险展业的主要内容

（一）加强保险宣传

保险宣传是保险展业的重要内容。保险宣传的目的是为展业奠定基础，使更多的人了解保险知识，树立保险意识，并了解保险公司及保险公司提供的保险产品，最终促使其向保险公司投保。保险宣传可以通过多种途径，如销售人员上门宣传、在一些公共场所设点进行宣传、利用网络、电视、广播、报刊等媒体进行宣传等。

（二）帮助准客户分析自己所面临的风险

每个人或每个企业的工作生活状况、健康状况或生产状况都会有不同，所面临的风险也会不同。例如，准客户面临着财产损失风险、责任风险、意外伤害风险、疾病风险、残疾风险、死亡风险以及退休后的经济来源风险等风险，保险销售人员就要指导准客户去分析自己所面临的风险，应如何来应对这些风险。

（三）帮助准客户确定自己的保险需求

准客户确认自己所面临的风险及其严重程度后，需要进一步确定自己的保险需求。保险销售人员应当将准客户所面临的风险分为必保风险和非必保风险，那些对生产经营和生活健康将会产生严重威胁的风险，应当属于必保风险。有些风险事故虽然会给企业和个人带来一定的损失和负担，但却是企业和个人尚可承受的。因此，如果有能力投保，就可以投保；如果没有足够的资金，也可以不投保。

（四）帮助准客户估算投保费用和制定具体的保险计划

对于准客户来说，确定保险需求后，还需要考虑自己究竟能拿出多少资金来投保。资金充裕，便可以投保较高保额、保障较全的险种；资金不足，就先为那些必须保险的风险投保。在此基础上，保险销售人员应替准客户安排保险计划，确定的内容应包括：保险标的的情况、投保的险种、保险金额的多寡、保险费率的高低、保险期限的长短、险种的搭配等。

二、保险展业方式

保险展业的方式主要有直接展业和间接展业两种方式。

(一) 直接展业

直接展业是保险公司业务部门的专职业务人员直接向准客户推销保险，招揽保险业务。这种展业方式的优点是保险业务的质量较高，缺点是受保险公司机构和业务人员数量的限制，保险业务开展的范围较窄，数量有限。此外，采用这种方式支出的成本较高。所以，直接展业方式适用于那些规模较大，分支机构较为健全的保险公司。对团体保险业务和金额巨大的保险业务，也适合采用此方式。

(二) 间接展业

间接展业是由保险公司利用保险专职业务人员以外的个人或单位，代为招揽保险业务。代保险公司展业的主要是保险中介人，包括保险代理人和保险经纪人。保险代理人是根据保险人的委托，向保险人收取代理手续费，并在保险人授权的范围内代为办理保险业务的单位或者个人，分为专业代理人、兼业代理人和个人代理人。保险代理人可以代保险人推销保险产品和收取保险费。保险经纪人是基于投保人的利益，为投保人与保险人订立保险合同提供中介服务，并依法收取佣金的单位，他们为投保人拟订投保方案、选择保险人、办理投保手续等。保险经纪人在开展业务的过程中，客观上为保险公司招揽了保险业务。间接展业的优点是：范围广，招揽的业务量大，而且费用较少，成本低。其不足之处是由于中介人的素质参差不齐，业务质量会受到一定的影响。

第三节 保险承保

承保是指保险人与投保人对保险合同的内容协商一致，并签订保险合同的过程。它包括核保、签单、收费、建卡等环节，而核保是承保工作的重要组成部分和关键环节。

一、保险核保的主要内容

所谓核保，也称为风险选择，是评估和划分准客户反映的风险程度的过程。根据风险程度，保险公司决定是拒保还是承保、怎么承保和核定保险费率。核保的目的在于通过评估和划分准客户反映的风险程度，将保险公司实际风险事故发生率维持在精算预计的范围以内，从而规避风险，保证保险公司稳健经营。

(一) 审核投保申请

对投保申请的审核主要包括对投保人的资格、保险标的、保险费率等项内容的审核。

1. 审核投保人的资格

审核投保人的资格主要是审核投保人对保险标的是否具有保险利益。一般来说，财产保险合同中，投保人对保险标的的保险利益来源于所有权、管理权、使用权、抵押权、保管权等合法权益；人身保险合同中，保险利益的确定是采取限制家庭成员关系范围并结合被保险人同意的方式。保险人审核投保人的资格，是为了防范道德风险。

2. 审核保险标的

审核保险标的即对照投保单或其他资料核查保险标的的使用性质、结构性能、所处环境、防灾设施、安全管理等。例如，承保企业财产险时，要了解厂房结构、占用性质、建造时间、建筑材料、使用年限以及是否属于危险建筑等，并对照事先掌握的信息资料核实，或对保险标的进行现场查验后，保险人方可予以承保。

3. 审核保险费率

根据事先制定的费率标准，按照保险标的的风险状况，使用与之相适应的费率。

（二）承保控制

控制保险责任就是保险人在承保时，依据自身的承保能力进行承保控制。

1. 控制逆选择

保险人控制逆选择的方法是对不符合保险条件者不予承保，或者有条件地承保。事实上，保险人并不愿意对所有不符合可保风险条件的投保人和投保标的一概拒保。例如，投保人以一栋消防设施较差的房屋投保火灾保险，保险人就会提高保险费率承保。这样一来，保险人既不失去该业务，又在一定程度上抑制了投保人的逆选择。

2. 控制保险责任

只有通过风险分析与评价，保险人才能确定承保责任范围，才能明确对所承担的风险应负的赔偿责任。一般来说，对于常规风险，保险人通常按照基本条款予以承保，对于一些具有特殊风险的保险标的，保险人需要与投保人充分协商保险条件、免赔金额、责任免除和附加条款等内容后特约承保。特约承保是在保险合同中增加一些特别约定，其作用主要有两个方面：一是为了满足被保险人的特殊需要，以加收保险费为条件适当扩展保险责任；二是在基本条款上附加限制条件，限制保险责任。通过保险责任的控制，将使保险人所支付的保险赔偿金额与其预期损失额十分接近。

（三）控制人为风险

避免和防止逆选择和控制保险责任是保险人控制承保风险的常用手段。但是有些风险往往是保险人在承保时难以防范的，如道德风险和心理风险。

1. 道德风险

道德风险是指人们以不诚实或故意欺诈的行为促使保险事故发生，以便从保险活动中获取额外利益的风险因素。投保人产生道德风险的原因主要有两个方面：一是道德沦丧；二是遭遇财务上的困难。从承保的角度来看，保险人控制道德风险发生的有效方法就是将保险金额控制在适当的额度内。例如，在财产保险中应避免超额保险。在人寿保险的核保中，如果投保人为他人购买保险而指定自己为受益人时，也应注意保险金额的多少是否与投保人的收支状况相适应。

2. 心理风险

心理风险是指由于人们的粗心大意和漠不关心，以至增加了风险事故发生机会并扩大损失程度的风险因素。如投保了火灾保险，就不再小心火灾；投保了盗窃险，就不再谨慎防盗。从某种意义上说，心理风险是比道德风险更为严重的问题。任何国家的法律对道德风险都有惩罚的方法，而且保险人对道德风险尚可在保险条款中规定，凡被保险人故意造成的损失不予赔偿。但心理风险既非法律上的犯罪行为，而保险条款又难制定适当的规定限制它。因此，保险人在核保时常采用的控制手段有：

第一，实行限额承保。即对于某些风险，采用低额或不足额的保险方式，规定被保险人自己承担一部分风险。保险标的如果发生全部损失，被保险人最多只能够获得保险金额的赔偿；如果只发生部分损失，被保险人则按保险金额与保险标的实际价值的比例获得赔偿。

第二，规定免赔额（率）。这两种方法都是为了刺激被保险人克服心理风险因素，主动防范损失的发生。

二、保险承保的程序

（一）填写投保单

投保人购买保险，首先要提出投保申请，即填写投保单，交给保险人。投保单是投保人向保险人申请订立保险合同的依据，也是保险人签发保险单的依据。投保单的内容包括：投保人的名称、投保日期、被保险人名称、保险标的名称、种类和数量、投保金额、保险标的坐落地址或运输工具名称、保险期限、受益人和保险人需要向投保人了解的事项等。

（二）审核验险

审核是保险人收到投保单后，详细审核投保单的各项内容；验险是对保险标的风险进行查验，以便达到对风险进行分类的目的。验险的内容，因保险标的的不同而有差异。

1. 财产保险的验险内容

财产保险的验险内容主要为以下几个方面：①查验投保财产所处的环境。②查验投保财产的主要风险隐患和重要防护部位及防护措施状况。③查验有无正处在危险状态中的财产。④查验各种安全管理制度的制定和落实情况，若发现问题，应督促其及时改正。⑤查验被保险人以往的事故记录，包括被保险人发生事故的次数、时间、原因、损害后果及赔偿情况。

2. 人身保险的验险内容

人身保险的验险内容包括医务检验和事务检验。医务检验主要是检查被保险人的健康情况，如检查被保险人过去的病史，包括家庭病史，以了解各种遗传因素可能给被保险人带来的影响。有时也会根据投保险种的需要进行全面的身体检查。事务检验主要是对被保险人的工作环境、职业性质、生活习惯、经济状况以及社会地位等情况进行调查了解。

（三）接受业务

保险人按照规定的业务范围和承保权限，在审核验险之后，有权作出拒保或承保的决定。如果投保金额或标的风险超出了保险人的承保权限，他只能向上一级主管部门作出建议，而无权决定是否承保或是否分保。

（四）缮制单证

缮制单证是指在接受业务后填制保险单或保险凭证等手续的过程。保险单或保险凭证是载明保险合同双方当事人权利和义务的书面凭证，是被保险人向保险人索赔的主要依据。因此，保险单质量的好坏，往往影响保险合同能否顺利履行。填写保险单的要求有以下几点：单证相符；保险合同要素明确；数字准确；复核签章，手续齐备。

第四节　保险理赔

一、保险理赔的原则

保险理赔是指保险人在保险标的发生风险事故导致损失后，对被保险人提出的索赔请求进行赔偿处理的过程。被保险人发生的经济损失有的是属于保险风险引起的，有的则是属于非保险风险引起的，即使被保险人的损失是由保险风险引起的，但因多种因素和条件的制约，被保险人的损失不一定等于保险人的赔偿额和给付额。因此，保险理赔应遵循下列原则，以保证保险合同双方行使权利与履行义务。

（一）重合同、守信用

重合同、守信用是保险在理赔过程中应遵循的首要原则。保险理赔是保险人对保险合同履行义务的具体体现。在保险合同中，明确规定了保险人与被保险人的权利与义务，保险合同双方当事人都应恪守合同约定，保证合同顺利实施。对于保险人来说，在处理各种赔案时，应严格按照保险合同的条款规定受理赔案，确定损失。计算赔偿金额时，应提供充足的证据。

（二）实事求是

由于案发原因也错综复杂，被保险人提出的索赔案件形形色色。因此，对于一些损失原因极为复杂的索赔案件，保险人除了按照条款规定处理赔案外，更应该实事求是、合情合理地处理，这样做才是既符合条款规定，又遵循实事求是的原则。

（三）主动、迅速、准确、合理

"主动、迅速"，即要求保险人在处理赔案时积极主动，不拖延并及时深入事故现场进行查勘，及时理算损失金额，对属于保险责任范围内的灾害事故所造成的损失，应迅速赔偿。"准确、合理"，即要求保险人在审理赔案时，分清责任，合理定损，准确履行赔偿义务。对不属于保险责任的案件，应当及时向被保险人发出拒赔的通知书，并说明不予赔付的理由。

二、保险理赔的程序

（一）接受损失通知

保险事故发生后，被保险人或受益人应将事故发生的时间、地点、原因及其他有关情况，以最快的方式通知保险人，并提出索赔请求。发出损失通知书是被保险人必须履行的义务。发出损失通知书通常有时限要求。根据险种不同，被保险人在保险财产遭受保险责任范围内的损失后，应当在规定的时间内通知保险人。

被保险人发出损失通知的方式可以是口头的，也可以采用函电等其他方式，但随后应及时补发正式的书面通知，并提供各种必备的索赔单证，如保险单、账册、发票、出验证明书、损失鉴定书、损失清单、检验报告等。如果损失涉及第三者责任时，被保险人在获得保险赔偿金后还需出具权益转让书给保险人，由保险人代为行使向第三者责任方追偿的权益。

（二）审核保险责任

保险人收到损失通知书后，应立即审核该索赔案件是否属于保险责任范围，其审核的内容包括以下几方面：

（1）损失是否发生在保险单的有效期内；

（2）损失是否由所承保的风险所引起；

（3）损失的财产是否为保险财产；

（4）损失是否发生在保险单所载明的地点；

（5）请求赔偿的人是否有权提出索赔等。

（三）进行损失调查

保险人审核保险责任后，应派人到出险现场进行实际勘查，了解事故情况，以便分析损害原因，确定损害程度，认定索赔权利。

（四）赔偿或给付保险金

保险事故发生后，经调查属实并估算赔偿金额后，保险人应立即履行赔偿给付的责任。对于人寿保险合同，只要保险人认定寿险保单是有效的、受益人的身份是合法的、保险事故的确发生了，便可在约定的保险金额内给付保险金。对于财产保险合同，保险人则应根据保险单类别、损害程度、标的价值、保险利益、保险金额、补偿原则等理算赔偿金后，方可赔付。保险人对被保险人请求赔偿或给付保险金的要求应按照保险合同的规定办理。赔偿的方式通常以货币为多，在财产保险中，保险人也可与被保险人约定其他方式，如恢复原状、修理、重置等。

第五节　再保险

一、再保险及其特征

再保险又称为分保，是指保险人将自己承担的风险和责任向其他保险人进行保险的一种保险。从保险经营的角度看，保险人为了分散自己承保的风险，通过签订再保险合同，将其所承保的风险和责任的一部分转移给其他保险公司或再保险公司。分出业务的保险公司称为分出公司、分保分出人或原保险人；接受再保险业务的保险公司称为分入公司、分保接受人或再保险人。分保接受人将接受的再保险业务再分保出去，称为转分保，分出方为转分保分出人，接受方为转分保接受人。一个保险人既可以是分保分出人，又可以是分保接受人。

再保险的基础是原保险，再保险的产生是基于原保险人经营中分散风险的需要。再保险具有两个重要特征：第一，再保险是保险人之间的一种业务经营活动；第二，再保险合同是一种独立合同。

在再保险业务中，分保双方责任的分配与分担是通过确定自留额和分保额来体现的，分出公司根据偿付能力所确定承担的责任限额称为自留额或自负责任额；经过分保由接受公司所承担的责任限额称为分保额、分保责任额或接受额。自留额与分保额可以用百分率表示，如自留额与分保额分别占保险金额的25%和75%；或者用绝对值表示，如超过100万元以后的200万元。而且，根据分保双方承受能力的大小，自留额与分保额均有一定的控制，如果保险责任超过自留额与分保额的控制线，则超过部分应由分出公司自负或另行安排分保。

自留额与分保额可以以保额为基础计算，也可以以赔款为基础计算。计算基础不同，决定了再保险的种类不同。以保险金额为计算基础的分保方式叫比例再保险；以赔款金额为计算基础的分保方式叫非比例再保险。

自留额和分保额都是按危险单位来确定的。危险单位是指保险标的发生一次灾害事故可能造成的最大损失范围。危险单位的划分既重要又复杂，应根据不同的险种和保险标的来决定。危险单位的划分关键是要和每次事故最大可能损失范围的估计联系起来考虑，而不一定和保单份数相等同。危险单位的划分并不是一成不变的。危险单位的划分有时需要专业知识。对于每一危险单位或一系列危险单位的保险责任，分保双方通过合同按照一定的计算基础对其进行分配。

二、再保险的业务种类

（一）比例再保险

比例再保险是以保险金额为基础来确定原保险人的自负责任和再保险人的分保责任的再保险方式。在比例再保险中，分出公司的自负责任和分入公司的分保责任都表示为保险金额的一定比例。分出公司与分入公司要按这一比例分割保险金额，分配保险费和分摊赔款。比例再保险包括成数再保险和溢额再保险两种。

1. 成数再保险

成数再保险是指原保险人与再保险人在合同中约定保险金额的分割比率，将每一危险单位的保险金额，按照约定的比率在分出公司与分入公司之间进行分割的再保险方式。在成数再保险合同已经成立的前提下，不论原保险人承保的每一危险单位的保险金额大小，只要该保险金额在合同规定的限额之内，都要按合同规定的比率来分割保险金额，每一危险单位的保险费和所发生的赔款，也按这一比率进行分配和分摊。总之，成数再保险最大特征是“按比率”的再保险，即原保险人与再保险人保险金额的分割、保险费的分配，赔款的分摊都是按照合同规定的同一比例来进行的。因此，成数再保险是最典型的比例再保险。

2. 溢额再保险

溢额再保险是指原保险人与再保险人在合同中约定自留额和最高分入限额，将每一危险单位的保险金额超过自留额的部分分给分入公司，并按实际形成的自留额与分出额的比率分配保险费和分摊赔款的再保险方式。

由于在溢额再保险合同项下，原保险人与再保险人之间的保险费的分配，赔款的分摊都是按实际形成的保险金额的分割比率进行的，因此，溢额再保险也属于比例再保险。

在溢额再保险合同中，分出公司首先要对保险金额确定自留额，对于每一笔业务，将超过自留额的部分转移给再保险人，但以自留额的一定倍数为限。自留额和分出额与保险金额之间的比例分别称为自留比例和分保比例。自留比例和分保比例随不同保险标的保险金额的大小而变动。

从以上可以看出，溢额再保险与成数再保险相比较，其最大区别是：如果某一业务的保险金额未超过分出公司的自留额，无需办理分保，只有在保险金额超过自留额时，才将超过的部分分给再保险人。也就是说，溢额再保险的自留额，是一个确定的数额，不随保险金额的大小变动，而成数再保险的自留额表现为保险金额的固定百分比，随保险金额的大小而变动。

溢额再保险的分入公司不是无限度地接受分出公司的溢额责任，通常以自留额的一定倍数，即若干“线”数为限，一“线”相当于分出公司的自留额。如自留额为50万元，分保额为5线，则分入公司最多接受250万元，即分保额最高为250万元。对于分出公司承保的巨额业务，可以签订多个溢额再保险合同，按合同签订的顺序，有第一溢额再保险、第二溢额再保险等。

（二）非比例再保险

非比例再保险是以赔款为基础来确定再保险当事人双方的责任的分保方式。当赔款超过一定额度或标准时，再保险人对超过部分的责任负责。与比例再保险不同，在这种再保险方式中，分出公司和分入公司的保险责任和有关权益与保险金额之间没有固定的比例关系，因此称其为非比例再保险。非比例再保险有两个限额：一是分出公司根据自身的财力确定的自负责任额，即非比例再保险的起赔点，也称为免赔额；二是分入公司承担的最高责任额。以上两个限额需要在订立再保险合同时由当事人双方约定，一旦保险事故发生，便依照规定的限额进行赔付。如果损失额在自负责任额（再保险起赔点）以内，赔款由分出公司负责；损失额超过自负责任额，分入公司负责其超过部分，但不超过约定的最高限额。有时损失额可能超过分出公司的自负责任额和分入公司的最高责任限额之和，在此情况下，超过的部分由分出公司自己承担，或按分出公司与其他分入公司签订的再保险合同处理。

三、再保险业务的安排方式

在再保险经营实务中，再保险有三种安排方式可以选择。

（一）临时再保险

临时再保险是指对于保险业务的分入和分出，分出公司和分入公司均无义务约束的一种再保险安排方式。临时再保险是产生最早的再保险安排方式，分出公司根据自己的业务需要将有关风险或责任进行临时分出的安排，一般由分出公司或分保经纪人向其选定的分入公司提出再保险建议，开出“临时再保险要保书”，分入公司接到要保书后，对分保的有关内容进行审查，以决定是否接受。该种再保险安排方式比较灵活，但由于每笔业务要逐笔安排，所以手续繁琐，增加了营业费用开支。临时再保险一般适合于新开办的或不稳定的业务。

（二）合同再保险

合同再保险也称为固定再保险，是指分出公司和分入公司对于规定范围内的业务有义务约束，双方均无权选择的一种再保险安排方式。双方签订再保险合同规定双方的权利、义务、再保险条件和账务处理等事项，凡经分出公司和分入公司议定，并在合同中明确规定的业务，分出公司必须按照合同的规定向分入公司办理分保，分入公司必须接受，承担相应保险责任。该种再保险合同没有期限规定，是长期性合同。订约双方都有终止合同的权利，但必须在终止前3个月向对方发出注销合同的通知。

（三）预约再保险

预约再保险是指分出公司对合同规定的业务是否分出，可自由安排而无义务约束，而分入公司对合同规定的业务必须接受，无权选择的一种再保险安排方式。该再保险安排方式是在临时再保险基础上发展起来的，介于临时再保险与合同再保险之间。对分出公司而言，具有临时再保险性质；对分入公司而言，具有合同再保险性质。

第六节　保险投资

一、保险投资及其意义

保险投资也称为保险资金运用，是指保险公司将自有资本金和保险准备金，通过法律允许的各种渠道进行投资运用来获取投资收益的经营活动。在此，保险公司是保险投资的主体，保险资金则构成了保险投资活动中的客体，保险公司投资的目标则是通过保险资金的有偿营运，创造最大的投资价值。

在现代保险经营中，保险公司的业务大体分为两类：一类是承保业务（直接保险业务）；另一类是投资业务。作为保险经营业务两大支柱之一的保险投资，已经成为保险公司生存和发展的重要因素。在一个开放竞争的保险市场上，保险人想要依靠直接保险业务而获得较多的收益显然是一件相当难的事情。然而很多保险公司不仅生存下来了，而且发展势头还很好，其原因就在于保险人从保险投资活动中获得了丰厚的回报，投资利润不仅弥补了直接业务收益的减少甚至亏损，增加了保险基金的积累，而且使保险人降低保险费率成为可能，有利于减轻客户的负担，并为寿险公司开发诸如分红保单、投资连结保险业务创造了条件，从而直接推动着保险业务的发展。此外，投资业务的开展也使得保险人成了各国资本市场上举足轻重的机构投资者，意味着保险公司通过资本市场向国民经济的其他行业渗透，它既使保险公司分享着其他行业的利润，也提升了保险业在国民经济中的地位。

二、保险可运用资金的来源

保险可运用资金主要由保险公司的自有资本金、非寿险责任准备金和寿险责任准备金三部分构成。

（一）自有资本金

保险公司的自有资本金包括注册资本（或实收资本）和公积金。注册资本或实收资本一般由保险公司法规定，在开业时可视作初始准备金，在经营期间又是保险公司偿付能力或承保能力的标志之一。公积金是保险公司依照有关法律、行政法规及国家财务会计制度的规定提取。它和保险公司的注册资本（或实收资本）共同构成保险公司的偿付能力。

（二）非寿险责任准备金

非寿险的基本特点是短期保险，保险期限是一年或一年以内，保险业务从性质上具有补偿性。非寿险责任准备金分为三大部分：保费准备金、赔款准备金和总准备金。

1. 保费准备金

保费准备金又称未了责任准备金或未满期责任准备金。保险公司在一个会计年度内签发保单后入账的保费称作入账保费。假定会计年度与日历年度一致，那么，在当年满期的保单其对应的入账保费称已赚保费，在当年未满期的保单其对应的入账保费则称未赚保费。未赚保费部分即为保费准备金。该项准备金一般由保险人按照保险法或保险监管部门规定的比例提取。严格按照会计年度计算每张保单的未赚保费，无疑是相当准确的，但工作量太大。因此，一般都采用按当年入账保费的50%（比例法）提留保费准备金，结转至下一年。

2. 赔款准备金

赔款准备金包括未决赔款准备金、已发生未报告赔款准备金和已决未付赔款准备金。

（1）未决赔款准备金。当会计年度结束时，被保险人已提出索赔，但在被保险人与保险人之间尚未对这些案件是否属于保险责任、保险赔付额度等事项达成协议，称为未决赔案。为未决赔案提取的责任准备金即为未决赔款准备金。未决赔款准备金的提取方法有逐案估计法和平均估计法。逐案估计法，即对未决赔案逐个估计在将来结案时需要支付的赔款数。平均估计法，即根据以往的保额损失经验，预先估计出某类业务的每件索赔的平均赔付额，再乘以该类未决索赔的件数，取得未决赔款准备金数额。

（2）已发生未报告赔款准备金。有些损失在年内发生，但索赔要在下一年才可能提出。这些赔案因为发生在本会计年度，仍属本年度支出，故称已发生未报告赔案。为其提取的责任准备金即为已发生未报告赔款准备金。由于已发生未报告赔案件数和金额都是未知的，只能由每家保险公司根据不同业务的不同经验来确定。最简单的办法可用若干年该项赔款额占这些年份内发生并报告的索赔额的比例来确定提取数。

（3）已决未付赔款准备金。对索赔案件已经决算完结，应赔金额也已确定，但尚未赔付，或尚未支付全部款项的已决未付赔案，为其提取的责任准备金则为已决未付赔款准备金。该项是赔款准备金中最为确定的部分，只需逐笔计算即可。

3. 总准备金

保险公司用于满足年度超常赔付、巨额损失赔付以及巨灾损失赔付的需要而提取的责任准备金，称为总准备金。提取总准备金是保险在时间上分散风险的要求。

保险公司总准备金一般要按保险监管部门的规定，在税前利润中提取，逐年积累而成。保险总准备金的积累对于保障被保险人的合法权益，支持保险公司的稳健经营，都具有十分重要的意义。

（三）寿险责任准备金

寿险的基本特点在于保险责任是长期性的，保险期间短则数年，长则数十年。保费或一次性趸缴，或分期均衡缴付。寿险责任准备金是指保险人把投保人历年缴纳的纯保费和利息收入积累起来，作为将来保险给付和退保给付的责任准备金。

三、保险投资的形式

保险投资应根据资金来源的不同性质、用途和结构，遵循资金运用安全性、盈利性和流动性原则的基础上，合理选择投资对象和投资结构。基于保险可运用资金的负债性，安全性是保险投资应遵循的首要原则，在符合安全性的前提下追求盈利性，保持合理的流动性。

一般而言，保险资金的运用有以下几种形式：

（一）购买债券

保险资金一般有一定比例用于购买国库券、地方政府债券、金融债券和公司债券等可在二级市场流通的债券。这类投资具有安全性好、变现能力强、收益相对稳定的优点。尤其是国库券和地方政府债券基本上不存在不确定性风险，但收益却不如金融债券和公司债券。

（二）股票投资

股票投资的特点是：收益高、流动性好，但风险大。股票收益来自股息收入和资本利得，股息收入的多少完全取决于公司的盈亏状况，资本利得则取决于未来股票价格的走向。因此，股票投资的风险比较大。

（三）投资不动产

保险资金进行不动产投资一般是用于直接建造、购买并自行经营的房地产。房地产投资的特点是：安全性好、收益高、项目投资额大、期限长、流动性差。因此，房地产投资比较适合长期性保险资金的运用。

（四）用作贷款

保险资金用于贷款是指向需要资金的单位或个人提供融资。贷款的收益率决定于市场利率。在不存在信贷资产的二级市场的情况下，信贷资产的变现能力不如有价证券，其流动性较差。贷款可分为信用放款和抵押放款两种形式。信用放款（包括担保放款）的风险主要是信用风险和道德风险，抵押放款的主要风险是抵押物贬值或不易变现的风险。

（五）银行存款

存款是指保险公司将闲置资金存放于银行等金融机构。存款具有良好的安全性和流动性，但对比其他投资，收益率则最低。正因为如此，存款主要用作保险公司正常的赔付或寿险保单满期给付的支付准备金，一般不作为追求收益的投资对象。

各国政府基于经济环境和历史背景的差异，对保险资金运用的规定有所不同，采取了不同的监管方式，但总的来讲对资金运用的渠道和运用的结构作了规定，特别是对高风险的投资项目在投资总额中的比例作了规定。

保险业的快速发展对保险资金运用提出了更高的要求。一是由于寿险产品结构的变化，兼有保障和投资功能的产品逐步成为寿险市场的主导产品，保险公司的资金运用收益与客户的保单分红或投资账户收益直接挂钩，使得资金运用成为保险公司的重要业务。二是随着竞争的加剧，财产保险公司承保利润逐步下降，投资收益逐渐成为其重要利润来源。三是在央行连续降息的情况下，寿险公司的利差损问题日益突出，要化解利差损风险，最根本的办法是要创造条件，提高投资收益率。

可以说，新《保险法》为进一步拓宽资金运用渠道留下了更多空间。实践证明，在目前相同的资金运用环境下，由于资金运用能力和管理水平的差异，各保险公司的投资收益也大有不同。因此，在目前的情况下，各公司首先应当练好内功，加强资金运用管理，积极提高资金运用水平，充分积累资金运用经验，培养引进一批保险投资人才，为今后资金运用渠道的拓宽创造条件。

小结：保险作为经营风险的特殊行业，其经营活动包括展业、承保、分保、理赔、投资环节。展业是保险经营活动的起点和基础；承保是保险人与投保人对保险合同的内容协商一致、并签订保险合同的过程；分保是保险人将自己承担的风险和责任向其他保险人进行保险；理赔是保险标的遭受保险事故后，保险人对被保险人提出的索赔请求进行赔偿处理的过程；投资即保险资金运用。

复习思考题：

1. 简述保险经营的基本原则。
2. 股份制保险公司有什么特点？
3. 保险投资有何意义？
4. 保险可运用资金来源于哪几个方面？

第七章 财产保险

内容提要：通过本章的学习，应掌握财产保险的概念、特征、保险标的的损失状态及财产保险的承保方式。了解财产保险的种类。

第一节 财产保险概述

一、财产保险的概念

财产是金钱、财物以及民事权利义务的总和。财产保险是对财产及其有关利益因灾害事故造成的损失进行补偿的保险。财产保险也是保险人集合众多面临同质风险的经济单位，当其中部分经济单位的财产及其利益因约定灾害事故发生造成损失时，保险人对其赔偿保险金的保险行为。

财产保险的概念应从以下几方面理解：

（一）财产保险的保险标的是财产及其有关利益

财产保险的保险标的是保险的对象，也是财产保险合同中约定的保险事故发生的本体。财产保险标的存在形式有两种：有形财产与无形财产。前者是狭义的财产保险标的，它是客观存在的、有形的物质财产，该类保险标的的种类很多，如运输过程中的货物、汽车、轮船、机器设备、房屋等；后者是投保人具有利害关系的某种经济利益，它包括预期收益、损害赔偿责任、权利和义务等。

（二）财产保险所承保的风险是各种自然灾害和意外事故

当保险单上约定的灾害事故发生造成保险标的的损失时，保险人对被保险人所遭受的实际经济损失进行赔偿。

（三）损失分摊机制是财产保险运行的基础

损失分摊机制的实质是保险人通过集合众多同类标的面临同质风险的经济单位，将个别经济单位遭受的经济损失，在全体被保险人中进行分摊，即少数被保险人所遭受的经济损失由全体被保险人共同分摊。

二、财产保险的特征

与人身保险比较，财产保险具有以下特征：

（一）财产保险是补偿性保险

1. 保险标的具有可估价性

财产保险的保险标的的价值是可以确定的。对于有形财产而言，其本身就有客观的市场价；对于无形财产而言，投保人对其具有的经济利益也必须是确定的、可以用货币来估算的，否则不能作为保险标的。因此，财产保险合同中有一项特殊的内容——保险价值。

2. 保险金额的确定方法

由于财产保险的保险标的本身具有保险价值，因此保险金额是在对保险标的估价的基础上来确定。保险金额可以按标的的市场价确定，也可以按账面价或重置价确定。

（二）财产风险的性质

1. 与人身风险比较，财产保险的风险较集中

首先，财产保险承保了一些高额保险，如飞机保险、人造卫星保险等，其保险金额较高，保险事故一旦发生，保险人要支出巨额的保险赔款；其次，财产保险还承保了一些巨灾风险，如洪水、风暴等，这些风险一旦发生，会使大量的保险标的同时受损，导致保险人的赔偿金额剧增。由于财产风险的集中性，为了分散风险，保证保险经营的稳定，保险人往往要借助再保险分散风险。

2. 保险人要准确掌握财产风险的规律性有一定难度

财产风险与人身风险不同。首先，财产风险种类繁多、千差万别；其次，受人们的认识能力和科技水平的限制，人们对一些灾害事故还无法有效的预测和防范；最后，人们对财产风险的重视程度不够以及统计资料不健全。基于以上原因，保险人要准确地掌握财产风险的规律性有一定难度，根据所掌握的风险资料所制定的保险费率与所承保的财产实际发生的损失之间往往存在一定的偏差。

（三）财产保险一般是短期保险

人身保险，特别是人寿保险，其保险期限较长。由于保险期限长，使人身保险具有以下特征：第一，采用年度均衡保险费制，保险费多为按年度分期交纳，保险费按复利计算；第二，对被保险人而言，既具有保障性，又具有储蓄性；第三，保险人每年都有固定的保险费收入，其形成的保险基金可供保险人进行中长期投资。

财产保险与人身保险不同，其保险期限一般为一年。由于期限短，保险实务中要求投保人投保时一次性交清保险费，保险费不计利息；其形成的保险基金一般不能作为保险人中长期投资的资金来源；财产保险只有保障性，不具有储蓄性，保险单没有现金价值。

三、财产保险标的的损失状态

在保险实务中，财产保险标的的损失可以从不同的角度分类：按遭受损失的程度，可分为全部损失和部分损失；按损失的形态，可分为物质损失和费用损失；按损失发生的客体是否为保险标的本身，可分为直接损失和间接损失。

（一）全部损失和部分损失

1. 全部损失

全部损失简称全损，指保险标的因保险事故的发生而遭受全部损失的状态。全部损失可分为实际全损和推定全损。

（1）实际全损。实际全损是指保险标的遭受保险承保范围内的风险而造成的全部灭失，或受损程度已使其失去原有形态和特征，以及无残余价值的一种实质性的物质性的损失。

（2）推定全损。推定全损是指保险标的在遭受保险事故后，虽然尚未达到全部灭失、损毁状态，但是全部灭失是不可避免的，或估计恢复、修复该标的物所耗费用已达到或超过其实际价值或保险价值。

2. 部分损失

部分损失是指保险标的的损失未达到全部损失程度的一种损失状态。

（二）物质损失和费用损失

1. 物质损失

物质损失是指保险标的由于保险事故发生所造成的标的物本身的损失。

2. 费用损失

费用损失是指保险标的发生保险事故时，被保险人采取施救、保护、整理措施所产生的必要合理费用，以及保险单上约定的保险人承担的其他费用。

（三）直接损失和间接损失

1. 直接损失

直接损失是指保险事故发生造成保险标的本身的损失。

2. 间接损失

间接损失是指保险事故发生所导致的保险标的以外的损失，如汽车受损后所导致的在修理期间营运收入的丧失，企业财产受损后在停业期间利润的丧失和费用的增加等。保险人对直接损失要承担赔偿责任，对间接损失是否承担赔偿责任，以保险单上的约定为准。

四、财产保险的保险价值和保险金额

（一）财产保险的保险价值

保险价值是保险标的在某一特定时期内用货币估算的经济价值。财产保险的保险标的具有可估价性，保险价值是财产保险合同的特有概念，它是确定保险金额与赔偿计算的依据。

（二）财产保险的保险金额

保险金额是指保险人在保险合同中承担赔偿或者给付保险金责任的最高限额。财产保险的保险金额是根据保险标的的保险价值来确定的，一般作为保险人承担对受损标的赔偿的最高限额，以及施救费用的最高赔偿额度，也是保险人计算保险费的依据。除合同另有约定外，保险金额不是保险人认定的财产价值，也不是保险事故发生时赔偿的等额，而仅是保险人承担赔偿责任的最高限额。

五、财产保险的承保方式

根据保险价值确定的时间及保险价值确定的方式，财产保险的承保方式分为以下几种：

（一）定值保险

定值保险是投保时确定保险价值的承保方式。投保人和保险人签订保险合同时除根据保险价值确定保险金额外，还要约定保险价值并在合同中载明。保险标的发生保险事故时，不论当时损失的该保险标的的市场价是多少，保险人均按保险单上约定的保险金额计算赔偿。如果是全部损失，按保险金额赔偿；如果是部分损失，按保险金额的损失程度计算赔偿。

财产保险合同中，以定值保险方式承保的主要有两类标的：

一类是不易确定价值或无客观市场价的特殊标的，如艺术品、书画等，一般由双方约定保险价值，以免事后发生纠纷。

另一类是运输中的货物等流动性比较大的标的，由于各地货物价格差别较大，保险事故发生后再来估算实际价值既困难又麻烦，而且易引起赔偿纠纷。此种保险方式实际上是以投保时双方约定的保险价值代替了损失发生时的保险价值。

（二）不定值保险

不定值保险是与定值保险相对的一种承保方式，投保人和保险人签订保险合同时不在合同中载明保险价值，只是订明保险金额作为赔偿的最高限额；当保险标的发生保险事故造成损失时，再来估计其保险价值作为赔款计算的依据。

不定值保险根据保险金额与出险时保险标的保险价值的关系，分为足额保险、不足额保险、超额保险。

1. 足额保险

足额保险是指财产保险合同的保险金额与保险标的出险时的保险价值相等。在足额保险中，一般当保险标的发生保险事故造成损失时，保险人对被保险人按实际损失进行赔偿，损失多少，赔偿多少。

2. 不足额保险

不足额保险是指财产保险合同的保险金额小于保险标的出险时的保险价值。保险事故发生时，保险人按照保险金额与保险价值的比例承担赔偿责任。

3. 超额保险

超额保险是指财产保险合同的保险金额大于保险标的出险时的保险价值。根据损失补偿原则，保险金额超过保险价值的，其超过部分无效。

（三）第一危险责任保险

这是家财险特有的承保方式。只要损失在保险金额范围内，保险人全额赔偿。若损失超过保险金额，超过的部分由被保险人自己负责。

第二节 财产保险的种类

随着现代保险事业的飞速发展，财产保险已经发展成为一个内涵非常丰富、外延极为广泛的概念，广义的财产保险包括了人身保险以外的所有险种。财产保险业务包括财产损失保险、责任保险、信用保证保险。

一、财产损失保险（狭义财产保险）

财产损失保险是以物质财产为保险标的的保险业务，其种类很多，主要险种包括以下几类：

（一）火灾保险

火灾保险是以存放在固定场所并处于相对静止状态的财产及其有关利益为保险标的，保险人承保被保险人的财产因火灾、爆炸、雷击及其他灾害事故的发生所造成的损失。我国目前开展的火灾保险主要有团体火灾保险（企业财产保险）、家庭财产保险。

（二）货物运输保险

货物运输保险是指保险人承保货物在运输过程中因灾害事故及外来风险的发生而遭受的损失。我国的货物运输保险分为海上货物运输保险、内陆货物运输保险、邮包保险等。

（三）运输工具保险

运输工具保险是指保险人承保因灾害事故发生所造成的运输工具本身的损失及第三者责任，也可承保各种附加险。我国的运输工具保险主要有机动车辆保险、船舶保险、飞机保险等。

（四）工程保险

工程保险是指保险人承保建筑工程和安装工程等在建设和施工过程中，因灾害事故发生所造成的损失、费用和责任。工程保险是一种包括财产损失保险和责任保险在内的综合性保险，它分为建筑工程保险、安装工程保险等。建筑工程保险主要承保各项土木工程建筑的整个建筑期间由于发生保险事故造成被保险工程项目的物质损失、列明费用损失以及被保险人对第三者人身伤害或财产损失引起的经济赔偿责任。安装工程保险承保以新建、扩建或改造的工矿企业的机器设备或钢结构建筑物在整个安装、调试期间由于保险责任内的风险造成保险财产的物质损失、列明费用损失及安装期间造成的第三者财产损失或人身伤亡引起的经济赔偿责任。

（五）农业保险

农业保险是指保险人承保种植业、养殖业标的因灾害事故的发生所造成的经济损失。它分为种植业保险和养殖业保险两类。种植业保险以农作物和林木为保险标的，承保保险标的因保险责任范围内的灾害事故所致的经济损失。按保险标的分类，种植业保险可以分为农作物保险和林木保险。养殖业保险是承保被保险人在进行各种养殖业生产活动中因保险责任事故所致损失的一种农业保险。养殖业保险可以分为畜牧保险和水产养殖保险两大类，亦可细分为大牲畜保险、中小家畜家禽保险、牧畜保险、淡水养殖保险和海水养殖保险。

二、责任保险

责任保险以被保险人依法应承担的民事损害赔偿责任或经过特别约定的合同责任为保险标的，保险人承保经济单位和个人在进行各项生产经营活动、业务活动或在日常生活中，因疏忽、过失等行为造成他人的财产损失或人身伤亡，依法应承担的经济赔偿责任。

责任保险的承保方式有两种：一种是作为各种财产损失保险合同的组成部分或作为附加险承保，不签发单独的责任保险保险单；另一种是签发保险单单独承保的责任保险，包括公众责任保险、雇主责任保险、产品责任保险、职业责任保险等。

三、信用保证保险

信用保证保险是由保险人作为保证人为被保证人向权利人提供担保的一类保险业务。当被保证人的作为或不作为致使权利人遭受经济损失时，保险人负经济赔偿责任。

第三节　机动车辆保险

一、机动车辆保险的特点

机动车辆保险也称为汽车保险。我国机动车辆保险的主要承保对象是汽车，也包括电车、电瓶车、摩托车、拖拉机、各种专用机械车、特种车。机动车辆保险分为多个基本险和一系列附加险。在各国非寿险业务中，机动车辆保险不仅是运输工具保险的主要险别，也是整个非寿险业务的主要来源。我国机动车辆保险也是财产保险业务的第一大险种。

与其他财产保险业务比较，机动车辆保险有以下特点：

（一）保险标的出险概率较高

汽车是陆地上的主要交通工具。由于其经常处于运动状态，总是载着人或货物不断地从一个地方开往另一个地方，很容易发生碰撞及其他意外事故，造成财产损失和人身伤亡；由于车辆数量的迅速增加，而一些国家交通设施及管理水平跟不上车辆的发展速度，再加上驾驶员的疏忽、过失等人为原因，使交通事故发生频繁，汽车出险概率较高。

(二) 业务量大，普及率高

由于汽车出险概率较高，汽车的所有者需要寻求以保险方式转嫁风险；各国政府在重视不断改善交通设施，严格制定交通规章的同时，为了保障受害人的利益，对汽车第三者责任保险实施强制保险；保险人为适应投保人转嫁风险的不同需要，为被保险人提供更全面的保障，在开展车辆损失险和第三者责任险的基础上，推出了一系列附加险，使汽车保险成为财产保险中业务量大，普及率较高的一个险种。

(三) 被保险人自负责任与无赔款优待

为了有利于促使被保险人注意维护、养护汽车，使其保持安全行驶技术状态，并督促驾驶员注意安全行车，以减少事故的发生，保险合同上一般规定：根据驾驶员在交通事故中所负责任，车辆损失险和第三者责任险在符合赔偿规定的金额内实行绝对免赔率；保险车辆在一年保险期限内无赔款，第二年续保时可以按保险费的一定比例享受无赔款优待。以上两项规定，虽然分别是对被保险人的惩罚和优待，但所要达到的目的是一致的。

二、交强险

在中华人民共和国境内（不含港、澳、台地区），被保险人在使用被保险机动车过程中发生交通事故，致使受害人遭受人身伤亡或者财产损失，依法应当由被保险人承担的损害赔偿责任，保险人按照交强险合同的约定对每次事故在下列赔偿限额内负责赔偿：

（1）死亡伤残赔偿限额为110 000元；

（2）医疗费用赔偿限额为10 000元；

（3）财产损失赔偿限额为2000元；

（4）被保险人无责任时，无责任死亡伤残赔偿限额为11 000元；无责任医疗费用赔偿限额为1000元；无责任财产损失赔偿限额为100元。

三、车辆损失险

车辆损失险的保险责任为：被保险人或其允许的合格驾驶员在使用保险车辆过程中，由于保险单上约定的灾害事故发生造成保险车辆的损失，保险人负赔偿责任。保险人承担的赔偿责任包括：

（1）碰撞损失；

（2）火灾、爆炸等所致车辆的非碰撞损失；

（3）发生保险事故时，被保险人为防止或者减少被保险机动车的损失所支付的必要的、合理的施救费用，由保险人承担，最高不超过保险金额的数额。

四、机动车商业第三者责任险

机动车商业第三者责任险的保险责任为：保险期间内，被保险人或其允许的合法驾驶人在使用被保险机动车过程中发生意外事故，致使第三者遭受人身伤亡或财产直接损毁，依法应当由被保险人承担的损害赔偿责任，保险人依照本保险合同的约定，对于超过机动车交通事故责任强制保险各分项赔偿限额以上的部分负责赔偿。

第四节　责任保险

一、责任保险的概念

责任保险以被保险人依法应承担的民事损害赔偿责任或经过特别约定的合同责任为保险标的。保险人主要承担各经济单位和个人在进行各项生产经营活动、业务活动或在日常生活中，由于疏忽、过失等行为造成他人的人身伤亡或财产损失，以及按合同约定应承担的经济赔偿责任。例如，汽车肇事造成他人的人身伤亡或财产损失，医生误诊造成病人的伤亡，产品缺陷造成用户或消费者的人身伤亡或财产损失等，致害人必须依照有关法律规定对受害人承担经济赔偿责任。如果致害人投保了相关的责任保险，就把责任风险转嫁给了保险人；一旦保险责任事故发生，就由保险人承担致害人（被保险人）应向受害人承担的经济赔偿责任。

在现代社会中，责任风险的客观存在及其对经济单位和个人所带来的威胁，使人们对所面临的责任风险产生忧虑并寻求转嫁此类风险的途径，这是责任保险产生的自然基础。责任风险是指企业、团体、家庭和个人在从事各项活动中，因疏忽、过失等造成他人的人身伤亡或财产损失，而依法对受害人承担的经济赔偿的可能性，且随着社会经济的日益发展，从责任风险发生的趋势和对经济单位和个人带来的损失程度看，越来越受到人们的关注。分析其原因，有以下几个方面：

第一，人们在遭受他人的侵权损害时，可借助法律手段来保护自己，使责任方承担对损害的赔偿。

第二，科学技术的进步在给人们带来生产发展和生活方便的同时，也使责任风险发生的概率增加，造成的损失后果严重化。

第三，人们生活水平的提高以及物价指数的上升，导致了受害人的损害赔偿数额日趋升高。对致害人而言，责任风险事故一旦发生，要依法承担损害赔偿责任，要使现有利益受损，甚至要承担巨额的赔偿，危及正常的生活，导致生产的中断，甚至经营的破产。因此，经济单位和个人有转嫁责任风险的需要。

二、责任保险的保险标的

财产损失保险的保险标的是有形财产，保险事故发生会直接造成财产的损失，表现为财产的全部损失或部分损失。责任保险的保险标的为被保险人的民事损害赔偿责任，这种保险标的是无形标的，保险人承保的是被保险人的侵权行为和违约责任（合同责任）。

（一）民事责任及其构成条件

民事责任是民事法律责任的简称，它是民事主体侵害他人的民事权利或违反民事义务（包括合同或其他义务）所应承担的法律后果。但并非所有侵犯他人的民事权利或违反民事义务的行为都须承担民事责任，构成民事责任一般还须具备以下四个条件：

1. 行为必须具有违法性

这是构成民事责任的决定性条件。行为不违法，除法律有特别规定外，对其所造成的损害不承担民事责任。所谓行为，即人们有意识的活动。

2. 必须有造成损害的事实存在

这是构成民事责任的必要条件。侵犯民事权利、违反民事义务的违法行为，在许多情况下，会造成他人人身或财产上的损害后果。只有当行为人对他人的人身或财产造成事实上的损害，才依法要承担民事责任。

3. 违法行为与损害后果之间必须存在因果关系

法律只规定违法行为人对其违法行为所造成的损害后果承担民事责任，也就是说，违法行为与损害后果存在因果关系才承担民事责任。如果损害后果的发生与违法行为无因果关系，行为人就不承担民事责任。

4. 违法行为人必须有过错

过错分为故意和过失。故意是指行为人明知自己的行为的不良后果，而希望或放任其发生的心理；过失是指行为人应当预见自己的行为可能发生的不良后果而没有预见，或者已经预见而轻信不会发生的心理。

（二）侵权的民事责任

侵权的民事责任，又称侵权损害的民事责任。它是侵权行为产生的法律后果，即由民法规定的侵权行为造成他人的财产或人身权利损害所应承担的法律责任。

责任保险合同一般承保被保险人的过失行为和无过错行为所致的民事损害赔偿责任，而不承保故意行为所致的民事责任。

（三）违约责任

违约责任是违反合同行为所引起的法律后果，是指合同当事人因过错不履行合同义务，或者履行合同义务不符合约定条件的行为。例如，不按合同交付货物、不按合同完成工作、交付成果，不按合同提供劳务以及不按合同交付价款或报酬等。

责任保险一般不承保违约责任，除非这种责任经过特别约定。责任保险合同特约承保的违约责任包括直接责任和间接责任。前者是指合同一方违反合同的义务造成另一方的损害所应承担的法律赔偿责任；后者是指合同一方根据合同规定对另一方造成第三者的损害应承担的法律赔偿责任。

三、责任保险的特点

责任保险属于广义的财产保险范畴，要遵循财产保险合同的基本原则，如损失补偿原则、代位原则和分摊原则。但由于责任保险合同承保对象的特殊性，与其他财产保险合同相比，它产生与发展的基础、保障对象、保险人责任范围、赔偿处理方式等方面有明显的特点。

(一) 产生与发展的基础——民事法律制度的建立与完善

在现代社会中，责任风险的客观存在及其对经济单位和个人所带来的威胁，使人们对所面临的责任风险产生忧虑并寻求转嫁此类风险的途径，这是责任保险产生的自然基础。人们之所以面临责任风险（各种民事法律风险），是由于社会生产力的发展和人类社会的进步带来的法律制度的不断完善，特别是民事法律制度的建立与完善。正是因为人们在社会经济活动中的行为都在法律制度的一定规范之内，才有可能因违反法律而造成他人的财产损失和人身伤害时，依法应承担赔偿责任的问题存在，人们才有转嫁责任风险的必要，责任保险才会被人们所接受。所以，民事法律制度的建立与完善是责任保险产生与发展的基础。事实上，当今世界责任保险最发达的国家和地区，必然是民事法律制度较完善的国家和地区。

(二) 责任保险的保障对象——保障了致害人（被保险人）和受害人的利益

一般财产保险合同中，被保险人因保险事故发生造成经济损失时，保险人要对被保险人的经济损失进行补偿，保险金直接支付给被保险人。而在责任保险合同中，保险人承保的是被保险人依法对他人应承担的民事损害赔偿责任，当保险事故发生时，保险人代替致害人向受害人进行赔偿，保险人支付的保险金最终要落实到受害人手中。这样，既使被保险人避免了经济损失，也使受害人获得补偿与慰籍。因此，责任保险合同在保障被保险人利益的同时，受害人的合法利益也受到了保障。

(三) 保险人赔偿范围的确定——赔偿限额

财产损失保险合同的保险标的是物质财产，该类保险标的具有可估价性，并在对保险标的估价的基础上确定保险金额，作为保险人赔偿的最高限额和计算保险费的依据。在责任保险合同中，保险人所承保的是一种特殊的无形标的，由于这种标的无客观价值，无法估价，所以合同中无法确定保险金额。但为了限制保险人承担赔偿责任的范围，避免赔偿时合同双方发生争议，我国现行的责任保险合同一般要载明赔偿限额，以此作为保险人承担赔偿责任的最高额度和计算保险费的依据。赔偿限额的大小根据被保险人可能面临的损失规模的大小和交付保险费的能力来确定。比如，我国的机动车辆保险第三者责任险的赔偿限额分为不同档次，由投保人选择。同一险种赔偿限额越高，投保人交纳的保险费越多。

(四) 赔偿处理方式的特殊性

与其他财产保险合同相比，责任保险合同的赔偿处理涉及的关系方复杂、受制因素较多。

1. 责任保险赔案的处理涉及第三者（受害人）

责任保险合同赔案的发生，以被保险人对第三者造成损害并依法应承担经济赔偿责任为前提，使责任保险的赔偿必然涉及第三者受害方。

2. 责任保险的赔偿受制因素复杂

一般的财产保险合同赔案的处理仅涉及保险人与被保险人，当保险事故发生后，保险人根据保险标的的损失状况，按保险单规定的计算方式计算赔款。如果保险事故由第三者责任方造成，保险人向被保险人赔偿后，依法或按合同约定取得向第三者责任方进行追偿的权利。

由于责任保险承保的标的是被保险人依法对第三者应承担的民事损害赔偿责任，赔案的处理往往要以法院的判决或执法部门的裁决为依据，保险人在此基础上，再根据保险合同的规定计算赔款。因此，责任保险的赔偿受制因素复杂，除按保险合同的规定外，一个国家的立法、司法制度对它都有影响。保险人经营该险种所面临的风险较大。

四、责任保险的分类

单独承保的责任保险一般分为以下四类：

（一）公众责任保险

公众责任保险是指承保被保险人在固定场所或地点进行生产经营活动或进行其他活动时，因意外事故发生致使第三者遭受人身伤害或财产损失，依法应由被保险人承担的经济赔偿责任。

（二）产品责任保险

产品责任保险是指承保产品的制造商、销售商、修理商因其制造、销售、修理的产品有缺陷而造成用户、消费者，或公众的人身伤亡或财产损失依法应承担的经济赔偿责任。

（三）雇主责任保险

雇主责任保险是指保险人承保雇主对所雇员工在受雇期间，因发生意外事故或因职业病而造成人身伤害或死亡时，依法或按合同约定应由雇主承担的经济赔偿责任。

（四）职业责任保险

职业责任保险是指承保各种专业技术人员因工作疏忽或过失造成第三者的损害依法应承担的经济赔偿责任。这些专业技术人员包括律师、设计师、医生、会计师、美容师等。

责任保险具有保险人代替致害人向受害人承担经济赔偿责任的特征，是为无辜受害者提供经济保障的一种手段。为了保障社会公众利益，对某些涉及面广的损害赔偿责任，如汽车第三者责任保险、雇主责任保险等，许多国家实行了强制保险。

第五节　涉外货物运输保险

一、国际贸易价格术语

（一）国际货物买卖合同

国际货物买卖合同是指营业地处于不同国家的当事人之间所签订的货物买卖合同。由于合同双方当事人的营业地处于不同国家，货物必须从买方营业地运往卖方营业地，这就产生许多复杂的问题。如卖方在何时何地交货，由何方派遣运输工具并支付相关费用，货物在运输途中的风险由谁承担，何方负责申领进出口许可证和交纳进出口货物的关税。为此，国际货物买卖双方在洽商合同时，一定要明确上述问题。这些问题，国际货物买卖双方可以通过采用某个价格术语的方式获得解决。也就是说，国际贸易中所使用的价格术语正是为了说明上述费用、风险、手续等买卖双方责任的划分。价格术语是在国际贸易的长期实践中形成的，并且已经得到广泛的应用。

（二）价格术语的含义与作用

价格术语是国际贸易中专门使用的术语。它一方面能表明商品价格金额的构成；另一方面能明确双方责任范围、风险界限、费用负担等重大问题的一个简单的概念、词组或缩写符号。

在国际贸易中，买卖双方在磋商交易和订立合同时，只要选用某种双方认为合适的价格术语，就可以据此确定他们各自的责任，而不必逐项进行磋商讨论。所以，国际贸易术语的广泛使用，为买卖双方提供了很大的方便：简化了交易磋商的内容，缩短了磋商成交的时间，节省了交易的开支和费用，便利了合同的签订与执行。价格术语对促进国际贸易的发展有积极意义。

（三）价格术语与运输、保险的关系

明确了价格术语的采用，就明确了由买方或卖方负责运输、保险事宜。如 FOB、C&F、CIF 虽然同属于象征性交货条件，但各自也有所区别：FOB 合同规定，由买方负责运输和购买国际货物运输保险；C&F 合同规定，由买方负责购买保险；若以 CIF 合同成交，运输和保险均由卖方负责。

二、海上货物运输合同

海上货物运输合同，是指承运人或船舶出租人负责将托运人托运的货物经海路从一国的某一港口运至另一国家的港口，而由托运人或承运人支付约定运费的合同。

承运人或船舶出租人是合同的一方当事人，通常称为船方；托运人或承租人是合同的另一方当事人，常称为货方。海上货物运输合同的标的是货物。国际海上货物运输合同主要有提单和租船合同。

提单（Bill of Lading，B/L），在海上货物运输中被广泛使用，有其自身的历史发展

过程。提单起源于欧洲早期的航海贸易。当商人和船东的角色逐渐分离时，提单便应运而生了。货主把货物交给船方装船后，要求船上的船舶文书提供一份证明承运人已经接管货物的单证。根据货主的要求，文书便出具一份表示已经收到货物的证明。这就是提单的起源。后来，商人们逐渐地在提单背面记载若干运输合同的条款，使提单的内容不断趋于完善。

到 17 世纪，航海贸易有了很大的发展，由于货物经海上运输时间长，给急于处理货物的买方带来不便。为了解决这一矛盾，商人们逐渐在贸易领域里承认提单可以直接代表货物，赋予提单物权凭证的性质，拥有提单就表明拥有货物的所有权，转让提单具有转让货物一样的效力。承认提单具有物权凭证的功能对国际贸易产生了重大影响。随着班轮运输方式日趋成熟，商品交换对时间的要求更为迫切，商人可凭借为物权凭证的提单在银行获得融资，可在货物到达目的港之前通过转让提单来转让在目的港的提货权，处分提单就等于处分在海上运输中的货物。提单功能的发展与完善，是运输和贸易发展的产物。提单使国际贸易由实物交易到单证交易的转化成为可能，提单也因此成为国际贸易中最重要的单证之一。提单具有以下性质：

（1）提单是承运人所签发的，表明其收到货物并负有把提单上载明的货物交给提单合法持有人的责任。

通常情况下，货物装船后才由承运人签发提单，但有时承运人在装货港码头的库场接收货物后也可以应托运人的要求签发备运提单。等到货物装船后，再把备运提单换为已装船提单。

（2）提单是托运人和承运人之间订立海上货物运输合同的证明。提单背面载明了承运人、托运人双方的权利义务条款，是双方之间订立海上货物运输合同的证明。

（3）提单是货物的物权凭证。按照法律和一般航运惯例，承运人仅按提单的规定凭提单付货。如果是记名提单，承运人只能将货物交给提单上的记名人；如果是指示提单，承运人只能按提单上的记名人的指示付货。但不管是上述哪一种情形，承运人都应把货物交给正本提单持有人。只要不是记名提单，提单都可以转让流通，如用于结汇、买卖、抵押等。善意受让提单的合法持有人可以仅凭受让的提单而取得提单项下的货物，这充分说明了提单具有物权凭证性质。

三、海运保险保障的风险

海上保险是以船舶和货物作为保险标的的保险，把船舶在营运过程中、货物在运输途中可能遭遇的危险作为其保障的范围。然而，因货物的性质、船舶的用途，运输的路线及区域，海上自然条件等因素的不同，需要保险人提供的危险保障也不一样。为了适用被保险人在不同情况下的经济保障的需要，保险公司制定了各种承保责任不同的保险条款。这些承保责任不同的保险条款，形成了不同的保险险别。因此，在保险业务中，风险、损失和险别之间有着密切相关的联系，即风险是造成货物和船舶损失的原因，险别是具体规定保险人对风险与损失予以承保的责任范围。为了更好地理解风险、损失与险别的关系，我们首先分析危险及其各种表现形式。

海上保险保障的风险可分为两大类：一是海上风险，海上风险又可分为自然灾害和意外事故两种；二是其他外来原因引起的外来风险。

（一）海上风险

海上风险，是指船舶、货物在海上运输过程中所发生的风险。但是，海上保险人承保的海上风险是一种特定范围内的风险，它既不包括一切在海上发生的风险，又不局限于在航海中所发生的风险。海上保险所承保的风险，按其发生性质可以分为自然灾害和意外事故两大类。

1. 自然灾害

自然灾害，一般是指不以人们意志为转移的自然界力量所引起的灾害。但是海上保险中，它并不是泛指一切由于自然力量所造成的灾害，而且在不同国家，同一国家的不同时期对自然灾害的解释也有所不同。据我国 1981 年 1 月 1 日修订的海洋运输货物保险条款的规定，所谓自然灾害，仅指恶劣气候、雷电、海啸、地震、洪水及其他人力不可抗拒的灾害等。

上述各种上自然灾害风险的主要含义如下：

（1）恶劣气候。一般是指海上飓风、大浪引起船舶颠簸、倾斜造成船舶的船体、机器设备的损坏。例如：船舶遇到大风时，为了躲避风浪，如需转向，会因离心力和水对船体的压力作用，迫使船舶倾斜严重，甚至造成倾覆。

（2）雷电。这是指保险标的在保险的有效期内，由雷电所直接造成的，或者由雷电引起火灾所造成的损失。

（3）海啸。这是指由于海底地壳发生变异，有的地方下陷，有的地方上升，引起海洋剧烈震荡而产生巨大波浪，致使货物和船舶受损害或灭失。海啸的破坏力很大，尤其是袭击某一拥挤港口或地区，会使船舶互相碰撞，船只沉没，甚至把一些大船冲向海滩，退潮时发生搁浅等。

（4）地震或火山爆发。这是指直接或归因于地震或火山爆发所致货物或船舶的损失。陆地上发生的地震虽不会影响船舶在海上航运，但可能影响停泊在港口的船货。例如：船舶停泊在港口等待卸货，或货物在转运港口装卸时，如果发生地震，船货就有可能遭受损坏或灭失。事实上，地震的发生不限于陆上，海下发生地震的频率更高。海下地震可引起海面波涛汹涌，影响潮汐或海流，引起海啸。

（5）洪水。山洪暴发、江河泛滥、潮水上岸等导致保险标的受浸泡、冲散、冲毁等损失，都属于洪水责任。

（6）其他人力不可抗拒的灾害。其通常包括浪击落海和海水、湖水、河水进入船舶、驳船、运输工具、集装箱或大型海运箱及贮存处所等。

浪击落海是指舱面货物受海浪冲击落海而造成的损失，不包括在恶劣气候下船身晃动而造成货物落海的损失。海水等进入船舶的风险，不仅包括由于海水，而且包括由于湖水和河水进入船舶等运输工具或储存处所造成的损失。

2. 意外事故

海上意外事故是指运输工具遭遇外来的、突然的、非意料中的事故，如船舶搁浅、触礁、沉没、互撞、与流冰或其他物体碰撞、船舶失踪以及火灾、爆炸等。海上保险所承保的意外事故，并不是泛指的海上意外事故，而是指保险条款规定的特定范围内的意外事故。现将各种意外事故分别说明如下：

（1）搁浅。这是指由于意外的原因使船体与海中岩礁、海岸或其他障碍物（如沉船、木桩、海栅等）发生接触，而且持续一定时间，如停航达 12 小时以上，使其处于失去进退自由的状态。

（2）触礁。这是指船舶擦过水中岩礁或其他障碍物而仍能继续前进的一种状态。构成触礁的前提条件是船舶接触水中障碍物以后，仍能继续移动，这也是与搁浅的区别之处。

（3）沉没。这是指船体的全部或大部分已经浸入水面以下，并失去继续航行能力的一种状态。如果船体虽有一部分浸入水中，但仍有航行能力，则不能视为沉没。

（4）碰撞。这是指船舶在航行中与其他可航行的物体发生猛烈接触，或船舶与任何飘浮物体、航行物体、浮水、沉船残骸以及港口、码头、河堤等建筑物的接触。换言之，碰撞是指船舶与船舶或非船舶的其他约定物体碰撞。

（5）失踪。这是指船舶在海上航行，失去联络超过合理期限的一种情况。各个国家概括各自的情况，分别订出 4～6 个月的期限为合理期限。

（6）倾覆。这是指船舶受灾害事故，船身倾覆或倾斜，处于非正常的、非经施救或救助而不能继续航行的状态。在海上保险中，保险人除了承保船舶倾覆所造成的损失外，还承保了陆上运输工具的倾覆损失。

（7）火灾。这是指保险标的物被烧毁、烧焦、烧裂、烟熏以及救火行为所致的损失。海上保险所承保的火灾，通常是指因下列原因引起的火灾而导致损失：①雷击电闪起火；②爆炸引起的火灾或因起火引起的爆炸；③船长或船员的过失所导致的火灾；④货物本身的特性受到外界气候、气温等影响而发生的自燃；⑤其他原因不明的火灾。

（8）爆炸。一般是指物体内部发生了急剧的分解或燃烧，迸发出大量气体和热力，致使物体本身及周围其他物体遭受猛烈破坏的现象。在海上运输过程中，货物发生爆炸的原因很多，例如，船舶锅炉爆炸致使船舶和货物受损，或货物因气候影响产生化学作用引起爆炸等。

（9）投弃。这是指当船舶和其承载的货物均处于紧急危险性情况下，船长为了保全船舶与货物的共同安全，故意将船上部分货物或设备投弃海中所造成损失。这种损失是共同海损牺牲的一种典型情况。例如，当船舶搁浅后有沉没的危险，为了船货的共同安全，减轻船载使其重新起浮，常常采有投弃措施，将货物或船上设备抛到海中。

（10）船长、船员的恶意行为。这是指船长或船员故意损害船东或租船人利益的一种非法行为。船长、船员的恶意行为的表现形式有下列几种：①故意弃船、纵火烧船或凿沉船舶；②故意违反航行规则，导致船舶遭受处罚；③与敌人交易、走私或冲越封锁线，以致船舶货物被扣押或没收；④欺诈出售或私自抵押船舶和货物等。

（二）外来风险

外来风险一般是指海上风险以外的其他外来原因所造成的风险。所谓外来原因，必须是意外的、事先难以预料的，而不是必然发生的外来因素。因此，类似货物的自然损耗和本质缺陷等属于必然发生的损失，都不包括在外来风险引起的损失之列。按照我国运输货物保险条款规定，外来风险通常是指偷窃、破碎、淡水雨淋、受潮、受热、发霉、串味、沾污、渗漏、钩损、锈损等。

此外，保险人还可以特约承保由于军事政治、国家政策法令以及行政措施等特殊外来原因所引起的风险。常见的特殊外来风险有：战争、罢工、交货不到、拒收等。

外来风险不是船舶遭遇海上自然灾害和意外事故引起的，但在海上运输过程中是经常发生的。为了充分保障被保险人的利益，一般经过事先协商约定，保险人对这类风险是予以承保的。

四、海上货物运输保险的特点

海上保险与其他财产保险的最大不同之处在于：它所承保的标的处于运动状态中，即货物和运输工具从一个国家到另一个国家。这使海上保险具有不同于其他保险的特征。

（一）承保风险的综合性

从承保范围来看，海上保险不只保障海上水域的风险，而且还包括与海上航程有关的内河、陆上和航空风险。从风险的种类来看，既有自然灾害和意外事故引起的客观风险，又有外来原因引起的各种风险。这充分显示了其承保风险综合性的特点。

（二）承保标的的流动性

海上保险承保标的，通常以船舶和运输货物为主，船舶和运输货物要求从一个港口到达另一个港口，以实现航运经营的目的。因此，保险标的经常处于流动状态。因此海上货物运输保险单为定值保险单。

（三）损失责任的特殊性

海上保险的标的在运输期间由承运人掌控。由于承运人的过失可能使货物在运输中受损，保险人应熟悉承运人权利和义务的有关规定。对于承运人的责任所造成的货物损失，在按保险合同的条款对被保险人赔偿之后，向承运人进行追偿，以维护保险人的合法权益。

（四）海上保险的国际性

海上保险保障的对象主要是国际贸易、远洋运输以及其他对外经济活动，这些都是在国际范围内进行的。海上经营活动的国际性使得海上保险带有强烈的国际性特点。如在海上保险合同履行时，可能遇到国际法规的适用问题。在海事处理中涉及管辖权、诉讼、仲裁等问题。另外，由于海上保险承保标的大多价值巨大，往往需利用国际再保险来分散风险，使得海上保险业务在条款、费率等方面必须重视国际通行做法。

（五）保险单的可转让性

除货物运输保险合同以外的其他财产保险合同，未经保险人同意，保险单不能随物权的转让而转让；货物运输保险的保险单可随物权的转让而背书转让。由于运输中的货物一般是交承运人运输，被保险人并未直接控制保险标的，保险标的所有权的转让对货物的风险状况没有实质性的影响，为了方便商品交易，保险单一般可随物权的转移而背书转让，无须征得保险人同意。

五、中国海上货物运输保险条款

新中国成立后，为了适应我国对外经济贸易不断发展的需要，中国人民保险公司根据中国保险工作的实际情况，并参照国际保险市场的习惯做法，自 1956 年起陆续制造了各种涉外保险业务条款，总称为“中国保险条款” （China Insurance Clauses, CIC）。海上货物运输保险条款是它的重要组成部分。

我国现行的海洋运输货物保险条款是中国人民保险公司 1981 年 1 月 1 日修订的海洋运输货物保险条款（Ocean Marine Cargo Clauses 1/1/1981）。该条款共有五部分内容：责任范围、除外责任、责任起讫、被保险人的义务和索赔期限。在责任范围部分，规定海上货物运输保险的基本险分为平安险、水渍险和一切险三种。投保人可以根据需要选择其中任何一种险别投保。当被保险货物遭受损失时，保险人按照保险单载明的投保险别所规定的责任范围负责赔偿。平安险、水渍险和一切险的内容是参照伦敦保险人协会 1963 年货物条款制定的，险别的英文名称也来自协会条款。

（一）平安险（Free from Particular Average, FPA）

平安险原意是“单独海损不赔”，即保险人只负责赔偿保险标的发生的全损。但今天平安险的责任范围远远超过了全损险的责任范围。平安险只不过是一种习惯叫法。根据中国海运货物保险条款，平安险规定的责任范围包括以下八项：

（1）被保险货物在运输途中由于恶劣气候、雷电、海啸、地震、洪水等造成整批货物的全损。

这一款所列举的风险均属于自然灾害，自然灾害不应限于所列举的 5 种，还应包括火山爆发、隧道坍塌、冰雹等。

（2）由于运输工具遭受搁浅、触礁、沉没、互撞，与流冰或其他物体碰撞以及火灾、爆炸造成的货物损失。

本项规定中列明的风险造成的“货物损失”，包括货物的全部损失和部分损失。“运输工具”指船舶，但不限于海轮，还包括运输过程中使用的驳船和内河船只。“互撞”指船舶之间发生碰撞。“碰撞”，指载运保险货物的船舶与水中的流冰或船舶以外的其他物体（如码头等）发生接触。

（3）在运输工具已经发生搁浅、触礁、沉没或焚毁这四种意外事故的情况下，货物在此前后又在海上遭受恶劣气候、雷电、海啸等自然灾害所造成的部分损失。

根据本规定，保险人对于自然灾害所造成的保险货物部分损失予以赔偿的前提条件是运输工具曾经发生上述规定的搁浅、触礁、沉没或焚毁四种意外事故。换句话说，保险人对单纯由于自然灾害造成的部分损失并不负责赔偿。

（4）在装卸或转运时，由于一件或数件整件货物落海所造成的全部或部分损失。

（5）被保险人对遭受承保风险的货物采取抢救、防止或减少货损的措施而支付的合理费用，但以不超过该批被救货物的保险金额为限。

本条承保的是施救费用，施救费用限于被保险人或其雇佣人、代理人为避免或减少保险责任范围内的损失而采取措施所发生的合理和必要的费用。

(6) 运输工具遭遇海难后，在避难港由于卸货引起的损失以及在中途港、避难港由于卸货、存仓以及运送货物所产生的特别费用。

(7) 共同海损的牺牲、分摊和救助费用。共同海损包括共同海损牺牲和共同海损分摊。

海上保险中的救助费用即为救助法律中的救助报酬，一般情况下，救助费用都可以列为共同海损的费用项目，因为它通常是在船、货各方遭遇共同危难的情况下，为了共同安全由其他船舶前来救助而支出的费用。各国海上保险法律和海上保险单都将救助费用列为保险人的承保责任。

(8) 运输契约订有“船舶互撞责任”条款时，根据该条款规定应由货方偿还船方的损失。此条规定使得被保险人最终能够就其所遭受的损失得到充分的赔偿。

(二) 水渍险 (With Average, WA)

水渍险的责任范围，是在平安险的上述八项承保责任的基础上，增加承保货物由于恶劣气候、雷电、海啸、地震、洪水等自然灾害造成的部分损失。相应地，施救费用的赔偿范围也有所扩大。水渍险承保的风险仍属于列明风险，被保险人向保险人索赔时，负责证明损失的近因是承保风险。

可见，平安险和水渍险的承保责任的差异并不太大，因为被保险货物如果因承保风险造成全部损失，无论是平安险还是水渍险，保险人都是要赔的。只有在发生部分损失的情况下，两者才有所不同：水渍险对于不论是自然灾害或意外事故所造成的部分损的均予赔偿；平安险对于由意外事故造成的部分损失负责，对由于自然灾害所造成的单独海损一般不予负责，但是在运输过程中如运输工具发生了搁浅、触礁、沉没或焚毁的情况下，即使是自然灾害所造成的单独海损也予以负责。

(三) 一切险

一切险所承保的风险，除包括上述水渍险的各项责任外，还负责被保险货物在运输途中由于一般外来原因所致的全部或部分损失。具体说，一切险是水渍险和一般附加险的总和。而一般附加险包括偷窃、提货不着险、淡水雨淋险、短量险、混杂沾污险、渗漏险、碰损破碎险、串味险、受潮受热险、钩损险、包装破裂险和锈损险。

(四) 保险期限

我国海上货物运输保险的保险期限采用“仓至仓”条款。其规定保险人对被保险货物所承担的责任是从货物运离保险单所载明起运港发货人的仓库时开始，一直到货物运抵保险单所载明的目的港收货人的仓库时为止。

六、我国进出口货物运输保险实务

（一）保险险别的选择

保险人承担的保险责任，是以险别为依据的，在不同的险别下，保险人承担的责任范围不同，保险货物在遭受意外损失时可能获得的补偿不同，保险费率也不相同。所以投保时应选择适当的险别，以保证货物获得充分的经济保障，并节省保险费开支。在国际贸易业务中，买卖双方如果采用 FOB 或 C&F 条件成交，因保险是由买方自己负责办理，贸易双方不会在险别的选择上发生争议。但在采用 CIF 条件成交时，由于卖方负责办理投保，而不承担货物在运输途中的风险，卖方为了节省保险费的支出，总希望选择保险责任较小的险别；而买方为了获得更大的保险保障，则希望选择保险责任较大的险别。因此买卖双方在订立贸易合同时，应对投保险别做出明确的规定，以免日后在执行合同过程中发生争议和纠纷。

选择什么险别，应视保险货物在运输作业中可能遭遇的风险而定。一般须考虑下列因素：货物的性质和特点、货物的包装、运输路线及港口情况。

以上是投保人在选择险别时需要考虑的基本因素。由于进出口货物运输保险承保的基本风险是在运输途中因自然灾害和运输工具遭受意外事故所造成的货物损失，所以选择投保险别应首先在基本险别中选择平安险或水渍险，然后再根据需要加保必要的附加险别。如果根据商品特点和运输情况，货物遭受外来风险的范围较广，遭受损失的可能性较大，则可选择基本险别中的一切险，而不需加保一般附加险。至于特别附加险，则是在特定情况下，按需要投保的，例如载货船舶航经的海域或卸货口岸局势紧张，或已发生武装冲突，则可加保战争险，以获得充分保障。

（二）保险金额的确定

1. 出口货物保险金额的确定

在以 CIF 条件成交的情况下，由出口方投保货运险。出口货物的保险金额一般是以货物的发票价为基础，再予以一定加成计算的。若无特殊情况，加成率一般为 10%。这样，出口货物的保险金额就是其发票金额的 110%。投保加成是保险中的特例，这是对外贸易的特殊性所决定的。因为运输是一种经营活动，货物在一地的价值与另一地的价值可以发生差异。如果仅以 CIF 货价作为保险金额，在货物发生损失时，买方已经支付的经营费用和本来可以获得的预期利润仍然无法从保险人处获得补偿。因此，各国保险法及国际贸易惯例一般都规定进出口货物运输保险的保险金额可在 CIF 价基础上适当加成。

按照国际商会《贸易术语解释的国际通则》中的有关规定，加成率一般为 10%，但这并非一成不变。被保险人与保险人可以根据不同货物、不同地区进口价格与当地市价之间的差价所决定的预期利润水平、买方的经营费用等约定不同的加成率，但最高不超过 30%。

保险金额 = CIF 价 ×（1 + 加成率）

2. 进口货物保险金额的确定

在以 C&F 或 FOB 条件成交的情况下，由进口方投保货运险，并按同保险公司签订的预约保险合同的有关规定办理。

按 C&F 价进口时，保险金额 = C&F 价 ×（1 + 平均保险费率）。

按 FOB 价进口时，保险金额 = FOB 价 ×（1 + 平均运费率 + 平均保险费率）。

在上述进口货物保险金额的计算公式中，平均运费率和平均保险费率在预约保险合同中均已列明，目的是为了简化手续，方便计算。

（三）投保注意事项

保险公司接受保险是根据投保人的申报来确定；出立的保险单则是按照投保人的填报内容为依据。投保人在填写投保单时应注意：

（1）投保时所申报的情况必须属实，包括货物的名称、装载的工具以及包装的性质等。

（2）投保的险别、币制与其他条件必须和信用证上所列保险条件的要求相一致。卖方、买方银行在审查出运单证时，对保险单上所列各项内容必须对照信用证，如有不符合，可以拒绝接受保险单，即使卖方银行未发现不符通过了，买方银行在审证时还可以拒绝付款。

（3）投保的险别和条件要和售货合同上所列的保险条件相符合，以做到重合同守信用。

（4）要注意尽可能投保到内陆目的地。

（四）保险单的转让

保险单的转让是指保单持有人将保险单所赋予的要求损失赔偿权利以及相应的诉讼权转让给受让人。因而，保险单的转让即保险单权利的转让。这种权利的转让同保险货物本身所有权的转让是两种不同的法律行为。买卖双方交接货物，转移货物所有权，并不能自动转移保险单的权利。

货物运输保险单保障的是运输途中的货物，谁承担运输作业中的风险，理应由谁办理投保，掌握保险单，但是买卖双方如按 CIF 条件达成交易，按惯例，货物在运输中的风险由买方承担，而办理投保是卖方的义务。卖方在履行完毕交货义务，将货物所有权转移出去之后，对运输作业中的货物就不再拥有可保权益，需将保险单随同运输单和其他单据一起转交买方，实现保险单权利转让。货物抵港如发现保险责任范围内的损失，买方作为保险单受让人或合法持有人便可行使被保险人的权利，向保险人要求损失赔偿。

（五）被保险人的索赔义务

当被保险人保险的货物遭受到损失后，向保险公司的索赔问题就产生了。被保险人获悉货物受损有两种情况：一种是运输工具在途中遭遇意外事故，例如船舶搁浅、火车出轨使货物严重遭损，这种情况，被保险人往往当时就能知道；另一种是货物抵达目的港（地）以后，被保险人在码头提货或者在自己的仓库、储藏处所发现损失。

无论哪一种情况，被保险人都应该按照保险单的规定向保险公司办理索赔手续，同时还应以收货人的身份向承运方办妥必要的手续，以维护自己的索赔权利。

1. 损失通知

当被保险人获悉或发现保险货物已经遭损，应该马上通知保险公司。因为一经通知，表示索赔行为已经开始，不再受索赔时效的限制，保险公司在接到损失通知后即能采取相应的措施，如检验损失，提出施救意见，确定保险责任，查核发货人或承运方责任等。在出口货物运输保险单上都写明了保险公司在目的港（地）的检验、理赔代理人名称、地址，被保险人或他的代表可就近通知代理人，并申请对货损进行检验。检验完毕应取得检验报告，作为向保险公司索赔的重要证件。

2. 向承运人等有关方提出索赔

被保险人或其代理人在提货时发现货物的包装有明显的受损痕迹，或者整件短少，或者散装货物已经残损，除按上面所说的向保险公司报损外，还应该立即向承运方、受托人以及海关、港务当局等索取货损货差证明。特别是当这些货损货差涉及承运方、受托方或其他有关方面，如码头、装卸公司的责任时，应该立即以书面方式向他们提出索赔，并保留追偿权利。

3. 采取合理的施救、整理措施

保险货物受损后，作为货方的被保险人应该对受损货物采取必要的施救、整理措施，以防止损失的扩大。

4. 备全必要的索赔单证

保险货物的损失经过检验，向承运方等第三者的追偿手续办妥后，就应向保险公司或者他的代理人提请赔偿。提赔时应将有关的单证附上。通常应提供：

（1）保险单或保险凭证正本。这是向保险公司索赔的基本证件，用以证明保险公司承担的保险责任及其范围。

（2）运输契约。其包括海运提单、陆空运运单等运输单证。这些单证证明保险货物承运的状况，如承运的件数、运输的路线、交运时货物的状态，以确定受损货物是否保险人所承保的以及在保险责任开始前的货物情况。

（3）发票。这是计算保险赔款时的数额依据。

（4）装箱单、磅码单。这是证明保险货物装运时件数和重量的细节，是核对损失数量的依据。

（5）向承运人等第三者责任方请求赔偿的函电或其他单证和文件。这些文件中往往应包括第三者责任方的答复文件，这是证明被保险人已经履行了他应该办的追偿手续，即维护了保险公司的追偿权利。

（6）检验报告。这是证明损失原因、损失程度、损失金额、残余物资的价值以及受损货物处理经过的证明，是确定保险责任和应赔金额的主要证件。

（7）海事报告摘录或海事申明书。当船舶在航行作业中遭遇海事，属于人力不可抗拒性的事故。船长要在海事日志中记录下来，同时他要申明船方不承担因此而造成的损失。这些证明，对保险公司确定海事责任直接相关，碰到一些与海难有关的较大损失的案件，保险公司将要求提供此种证件。

（8）货损、货差证明。保险货物交给承运人运输时是完好的，由承运人签发清洁提单或者无批注的运单。当货物抵达目的地发现残损或短少时，要由承运人或其代理人签发货损、货差证明，既作为向保险公司索赔的有力证明，又是日后向承运方追偿的根据。特别是整件短少的，更应要求承运方签具短缺证明。

（9）索赔清单。这是被保险人要求保险公司给付赔款的详细清单，主要写明索取赔款数字的计算依据以及有关费用的项目和用途。

5. 等候结案

被保险人在有关索赔手续办妥后，即可等待保险公司最后审定责任，领取赔款。在等待过程中，有时保险公司发现情况不清需要被保险人补充提供的，应及时办理，以免延迟审理的时间。如果向保险公司提供的证件已经齐全而未及时得到答复，应该催赔。保险公司不能无故拖延赔案的处理。

（六）损失的确定与责任的审定

1. 检验报告的审核

保险货物发生损失经检验后就应该填制检验报告，作为审核赔案责任的依据。因为出口货物的损失大部分是在异国发生，需要依靠目的地的检验、理赔代理人来进行检验工作。所以承保公司对赔案责任的审定，主要是通过检验报告的各项内容来加以判断。出口货物运输保险的损失检验报告的具体内容包括：申请检验人；收货人；申请检验日期；检验的日期和地点；航行情况；转船情况；船舶到达卸载港和卸货完毕日期；转运内陆情况；提货日期；包装情况；承运人签证；海事情况；清洁收据；检验成员；追偿情况；舱面装载；货损情况、原因、性质和程度。

2. 责任的审定

货物受损经过检验，损失原因也属于承保风险，这时赔案就进入审定保险责任的阶段。保险责任是通过保险单上的条款加以明确的，这是理赔工作的依据，对属于责任范围内的赔案，保险公司要赔得及时。对于不属于保险责任的案件，也要将拒赔的理由讲清楚。对于基本险、附加险责任的审定，都应按照它们各自险别条款所规定的责任范围来掌握。

（七）赔款计算与给付

赔案经审定属于保险责任后，就需要进行具体计算，以确定应赔数额。不同的损失情况有不同的赔款计算方法。

1. 全部损失

进出口货物运输保险通常都是定值保险，保险货物遭受全部损失（实际全损或推定全损），都以保险单上载明的保险金额为准，全额赔付，如有损余应折归保险公司所有。

2. 部分损失

（1）保险货物遭受数量损失：

赔款＝保险金额×损失数量（重量）/保险货物总量

（2）保险货物遭受质量损失：

赔款＝保险金额×（货物完好价值－受损后价值）/货物完好价值

上述公式中的货物完好价值和受损后价值，一般以货物运抵目的地市场价为准。如果货物受损后在运输途中处理，则以处理地市价为准。

（3）保险货物亏损出口，受损后货物的损余价值超过保额。由于某种原因，有些出口货物是亏损出售的。出口价低于国内市场价格，发生损失，在国内处理可能发生货物损余价值高于保额的情况。

赔款＝保险金额×（国内货物完好价值－国内货物受损后价值）/国内货物完好价值

（4）损余价值的确定。保险货物的损余，对实际赔偿额有很大的影响。损余价值确定得是否合理，应根据案情，从货物的性质、完好价格、受损状态、供求关系、过去处理同类货物的经验加以比较分析。对国际贸易货物损余的确定，还应进一步考虑到国外市场和国内市场的区别。

（5）填制赔款计算书。赔案经计算完毕后，要填制赔款计算书作为给付赔款的依据。

（八）理赔代理

为便于及时办理保险货物在国外发生损失的检验和赔案审核，凡经营国际贸易货物保险业务的保险公司，都在国外主要港口和城市委请理赔检验代理人。代理人是代表委托公司利益的，在授权范围内有权处理有关保险的理赔，给付赔款、检验、定损、追偿和损余处理等事项，它是委托公司的代表。

1. 代理人的任务和权限

海损代理人（Average Agents）是代保险公司检验保险货物和处理赔款代理人的通称。一般分为两种：

（1）检验代理人（Survey Agents）

当保险货物发生损失时，检验代理人仅代保险公司检验货物的损失，不负责处理案件，不代给付赔款。收货人取得检验报告后，附上其他单证自行向保险公司索赔。

（2）理赔代理人（Claims Settling Agents）

这种代理人不仅代保险公司检验受损保险货物，而且还代保险公司处理赔案、给付赔款。这类代理人也有两种：一种是没有核赔权的，就是保险公司没有开给他信用证，他对审核赔案提出意见并将赔案全卷寄给保险公司出单机构，经其核定后如同意赔付，则将赔款汇给他们转交给收货人；另一种是有核赔权的，由保险公司开给代理人一定数额的银行信用证，授权其在一定金额内可以凭规定的单证，向当地银行就地支取赔款，给付收货人。授权的金额，根据业务需要和代理人的资信能力等有所不同。

一般来说，保险公司的信用证是不可撤销和循环的（Irrevocable revolving Letter of Credit），即每笔赔款一经支取后，信用证金额即自动补足。因此，保险公司需要对代理人的赔款进行登记，以防止重复支取赔款。

2. 代理人的使用与考核

代理人是代表保险公司进行工作的，用好代理人有利于赔案的及时处理，并能扩大保险公司的影响。与此同时，保险公司也需注意防止代理人滥用职权，以免损害其信誉和经济利益。保险公司对表现好，工作效率高，工作质量好，能够维护本公司权益的代理人，一般来说保险公司授予他的核赔权要大些；对于工作不称职的代理人，往往根据不同情况或提出改进意见或缩小其代理范围。对代理人的考核则是保险公司经常应注意的工作，主要从服务资信、工作质量、工作效率以及费用收取是否合适等加以考核，考核的目的是为了积累系统的资料，正确使用代理人。

3. 代理人对信用证的使用

代理人的权限，很大程度表现为对赔案核定权的大小上。也就是说，代理人不必事先经过保险公司的同意，可以自行决定给付赔款。为了便于代理人支付赔款，往往由保险公司开给他们不可撤销和循环的信用证。这种信用证每年开给一次，有效期为一年。

第六节 出口信用保险

出口信用保险是在政府的扶持下，对本国出口商提供出口贸易收汇风险保障的一种特殊保险业务。它问世 100 多年来，在国际贸易中扮演着重要的角色，备受各国政府和出口商的青睐，显示出强大的生命力。

一、出口信用保险的起源和发展

出口信用保险是在商品出口或相关经济活动中的，保险人（经营出口信用保险业务的保险公司）与被保险人（向国外买方提供信用的出口商或银行）签订的一种保险协议；根据该保险协议，被保险人向保险人交纳保险费，保险人赔偿保险协议项下被保险人向国外买方赊销商品或贷放货币后因买方信用及相关因素引起的经济损失。

在理解出口信用保险概念时，需注意三点：①出口信用保险与商品输出紧密相关，并以支持商品输出为宗旨。②出口信用保险承保的是被保险人向国外买方提供信用后，由于国外买方及其有关各方不遵守约定的契约，而给被保险人造成的损失。因此，可以把出口信用保险理解为债务人信用的保险。③被保险人给债务人的信用包括商品的赊销、货币的借贷和货币借贷支持下的商品赊销，不是仅为对出口信贷的保险。

出口信用保险起源于国内商业信用保险，但其并不是国内信用保险的一般延续。出口信用保险的真正发展是同国际贸易的发展历程密切相关的，出口信用保险的产生直接来自国际贸易的需要。19 世纪后半叶，随着英国海外贸易的不断开拓，出口货物的增多，收汇风险日益增长，贩运商品至澳大利亚的英国商人开创了历史上有记载的投保出口信用保险的先河，出口信用保险日益为人们所重视。到 20 世纪初，已出现了专业的出口信用保险公司，但这时仍只限于私人市场。

第一次世界大战以后，出口贸易在改善一国国际收支、增加国内就业、刺激经济发展中发挥着重要作用，世界各国政府普遍把扩大出口战略作为本国经济发展的主要战略，一些国家的政府纷纷介入出口信用保险。当时，英国政府希望在促进国内经济的同时，协助重建欧洲，它强烈希望迅速促进贸易的恢复，并给予出口商收汇风险的保障。1919 年，英国的出口信用担保局（The Export Credit Guarantee Department，简称 ECGD）成立，标志着世界上第一个官办的出口信用保险机构的产生。

1929—1933 年的世界性经济危机后，整个资本主义国家的工业生产下降了 37%，世界贸易额减少了 66%，各国信用保险业务受到了致命冲击。危机过后，受英国启发，许多西方国家纷纷效仿，先后成立了专门机构来经营出口信用保险，信用保险制度进一步完善。

1934 年，英国、法国、意大利和西班牙的私营和国际信用保险机构成立了："国际信用与投资保险人联合会"（International Union of Credit and Investment Insurers，简称伯尔尼协会，Berne Union），交流办理出口信用保险业务的信息。这标志着出口信用保险已为世界公认，出口信用保险事业的发展已上升到了相当高度。

在西方发达国家日益重视出口信用保险发展的同时，发展中国家也开始起步。其中，印度是发展中国家最早建立出口信用保险制度的国家。1957 年由政府组建了"印度出口信用担保公司"。负责对印度的出口提供信用。与此同时，发展中国家成立了一些区域性的联合组织，如设在科威特的阿拉伯国家投资担保公司于 1985 年提供出口信用保险，以非洲国家为主的达喀尔联合会等。

第一次世界大战后几十年中，各国的信用保险业务在政府财力等方面的支持下，逐步稳定地发展起来，至今在世界各国几乎都形成了完善的信用保险制度和固定的信用保险机构。当今，由于各国政府对出口信用保险事业的高度重视，出口信用保险事业蒸蒸日上。

二、出口信用保险的特点

出口信用保险不同于一般商业性的保险，主要有三方面特点。

（一）不以盈利作为经营的主要目标

出口信用保险产生的直接原因是出口贸易发展的需要。开办出口信用保险业务的各类机构均公开宣称其经营目标是保护本国出口商的利益，为出口商扩大出口提供安全保障。在政府的支持下，出口信用保险机构既不希望亏损，也不希望过于谨慎或因收取过高的保费而不能为出口商提供价格合理、有竞争力的服务，所以其收取的保费以"保本"为原则。有时，出口信用保险机构不惜以亏损来支持出口，以实现国家整体经济利益的要求。但是，不以盈利作为经营主要目标并不意味着出口信用保险机构不讲究经济效益，恰恰相反，出口信用活动中的高风险要求出口信用保险机构严格控制风险，加强管理，力求以最小的成本换取最大的利益。

（二）政府参与办理

出口信用保险的经营目标、所承保风险的性质及承保标的，决定了它是一种离不开政府支持和参与的险种。政府对出口信用保险的支持和参与主要体现在：

（1）财政上相助。为了充分发挥出口信用保险对国家出口的促进作用，各国政府通过贷款、设立赔款准备金、贴现票据和再保险等不同的方式，向出口信用保险注入大量的资金。

（2）规范经营和管理。许多国家在出口信用保险业务开办伊始或办理过程中，颁布专门的法律或有关国家政令，对办理出口信用保险的宗旨、经营目标和方针政策、财务核算办法、机构、人员的设置及归属均做出了明确的规定，以使出口信用保险的经营符合本国利益和达到支持出口的目的。

（3）提供各项优惠政策。为了扶助出口信用保险业务的开展，几乎所有国家的政府都为此项业务提供了优惠政策，如免征一切税赋、赋予资金较大的运用权限等。

（4）参与重大经营决策。很多国家政府专门设立由有关政府部门，如外交、工业、贸易、中央银行、财政等官员组成的部际委员会，部际委员会定期召开会议，批准出口信用保险的承保方针、地区政策和进行重大经营项目的决策。有一些国家的出口信用保险机构的年度财务报告要提交国会或议会审批。

（三）风险较高、难控制

出口信用保险承保的风险有两类，即商业风险和政治风险。政治风险一般包括：买方所在国家实行外汇控制，限制汇兑；买方所在国家实行进口管制；买方的进口许可证被撤销；买方所在国家或有关的第三国颁布延期支付命令；买方所在国家或有关的第三国发生战争、动乱等非常事件。商业风险一般包括：买方无力偿还货款或破产、买方收货后拖欠货款、买方违约拒收货物等。由于造成买方违约的原因较为复杂，特别是政治风险难以预料，所以出口信用保险业务风险的概率较高而且难于控制。

三、出口信用保险的作用

当今，出口信用保险被公认为国际贸易的重要促销手段，其原因就在于它具有下述作用：

（一）为出口商选择灵活的支付方式，增强出口产品的竞争力提供安全保障

货款的支付是国际贸易的重要环节，支付条款由支付方式来决定。支付方式上的差异不仅涉及买方支付费用的大小，而且涉及卖方是否向买方提供信用销售及卖方安全收汇等重大问题。在出口商品的质量、价格、花色、品种及售后服务基本相同的情况下，支付方式往往成为促使合同成交的有力竞争手段。

第二次世界大战后，随着国际贸易的发展，国际市场上出现了依靠延期付款条件来扩大出口的趋势，信用证、汇付、托收、赊账销售成为国际贸易中常用的支付方式。国际贸易支付方式存在着这样或那样的风险，出口商想灵活选择支付方式，就直接对出口信用保险提出了客观需要。出口商投保出口信用保险后，通过交纳很小比例的保险费，就可将灵活支付时所承担的风险转嫁给保险公司，做到既增加产品的出口，又不承担采用灵活支付方式时产生的风险。

（二）为出口商获取银行融资提供便利

出口信贷是国际贸易中一种重要的贷款，它是官方支持下的出口信贷机构向本国出口商发放的低息或贴息贷款。贷款金额大、贷款期限长和利率优惠是出口信贷的三大特点。出口信贷虽然是支持出口的政策性贷款，但并非不讲贷款条件。出口商获得

出口信贷最基本的前提条件是其商务合同必须投保出口信用保险，或出口信用保险机构为出口商的借款出具还款担保。目前，各个国家设立出口信贷机构主要有三种形式，第一种形式是把融资与保险分开，一方面设立一个进出口银行在国内外金融市场上为出口融资筹措资金，另一方面又设立一个保险机构提供出口信用保险，如北欧国家；第二种形式是把融资与保险结合在一起，由政府设立一个进出口银行或其他类似的机构，既提供出口融资又提供出口信用保险，如美国等；第三种形式是一些国家的出口信贷机构只是一个保险人，它向商业银行提供担保，促使商业银行提供出口信贷资金，如韩国。由上可以看出，出口信贷是保险与银行融合在一起的便利。只有二者密切合作，出口信贷才能运行。

除了政策性贷款外，如果出口商为其出口产品投保了出口信用保险，他可以用出口信用保险单作为抵押，向商业性金融机构申请抵押贷款或担保贷款。

（三）为出口商提供买方资信调查和市场信息服务

出口商对进口商的财务状况、资信等级和偿还能力、近期产品营销和中远期市场预测等一系列信息，限于人力、物力、财力的原因，不可能有十分清楚的了解。在这种情况下，投保出口信用保险，利用出口信用保险机构的信息咨询服务，就能使出口商便利地获取所需信息。出口信用保险机构在经营过程中，需要大量借助于买方及买方国的商业情报来控制风险。由于信息收集范围广、数量大，又拥有一批知识全面、业务精湛、通晓国际商情的专职市场调研人员，他们凭借手中掌握的大量信息资料，包括与世界一些大的信息资信评估机构的电脑联网，可向出口商提供所要了解的国外买方的各种信息。出口信用保险机构还可以根据自己的经验，向出口商提出有价值的建议。另外，当卖方追讨买方货款发生困难时，出口信用保险机构可向其提供风险管理服务，指导其采取某些合理措施，尽量减少其损失。

四、出口信用保险的经营原则

出口信用保险的经营既应遵循保险经营的一般原则，又要符合出口信用保险业务的自身特点。出口信用保险的经营原则归纳起来有下述几点：

（一）风险共担原则

风险共担原则指保险机构对出口商投保的出口信用保险项下的出口实行比例承保或非定额承保，并对已承保的出口进行再保险。风险共担原则指导下的出口信用保险经营有三个特点：①保险人根据被保险人投保出口的国家、买家、信用期限、信用金额等因素，逐一确定其所承担风险的比例。②各国出口信用保险人承担风险的比例有降低的趋势。③出口信用保险的再保险人多为本国的政府机构。

风险共担原则的意义表现在：

（1）有助于出口信用保险的稳定经营。出口信用保险并不以盈利为主要经营目标，为了达到支持本国商品出口的目的，基本上是微利经营。实行风险共担，出口信用保险机构将所承担的部分风险分给投保人和再保险人，使出口信用保险的赔付率基本维持在政府财政所能承担的水平上，就能避免出口信用保险机构出现巨额亏空，也不致给本国财政造成巨大的压力，为出口信用保险业务的稳步发展创造有利条件。

（2）有助于出口商和保险机构密切合作，共同控制风险，减少损失。在风险共担原则下，保险机构承保出口信用政治风险保险的最高比例为95%，最低只有85%；商业风险保险最高比例为90%，最低只有70%。出口商承担风险的比例越大，它就越关注国外买方的政治风险和商业风险，会采取更积极的方式收款。风险共担把保险人和被保险人的经济利益紧紧地连在了一起，科学地预测风险，积极地控制风险，最大限度地减少风险造成的损失，成为双方的共同愿望。

（二）费用合理原则

在出口信用保险中，保险费作为对保险人承诺分担风险的对价，表现为一种有限对价，即它不足以抵补经营中的赔款支出。出口信用保险费率遵循收支基本相抵的原则，具有较大的变通性，以适应所保风险不稳定的特点。出口信用保险的费率分为基础费率和附加费率。决定基础费率的因素是：①信用期限；②国家风险类别；③还款形式。短期出口信用保险表现为支付方式，中长期出口信用保险表现为商业银行担保下的还款，或中央银行担保下的还款，或政府担保下的还款等。附加费率的大小取决于：出口商品的性质、出口商的经营历史和经验、信用限额的大小以及买家的资信状况等。

被保险人（出口商）所需交纳的保费是在基础费率基础上考虑附加因素后所确定的费率。出口信用保险实行逐一厘定费率的原则，并在保险单生效后一次性交纳。出口信用保险机构一般不向被保险人退还保费。保险费的储蓄收入归保险人所有。需要指出的是，由于各国政治、经济、外交及对出口信用保险作用认识上的差异，造成各国特别是工业化国家在出口信用保险费上有很大的差距，据经济合作与发展组织1992年对此所作的调查报告披露，对同一国家出口信用平均保险费可相差27%。

（三）买方信用限额申请原则

买方信用限额申请原则是出口信用保险经营的特有原则。它是指出口商应根据保险条款的规定，为其对特定国外买家的信用销售向出口信用保险公司申请买方信用限额。买方信用限额具有下面的性质：①买方信用限额是保单对被保险人向某特定买方出口货物所承担的最高赔偿额。如果出口商因国外买方违约向出口信用保险机构索赔，保险机构支付赔款的上限是买方信用限额。②买方信用限额可循环使用。出口商为某一国外买方申请买方信用限额，经保险人批复，一旦确定下来，即可循环使用。该信用限额不受时间、出口商品性质的限制，除非保险人书面通知被保险人更改或终止此信用限额。在买方信用限额申请原则下，如果出口商超限额出口，损失超出此限额，将由其自行承担。

（四）赔款等待期原则

赔款等待期原则是出口信用保险定损核赔所遵循的主要原则之一。它是在被保险人提出索赔申请并按保险条款的规定提交有关证明损失已发生的文件后，除条款规定买方被宣告破产或丧失偿付能力后即可定损核赔外，对其他原因引起的标的损失，保险人并不立即定损核赔，而是要等待一段时间后再作处理。

规定赔款等待期原则，可以消除一些虚假性致损风险原因，达到预防损失的目的。出口信用保险实行赔款等待期的意义是：①承保标的风险已发生，但出口商的货款仍有收回的可能；②有助于出口商协助保险人追讨债务人的欠款，减少损失；③有的国家法律对拖欠违约有不同的释义。

各国出口信用保险机构对赔款等待期的规定不同，一般为4~6个月。出口信用保险中能立即定损核赔的风险，如买方破产等则不需要等待期，因为在此类情况下的任何延误，均会增大保险人和被保险人的损失。

五、短期出口信用保险

所谓"短期"是指出口合同的信用期限最长不超过一年。短期出口信用保险在绝大多数情况下采用综合险保单。这是指采用总括方式进行承保。在综合险保单下，出口企业只能投保其适用于保单承保范围的全部出口，而不能只选择其中一部分业务投保。之所以如此，是因为承保方需要分散风险，如果投保集中在最差的国别和最差的买家，保险将实际上无法进行；另外，综合险保单对于绝大多数出口企业也是划算的，因为只有实行总括方式才能使保险费降低到可接受的水平。

（一）适用范围

短期出口信用综合险适用于包括机电产品在内的各类商品的出口合同。其基本适用范围需满足三个条件：①付款方式采用凭单付现、即期汇票、付款交单、承兑交单、赊销等放账方式；②信用期限不超过180天；③出口产品全部或大部分在中国制造。

短期出口信用综合险还可扩展到承保下述出口合同：①付款方式采用即期或远期信用证；②信用期超过180天但不超过365天；③进口商品的再出口。扩展承保范围需在保单上批注或加贴批单。

（二）被保险人注意事项

1. 对保单适用范围内的出口需全部投保

所谓"全部投保"是指被保险人将选定的投保范围（非信用证方式，信用证方式，非信用证方式加信用证方式）内的所有出口逐笔、按时向承保机构申报，并按规定缴纳保费。全部投保有助于制定一个合理的费率。如果被保险人只投保单一买家的收汇风险，必将导致费率大大提高。

2. 办理出口申报时的注意事项

（1）及时申报。晚于条款规定的时间申报有可能遭承保人拒绝，导致漏保。

（2）全部申报。按条款规定向承保人申报适用于该保单的每批出口，不得遗漏。漏申报不仅导致漏报的出口漏保，而且有可能导致已申报的出口不能获得保险赔偿。

（3）正确申报。尽可能按承保人提供的买家编号申报，如果是新客户，应及时向承保人申请编号或在申报单上详细写明买家名称、地址；申报的商品名称、支付条件应与合同及信用限额相符，货币、发票号、发票总值应与发票相符。否则，在办理索赔时有可能引起麻烦。

（4）无申报告知。如果某月无保单适用范围内的出口，亦应书面告知承保人“本月无申报”。

（5）主动补申报。当发现以前有遗漏申报情况时，即使承保人有可能不承担有关保险责任，也应主动办理补申报，并补交保险费，以免在索赔时被查出，成为问题。

3. 赔偿百分比

损失共担，这是信用保险的基本原则之一。短期出口信用综合险一般规定赔偿比例为保单责任范围内损失的90%，其目的在于既使出口企业得到充分的风险保障，又不致引起过分依赖保险的不良心理，放松对收汇风险的控制与管理。需要指出，在买家拒收货物的情况下，赔偿比例一般规定为80%。对于管理较差的出口企业，风险较大的买家或国家，保单也可以规定更低的赔偿比例。

4. 赔偿等待期

在买家破产情况下，破产证实后即可赔偿。在买家拖欠情况下，赔偿等待期为贷款支付逾期四个月。在买家拒收情况下，赔偿等待期为商品转卖或处理后一个月。在发生政治风险的情况下，等待期为有关事件发生后四个月。

5. 买家信用限额

“买家信用限额”是承保机构批给每一买方的特定付款方式的最高信用额度。被保险人应为适保范围内的每一个买方分别申请信用限额。“买家信用限额”的作用贯穿整个保险过程，正确、及时地申请、使用和增减限额将直接关系到被保险人的切身利益。

申请信用限额时，被保险人应尽可能地提供申请表内要求提供的所有资料，并详细、正确地填写合同买方的英文名称和地址、电话、传真等，以便保险公司进行信用调查。如果被保险人拥有买方最新的信用资料，可在提交买方信用限额申请表时一并附上。任何附加资料均有助于承保机构及时、准确地审批被保险人申请的限额。

被保险人应申请多大的买方信用限额？被保险人所需的信用限额应等于对该买方特定付款方式在任何时候的最高放账额，而非签订的合同总额。例如：当合同总额为10万元，D/A60天，分批出运，分别为3万元、3万元、4万元，回款时间为3个月（加上单据往来时间）。假定被保险人每个月出一批，那么被保险人需要申请10万元限额；假定被保险人每3个月出一批，那么只需要申请4万元限额即可。

假如被保险人以不同的付款方式与同一买方交易，被保险人则应按不同的付款方式分别申请买方信用限额。

被保险人“自行掌握限额”的意义：这是专门为被保险人提供的一个便利条件。当发货的金额不超过自行掌握限额时，被保险人不必申请买方信用限额即可直接出运，但必须在出口后规定期限内申报。

当合同金额高于买方信用限额时，可向保险机构申请增加有关的信用限额。

小结：财产保险是对财产及其有关利益因灾害事故造成的损失进行补偿的保险。财产保险的保险标的具有可估价性。保险价值是财产保险的特有概念。机动车辆保险是财产保险的重要业务。随着法律制度的不断完善，责任保险在我国具有较好的发展前景。

复习思考题:

1. 分析财产保险的承保方式。
2. 广义的财产保险包括哪三大类业务?
3. 简述机动车辆保险的特点。
4. 什么是责任保险?责任保险有哪些特点?
5. 为什么海上保险人要了解海运提单的有关规定?
6. 投保方如何选择海运货物保险险别?
7. 出口货物保险金额为什么要在CIF价基础上予以加成?
8. 出口货物运输保险单的转让有何特点?
9. 出口信用保险的特点是什么?

第八章　人身保险

内容提要：通过本章的学习，要求掌握人身保险的概念、特征、分类。了解人寿保险的基本形态、新型寿险的特点、人寿保险的常用条款；掌握意外伤害保险和健康保险的特征。

第一节　人身保险概述

一、人身保险的含义

人身保险是以人的生命和身体为保险标的，当被保险人在保险期限内发生死亡、伤残、疾病等事件或生存至规定时点时，保险人给付保险金的一种保险。从上述定义中，我们可以看出：

（1）人身保险的保险标的是人的生命或身体。以生命作为保险对象，要区分生命的不同阶段，生存或死亡表示人的生命的继续或终止。因此对生命的保障就是承保人的生死。以身体作为保障对象，要区别身体的不同部位及各种机能，以人的健康、生理机能、劳动能力等形式存在。因此对身体的保障，就是承保人的健康及各种能力。

（2）人身保险的保险责任就是人们在日常生活中以及生命的成长过程中可能遭受到的种种不幸事故或疾病、衰老等原因，造成的人的生老病死伤残。

（3）人身保险的给付条件：一是保险期内保险事故发生，造成人的伤残、死亡等；二是保险期满，被保险人生存。

（4）人身保险金的给付形式：大多是定额给付，即无论是期内保险事故发生，还是期满被保险人生存，保险人都按订约时双方约定的金额进行给付。

二、人身保险的特征

人身保险和财产保险是我国保险业务的两大分类。两类保险的基本职能都是对因不幸事件所造成的经济损失给予一定的经济补偿，但由于人身保险的保险标的以及给付条件的不同，两大险种又存在着许多差异。人身保险的特征主要表现为：

（一）属于给付性保险

人身保险是非补偿性保险，人的生命或身体在遭受意外或疾病等造成伤残时，难以用货币确定伤残的程度，更难以用货币衡量被保险人死亡的价值量。因此人身保险事故发生时，保险人只能按合同约定的额度进行给付，不存在重复保险和超额保险，也不存在代位追偿的问题。如果被保险人同时持有若干有效保单，保险事故发生时，可以从各家保险人处获得约定的给付；如果事故是由第三方责任造成的，被保险人既可获得保险人的给付，也可获得责任方的赔偿。但如果医疗费用保险采用补偿方式进行给付，代位追偿和分摊原则则可应用。

（二）保险金额确定方法的特殊性

人的生命和身体是无价的，显然人身保险的保险金额不能采用财产保险的确定方法。确定人身保险的保额的主要和常用方法是需要与可能确定法。需要是指被保险人或受益人在人身保险事故发生时需要在经济上得到帮助的程度；可能是指投保人缴纳保费的能力。根据需要和可能由保险当事人双方协商决定一个确切的额度作为保险金额。

（三）人身风险的分散性

财产风险往往集中着大量的高额风险。如核电站、人造卫星以及高楼大厦等的承保。为了分散风险，分保是必须的。人身保险受人们交费能力的限制，单个人的保额一般不会很高，同时由于科技、医疗卫生保健的进步和发展，人身风险的发生往往是分散独立的，因此，在同一时间段，人身风险的发生分散于不同的家庭及地区。只有意外的大型灾害的出现，如火山爆发、特大洪灾发生时，才可能导致大量保险标的同时遭受损失的情况。因而分保对于人身保险而言就不是那么重要。

（四）保险期限的长期性

人身保险的保险期限大都是长期性的，特别是人寿保险，其保险的有效期限往往可以持续几年甚至几十年、上百年。而且，保险的缴费期和领取期也可以长达几十年。具体与保险险种和被保险人的年龄及投保人的选择有关，视具体情况不同而不同。由于期限长，使得人身保险采用年度均衡保费制，保费按复利计息。这对保险人而言，年年都有较稳定的保费收入，形成一笔可供保险人进行中长期投资的资金来源，充分发挥保险组织资金与融通资金的作用；对投保人而言，可减轻趸缴保险的经济压力以及降低保险费的总水平。人身保险的长期性也要求有一套完整而严密的管理制度，随时记录整个保险期间的一切动态，并且对有关的往来单证要有一套档案管理制度，不能随意散失，以免影响法律效力。

（五）人身保险的保障性与储蓄性

财产保险一般只具保障性。人身保险则既有保障性，又具有储蓄性，其储蓄性表现如下：

（1）大多数人身保险本身就兼有储蓄性。如两全保险等，投保人投保的目的不仅是为了期内事故发生获得保障，而且也是为了期满生存时得到一大笔储蓄金。从本质上看，被保险人期满得到的保险金就是其储蓄。

（2）长期性人身保险实行均衡保费的结果，前期多缴的部分实际上就是投保人的储蓄，表现为保单上的现金价值。根据人身保险合同规定，投保人可任意处置这部分现金价值。

（3）长期性人身保险分期交付保费，且保费按复利计息，这本身就是储蓄的表现。

三、人身保险的分类

人们需求的多样性及可变性，决定了人身保险险种的多样性及新险种的层出不穷。对于众多的人身保险险种，如何进行科学的分类，世界上还没有形成一个固定的原则和统一的标准。实际上人身保险险种的分类，在不同的场合，根据不同要求，从各个角度，可以有不同的划分方法。

（一）按保障范围分类

1. 人寿保险

人寿保险是以被保险人的生命为保险标的，以生存和死亡为给付保险金条件的人身保险。

2. 意外伤害保险

意外伤害保险是指被保险人在保险有效期间，因遭遇非本意的、外来的、突然的意外事故，致使其身体遭受伤害而残疾或死亡时，保险人依照合同约定给付保险金的保险。

3. 健康保险

健康保险是以人的身体作为保险标的，在被保险人因疾病或意外事故所致医疗费用支出或收入损失时，保险人承担责任的一种人身保险。

（二）按投保方式分类

1. 个人人身保险

个人人身保险是以个人为投保者，一张保险单承保一个被保险人的人身风险的人身保险。个人人身保险又分为普通人身保险和简易人身保险。普通人身保险的保险金额一般高于简易人身保险。

2. 团体人身保险

团体人身保险是以法人团体为投保人，一张保险单承保一法人团体的全部或大部分成员的人身风险的人身保险。团体人身保险又可分为团体人寿保险、团体年金保险、团体意外伤害保险和团体健康保险等。团体保险具有以团体的选择代替被保险人的选择、保额统一规定、保费较低且采用经验计费法等特点。

（三）按保险期限分类

1. 短期人身保险

短期人身保险是指保险期限为一年的人身保险业务。其主要以人身意外伤害保险居多。

2. 长期人身保险

长期人身保险是指保险期限超过一年的人身保险业务。人寿保险一般为长期保险。

（四）按风险程度分类

1. 标准体保险

标准体保险的被保险人的风险程度与保险人订立的正常费率相适应。标准体又称为健康体或强体，是指身体、职业、道德等方面没有明显的缺陷，可以用正常费率来承保的被保险人。人身保险的大部分险种是标准体保险。

2. 次健体保险

次健体保险就是不能用正常费率来承保的人身保险。次健体又称为弱体、非标准体，被保险人存在超过风险，其风险程度超过了标准体的风险程度，因而只能用特殊的方法加以承保。

（五）按能否分红分类

1. 分红保险

分红保险是指保险人将其经营成果的一部分每隔一定时期以一定的方式分配给保单持有人。

2. 不分红保险

不分红保险与分红保险相对，投保人不分享保险人经营的成果。保单持有人所获得的保险利益与保险人经营的效益无关。不分红保险的费率低于分红保险。

第二节 传统人寿保险

人寿保险是以被保险人的生命为保险标的，以生存和死亡为给付保险金条件的人身保险。人寿保险是人身保险的主要组成部分，被保险人在保险期内死亡或期满生存，都可以作为保险事故，即当被保险人在保险期内死亡或达到保险合同约定的年龄、期限时，保险人按照合同约定给付死亡保险金或期满生存保险金。

人寿保险属于定额给付性保险，保险期限长，风险具有分散性，采用均衡保费。

传统人寿保险的基本形态通常包括三大险别：死亡保险、生存保险、两全保险（生死混合保险）。

一、死亡保险

死亡保险是以被保险人在保险有效期内死亡或终身死亡为保险金给付条件的人寿保险。保险人承担的基本责任就是被保险人的死亡。死亡保险如果是有期限的为定期死亡保险，不限定期限为终身死亡保险。

（一）定期死亡保险

定期死亡保险又称为定期寿险，是世界上发行最早的寿险合同。

1. 定期寿险的概念

定期寿险提供的是一特定期间的死亡保障。特定期间有两种表示法：以特定的年数表示（如5年期死亡保险）；以特定的年龄表示（如保至50岁）。无论以哪种方法表示期间，只要被保险人在保险有效期内死亡，保险人就给付保险金于受益人，如果被保险人生存至保险期满，保险合同即告终止，保险人既不退还已交保费，也不给付任何金额。如想继续获得此种保障，必须重新投保。

2. 定期寿险的特点

定期寿险大多期限较短。除长期性定期寿险外，通常它没有现金价值，不具备储蓄因素。其保险费一般只含保障因素和最低限度的附加费开支，不计利息。根据生命表，在一定时期内，死亡概率小于生存概率，被保险人通常都较保险期间活得更久，其保费也较低。然而根据生命规律，越接近晚年，死亡概率增长的速度越快，从而导致保费的快速增长。因此，定期寿险较低的保费所代表的是较少的给付。事实上，由于定期寿险是在期内死亡的给付保险金，显然大多数投保此险种的被保险人在特定期内的死亡概率都较高。另外，定期寿险满期时，被保险人有继续投保或中止的权利，希望继续投保而情愿缴高额保费者，显然不健康者居多，基于上述原因，定期寿期存在着较为严重的逆选择，其费率必然也是较高的。

3. 定期寿险的适用范围及局限性

定期寿险提供的是特定期内的死亡保障，且保费较低，因此它适宜于：①在特定的期间内对被保险人的生命具有合同上权益关系的人投保，以免被保险人在特定期间内死亡使投保人的利益遭受损失；②家庭负担较重，经济负担能力较差，又有保险需求的人投保。除此之外，偏重死亡保障的人也适宜于投保定期寿险。

定期寿险的局限性表现为：①当被保险人的定期寿险到期，而又需要保障时，可能因其变为不可保体而丧失保险保障；也可能由于被保险人的年龄增大，费率提高，而交付不起高昂的保费，被排除在保险保障之外。②定期寿险大多不具备储蓄因素，投保人不能获得保险与储蓄的双重好处，对于偏重储蓄的人则是一个限制。

（二）终身死亡保险

终身死亡保险又称终身寿险，是一种不定期限的死亡保险。保单签发后，除非应缴的保费不缴，或因解约而早期停效，被保险人在任何时候死亡，保险人都得给付保险金。由于人固有一死，因此终身寿险的给付是必然要发生的，受益人始终会得到一笔保险金。终身寿险属长期性保险，保单都具有现金价值，带有一定储蓄成分，因而适宜于需要终身保障的人投保。

二、生存保险

生存保险是以被保险人于保险期满或达到某一年龄时仍然生存为给付条件的一种人寿保险。生存保险的保费可以趸缴，也可以分期缴付。保险金的给付可以一次付清，也可以分期给付。因此生存保险有两种形态：单纯的生存保险和年金保险。

（一）单纯的生存保险

单纯的生存保险与定期死亡保险恰好相反。在单纯的生存保险中，保险金的给付是以被保险人在期满时生存为条件，如果被保险人中途死亡，保险人既不给付保险金，也不退还已交的保费。这种纯粹的生存保险如果不加以限制，就会使不幸者更加不幸，有利者更加有利，最后可能导致与赌博性质差不多的结果，因而在现实业务中一般不以单纯的生存保险作为单独的保险形式推行，而是附加死亡保险和其他人身保险。如我国目前开办的独子险以及子女教育婚嫁保险等，都是以生存保险作为基本险而附加了死亡或意外伤害保险。

（二）年金保险

年金保险就是在被保险人生存期间，按合同的规定，每隔一定的周期支付一定的保险金于被保险人的一种生存保险。简而言之，以年金的方式支付保险金的生存保险就是年金保险。

1. 年金保险的特点

（1）年金保险是生存保险的特殊形态，其特殊之处在于保险金的给付采取了年金方式，而非一次性给付。

（2）年金保险保单上仍有现金价值。其现金价值与普通生存保险保单上的现金价值一样，随保单年度的增加而增加，至缴费期结束（而非保险期满）时，现金价值为最高。

（3）年金保险的保险期间包括缴费期和给付期（有的包括等待期）。缴费期指年金保险的投保人分次交纳保费的期间，给付期指保险人整个给付年金额的期间。如某人30岁投保终身年金，要在60岁时开始领取年金额，缴费至60岁，即从30岁投保开始至60岁为缴费期，60岁至终身为年金领取期。等待期为缴费期结束后需等待一段时期后，再进入年金的领取期。如30岁的人投保交费至50岁，60岁开始领取年金，从50~60岁这段时期就是等待期。无论以何种方式交付，必须缴清全部保费后，才能进入年金的领取期。

2. 年金保险的作用

首先，年金保险最通常的用途就是提供老年生活保障。用年金保险的方式提供老年生活保障至少有两大优点：①可以降低保费，提高老年生活水平，因为年金收入中不仅包括了投保人交付的本金及其利息，而且还包括了生存者的利益。②用于养老所需的年金保险一般支付周期为月，每月支付一定年金额，保证生活需要，可避免老人的浪费或使用不当，造成最后年月中生活无保障的局面。作为解决老有所养的年金保险，人们一般是在年轻时投保交费，年老退休时开始领取年金额。

其次，年金保险的另一作用就是可用来作为子女教育基金。如子女教育金保险就是一种年金保险。父母在子女年幼时投保，待子女满一定年龄时（如高中或大学时），开始领取年金额，作为子女上学的费用，至毕业时停止给付。这种类型的年金保险一般支付周期为年，给付期为子女就学期间，并且一般都会附加了意外伤害或死亡保险。另外，一般保单还附有交费条款。

最后，年金保单具有现金价值，即投保人可在交费期内退保领取现金价值。因此有人也把年金保险作为一种安全投资的方式，而且还可获得税法上的优惠。如美国某些处于高税率等级的人把投保年金保险作为一种策略来延缓现金价值积累中利息收入的纳税，直到他们退保获得年金的总付款价值时为止。

三、两全保险

两全保险是被保险人无论在保险期内死亡还是生存至期满，保险人都给付保险金的一种人寿保险。两全保险都规定有期间，仍以特定的年数和特定的年龄来表示。人非生即死，被保险人不是在保险期内死亡，就是生存至期满，因此，与终身寿险相似，受益人始终会得到一笔保险金。

1. 两全保险的特点

（1）两全保险是寿险业务中承保责任最全面的一个险种。它不仅可以保障被保险人由于生存而引起的收支失衡的需要，而且可以排除由于本人死亡给家庭经济生活带来的困难或与其有经济利害关系的人的经济影响的后顾之忧，它是生存保险和死亡保险结合的产物。因而从精算角度来讲，两全保险的保费等于定期寿险与生存保险两者保费之和。

（2）费率最高。在定期死亡保险和生存保险中，被保险人要么是死亡，要么是生存，因而保险金的给付也存在两种可能：或给付或不给付。两全保险则既保生存又保死亡，且一旦投保，给付就必然要发生。因此，除了长期的两全保险与终身寿险的费率差不多外，短期两全保险比其他寿险的费率高很多，不适宜于经济负担能力差的人投保。

（3）两全保险的保费当中，既有保障的因素，又有储蓄的因素，而且储蓄因素占主要。保费中储蓄因素的多少与保险期限的长短密切相关，保险期限长的，保费当中储蓄所占的比重小，保险期限短的，储蓄所占的比重大。

（4）两全保险的保额分为危险保额（或保障保额）和储蓄保额。危险保额随保单年度的增加而减少直至期满消失，储蓄保额则随保单年度的增加而增加，到期满，全部为储蓄，即“保障递减，储蓄递增”。

2. 两全保险的作用

两全保险高度的储蓄性，使其常被作为半强迫性的储蓄方法或当作一项投保，以防止储蓄期间因死亡所带来的风险。一般地，投保人将其用作：①教育基金，这是两全险最普遍的用途之一。通常此种情况下，附有保费支付者条款，即支付保费者（通常为双亲）如果在缴费期内死亡，可免缴以后的保费而保单继续有效的条款。②老年退休基金，这是两全保险另一个普遍用途，就是提供老年退休时所需的资金。此种情况下，其保险期间通常至退休年龄为止，到退休时可获大笔保险金供老年生活所需。

第三节　新型人寿保险

为了满足人们对特定的各种不同的保险需求，增强寿险产品的竞争能力，可对寿险的基本形态进行修订和组合或增加其功能，形成内容更为复杂的现代寿险品种。这些产品与传统产品相比较，其通常具有投资功能，属于投资理财类保险产品。在保费缴纳方式、保单的现金价值或保险金额等方面是可以变动的。其主要种类有分红保险、变额人寿保险和万能人寿保险。

一、分红保险

分红保险是指保险公司将其实际经营成果优于定价假设的盈余，按一定比例向保单持有人进行分配的一种人寿保险。分红保单持有人所分享的是公司经营利润的一部分。

为了保证红利的分配，分红保险的费率一般高于不分红保险。保单持有人所得红利的高低，取决于寿险业务的盈亏，因此不稳定。

可分配的红利主要来源于三个方面：

（1）利差益，即超过预期的利息收益。

（2）费差益，即业务开支的节余。

（3）死差益，是指实际死亡人数比预定死亡人数少时产生的利益。也就是说保险人的实际业务中，死亡保险死亡人数比预期的少，生存保险和年金保险死亡人数比预期的多。

红利的领取方式有领取现款、抵充保费、存储生息、增额缴清保险。实行分红保险，既可以提供保障，又可以使投保人获得高于银行利率的收益，有利于吸引更多的保户，促进保险业务的发展。

二、变额人寿保险（投资连结保险）

（一）变额人寿保险的含义

变额人寿保险是一种保额随其保费分离账户的投资收益的变化而变化的终身寿险，于20世纪70年代在美国寿险市场上出现。这种产品可有效抵消通货膨胀给寿险带来的不利影响。变额寿险在一些国家和地区的称谓有所不同。英国称为单位基金连结产品（Unit - linked policy），加拿大称为权益连结产品（Equity - link policy），美国称为变额人寿保险，中国香港、新加坡称为投资连结保险（Investment - linked life insurance）。我国内地也称为投资连结保险，如中国平安保险公司销售的“平安世纪理财投资连结保险”。

（二）变额人寿保险的特点

变额人寿保险通常具有以下特点：

（1）其保费是固定的。

（2）变额寿险通常开立有分离账户，在将保费减去费用及死亡给付分摊额后被存入投资账户。保险人根据资产运用状况，对投资账户的资产组合不断进行调整；保单所有人也可以在各种投资产品中自由选择调整组合。

（3）保单的现金价值随着保险人投资组合和投资业绩的状况而变动，某一时刻保单的现金价值决定于该时刻、该险种的保费投资账户资产的市场价值。

在该种保单的死亡给付中，一部分是保单约定的固定的最低死亡给付额，一部分是其分离账户的投资收益额。

三、万能人寿保险

（一）万能人寿保险的基本含义

万能人寿保险简称万能寿险。它是为了满足那些要求保费支出较低且方式灵活的寿险消费者的需求而设计的，最早于1979年在美国寿险市场出现。万能寿险的保费缴纳方式很灵活，保险金额也可以调整。投保人在缴纳首期保费后可选择在任何时候缴纳任何数量的保费，只要保单的现金价值足以支付保单的相关费用，有时可以不用缴纳保费。投保人还可以在具有可保性的前提下，提高保额或降低保额。

（二）万能寿险的基本做法

万能寿险的基本做法是：从投保人缴纳的首期保费中，扣除首期的各种费用、死亡给付分摊、附加优惠条件的费用等后的剩余部分为保单最初的现金价值。该部分价值按新投资率计息累积到期末，成为期末现金价值，同时也是下一周期的起初价值额。在第二周期，投保人根据自己的情况缴纳或不缴纳保费，若该周期的起初价值额足以支付第二期的费用及死亡给付分摊额，投保人就不用缴费；若现金价值额不足，投保人缴纳的保费不够，则保单会因此而失效。若投保人在第二期期初缴纳了保费，则第二期的期初现金价值额为上期末现金价值加第二期保费减去费用和死亡给付额。第二期的期初现金价值额按新的投资利率累积到期末，成为第二期的期末现金价值额。该过程不断重复，一旦其保单的现金价值额不足以支付保单的死亡给付分摊和费用，又未有新的保费缴纳，则保单失效。

（三）万能寿险的特点

和其他寿险相比，万能寿险有下面一些特点：

1. 死亡给付模式的可选择性

万能寿险为投保人提供了两种可供选择的给付模式（通常称为A方式和B方式）。A方式为一种均衡给付方式。在B方式中，死亡给付额为均衡的净风险保额与现金价值之和。现金价值的变化直接影响到死亡给付额的大小，如现金价值的增加将会使死亡给付额等额增加。

2. 保费交纳方式的灵活性

万能寿险的保单持有人可在保险公司规定的幅度内，选择任何一个数额，在任何时候交纳保费。通常情况下，保险人规定的首期保费较高，以支付足够的费用和死亡给付，同时也为了避免保单由于对保费缴纳没有严格的限制而导致的过早终止。有时，保险人按保单签订时投保人的意愿建立目标缴费额，按照缴费目标进行开支计划，利用银行自动划拨的方式引导投保人缴费。有些保险人在保单中列入了基于缴纳最低保费时保单不失效条款，即在此条款下，即使保单已无现金价值，只要投保人缴纳年保单规定的最低保费，保单继续有效。

3. 现金价值的特殊性

万能寿险的现金价值为保费扣除各种分摊额后的累积价值。保单通常都规定一个最低的现金价值累积利率，如3%，在长期累积下，保单所有者仍有较大的收益。

第四节　寿险保单条款

保单是合同双方当事人达成的协议，是规定双方权利和义务的书面文件。为了确保投保双方各自应有的权益，各国政府以立法形式对保单格式和条款提出了要求，以明确寿险保单必须包含某些特定条款。这是寿险行业发展日趋规范化、标准化的必然之路。

一、宽限期条款

（一）条款内容

宽限期条款的内容是：投保人如没有按时缴纳续期保险费，保险人给予一定时间的宽限（我国保险法规定为60天）。在宽限期内，保险合同仍然有效，若保险事故发生，保险人应按规定承担给付保险金的责任，但应从中扣除所欠缴的保险费连同利息。超过宽限期，仍未缴付保险费，保险合同即告停效。宽限期终了日若遇星期例假日，或法定休息日，期限顺延。

（二）规定宽限期的目的

规定宽限期的目的在于避免合同非故意失效，保全保险人业务。人身保险的投保人在分期缴费方式下，缴纳首期保险费是合同生效的前提，按时缴纳续期保险费是维持合同效力的条件，在长期的缴费期间中，大多数投保人并非故意不按时缴纳保险费，而是因偶尔遗忘或暂时经济困难等客观原因，未能按时缴费，如果保险人不给予一定时间的宽限，必然导致许多合同于中途停效，进而失效终止，这对被保险人而言，会因其客观原因（并非主观愿望）而使保障毁于一旦。因此宽限期的规定于合同双方都有利而无害。

二、复效条款

（一）条款内容

复效条款的基本内容是：投保人在停效以后的一段时期内，有权申请恢复保单效力，复效是对原合同法律效力的恢复，不改变原合同的各项权利和义务。

（二）复效的条件

复效须经投保人提出复效申请，并与保险人达成复效协议方可。为了防止逆选择，保险人对于申请复效，一般都规定了条件。其主要是：

（1）申请复效的时间。任何民事法律权利，都有时效限制，投保人申请恢复保单效力的权利也应有时效的限制。我国保险法规定人身保险合同申请复效的时间为停效后的2年内，超过了这个期限，就不能复效，保单终止，保险人向受益人支付保单上的现金价值或退还已缴保费。

（2）申请复效应尽告知义务。与申请投保一样，申请复效仍要尽告知义务，提供可保性证明，此时只需告知保险人，被保险人在停效期间和复效当时的健康状况。只要能证明被保险人的健康状况在停效后未曾恶化，很少有保险人拒绝复效的情况。

（3）复效时，应补缴停效期间的保险费及利息，但保险人不承担停效期间发生的保障责任。因为：①从法律上讲，复效是从复效之日起恢复合同的法律效力，并不追溯以往。②从保险原理上讲，保险承保的只能是未发生的不确定事件，停效期内发生的保险事故属于已发生的确定事件，保险人不能负责。③从保险经营上讲，如果保险人要承担停效期的保险责任，那么申请复效者大多是停效期间保险事故发生了的被保险人，因为这些人为了取得较多的保险金给付，宁愿补缴少量的保费和利息，这显然于保险人的经营不利。

（三）复效与重新投保

人身保险合同停效后，被保险人要想重新获得保险保障，有两条途径：一是申请复效，二是重新投保。复效时保险费与原合同保持一致，因此复效适宜于年龄较大的被保险人，因这时重新投保的保费可能比原合同的保费高得多，在经济上不合算或者这时被保险人的年龄已超过了保险人可以承保的年龄而不能重新投保。另外，复效也适宜于保险人已经停止发售的险种。

三、贷款条款

（一）条款内容

贷款条款又称为保单贷款条款或保单质押贷款条款。其基本内容为：人身保险合同在保费缴满一定时期后（一般是1年或2年），投保人可凭保单向保险人申请贷款，其贷款的额度连同利息不得超过该保单上的现金价值。如果贷款本息达到保单上现金价值的数额时，合同终止。

保单质押贷款实际上是投保人处置保单的方式之一，其具体做法是：

（1）只有保单上积存有现金价值时，投保人才能申请贷款。保单贷款实际上是投保人以保单上的现金价值为抵押的贷款。

（2）贷款的额度连同贷款利息，不能超过保单的现金价值。

（3）保单贷款应按双方约定的利率计算，如果到结息日没有支付利息，该项利息并入贷款数目内一并计息。

（4）贷款期间保险合同为有效合同，在此期内发生的保险事故，保险人给付保险金；投保人退保，保险人应支付退保金。不过，保险事故的发生或退保的提出，并不免除投保人偿还债务的义务，所以应从保险金或退保金中扣还贷款本息。

（二）规定贷款条款的目的

规定贷款条款的主要目的是维持保单的继续率，解决投保人暂时资金紧张的困难。长期性人身保险合同都采用均衡保险费制，在此保费制下，每张保单上积存有现金价值，现金价值主要是投保人超缴的保费以及所生的利息，具有不没收的性质，投保人可根据其需要处置它。如果不允许投保人凭借保单向保险人借款，在投保人资金暂时困难，需要现金而又无其他解决途径时，只有通过退保，领取保单上的现金价值予以解决，这显然对保险人和投保人都不利。因此，为了维持保单的继续率，解决投保人的暂时经济困难，长期性人身保险合同都有贷款条款的规定。

四、自动垫缴保费条款

（一）条款内容

自动垫缴保费条款的基本内容是：投保人如在宽限期内尚未缴付保险费，除非投保人有反对声明，保险人应在保单的现金价值中自动提供贷款，用以抵缴保险费，使合同继续有效，直到累计的贷款本息达到保单上现金价值的数额为止。届时，投保人如再不缴付保险费，保险合同效力即行中止。

保险人自动垫缴保费实际上是保险人对投保人的贷款，其目的是为了避免非故意的保单失效，适宜于分期缴费的长期性人身保险合同。自动垫缴保费条款的具体内容可分述如下：

（1）自动垫缴保费意指不须投保人提出贷款申请，保险人自动提供贷款，贷款的目的在于垫缴保险费。自动垫缴保费条款的实施，以订约时投保人的书面同意为条件，这是因为：自动垫缴保险费贷款经过一定时期后，投保人退保所得的退保金要扣除垫缴的本息。不征得投保人的同意，保险人就自动垫缴保费，如果垫缴保费期间未发生保险事故，投保人可能否认保险人的垫缴，在退保或期满领取退保金或满期保险金时，可能在其金额上与保险人发生矛盾引起纠纷。因此，只有在订约时，投保人出具了书面同意书的情况下，保险人方能实施这一条款。

（2）自动垫缴保费贷款的前提是保单上积存有现金价值。贷款仍需按一定的利率（一般是以当时国家银行的贷款利率）计息。当累计的贷款本息达到保单上现金价值的数额时，停止贷款，如果此时投保人再不缴付保险费，保险合同即告终止。

（3）自动垫缴保费期间，保险合同仍然有效，如果保险事故发生，保险人要从给付的保险金中扣除垫缴的本息。

（二）条款的目的

此条款的目的与宽限期条款的目的一样，都是为了防止保单非故意停效，维持保单的有效率，保全保险人的业务。

五、不丧失价值任选条款

不丧失价值就是保单上的现金价值。不丧失价值任选条款的基本内容是：规定投保人有权在合同有效期内选择有利于自己的方式处置保单上的现金价值。

不丧失价值的处置方式通常有：

（一）解约退保，领取退保金

投保人采用这种方式，虽可得到解约退保金，但解约退保后，保险合同终止，被保险人失去保险保障，也可能会因为以后成为不可保体而永远失去保险保障；再者投保人这时在领取退保金时要扣除解约费用，这对投保人而言也是不利的。

解约退保对于保险人而言，更是有弊而无利，因为这会减少保险人的投资收益。解约退保，保险人从其责任准备金中支付退保金，可能影响保险人的投资规模，降低投资收益率。解约退保过多会影响保险人的声誉和形象，失去潜在的投保人。因此，保险人经营中，如何防止解约为一重大课题，唯有高的合同继续率，才能维持经营的安全。

（二）减额缴清保险

投保人如不愿继续缴纳保险费，可以减额缴清保险的方式处置保单上的现金价值。减额缴清保险就是投保人利用保单上的现金价值将原合同改变为一次缴清保险费的同类保险，改保后，保险期限和保险内容保持不变，只是保险金额比原合同有所减少。“减额”是指保险金额的减少。“缴清”，是指保险费交付完毕，即投保人以当时保单上的现金价值作为趸缴保费投保与原合同种类相同的保险。改保后，投保人不再缴付保险费，但所享受的保障程度降低。这种方式适宜于被保险人身体健康状况良好，需要长期保障而又无力缴付保险费的保险合同。

（三）展延定期保险

展延定期保险是指投保人利用保单上的现金价值将保险合同改为一次缴清保险费的定期保险，改保后，保险金额不变，只是保险期限要根据保单上的现金价值进行推算。这种方式对被保险人身体健康状况衰退或职业风险有所增加，又无力缴付保险费的保险合同适用。

六、共同灾难条款

共同灾难条款是解决共同灾难发生时，受益权归属的依据。

共同灾难，是指被保险人和第一受益人同死于共同的意外事故而言。

新《保险法》第四十二条规定：受益人与被保险人在同一事件中死亡，且不能确定死亡先后顺序的，推定受益人死亡在先。

七、不可抗辩条款

（一）条款内容

不可抗辩条款又称为两年后不否定条款，不可争条款。其基本内容是：在被保险人生存期间，从保险合同生效之日起满一定时间后（通常为两年），保险人将不得以投保人在投保时违反诚信原则，未如实履行告知义务为理由，而主张解除合同。

（二）条款产生的原因

不可抗辩条款的规定，是为了防止保险人滥用权利，保护投保人的正当权益。根据诚信原则，要求投保人在投保时应据实告知被保险人有关健康的一切情况，如果投保人没有履行告知义务，法律赋予保险人有解除合同的权利。如果对此权利不加以限制，会损害投保方的正当权益，其表现在：

首先，如果被保险人在订立合同多年后才主张解除合同，这时被保险人可能由于健康状况的变化而成为不可保体，丧失获得保险保障的机会，也可能这时被保险人年龄较大，重新投保需要缴付较多的保险费。

其次，如果保险事故发生时，保险人借口告知不实，故意为难，拒付保险金，使被保险人失去应有的保障。因此为了保护投保人的正当权益，维持保险人的信誉，产生了此条款。

第五节　意外伤害保险

一、意外伤害保险的含义

（一）伤害

首先应明确什么是伤害。通常认为，任何一种因素使人的身体遭受到损害以致危害健康甚至引起死亡，就可以称为伤害，按人们习惯的称呼有时也叫损伤。伤害不仅是指机械性损伤，也包括烫伤、冻伤、中毒、溃疡、惊悸等。即使“电气伤害”、“精神伤害”、“生物伤害”、“化学伤害”、“原子核心对人体的辐射”，也可视为伤害。在现代社会中，风险日益增多，伤害的种类不断增多。

但是从法医学的观点来看，伤害仅仅是指由于客观外因所致的各种伤害，而不包括人体内部由于疾病所致的伤害。下面讨论的伤害和保险公司在实际业务中承保的伤害基本上沿用法医学上所称的伤害，但有时也对其外延加以扩大（如中毒等）。

（二）意外伤害

意外是指伤害发生时被保险人事先没有预见到或伤害的发生非被保险人的主观愿望，或伤害的发生对被保险人而言突然出现，即意外事件的发生必须具备非本意、外来、突然这三要素，此三要素互相统一，互相联系，缺一都不能构成意外事件。三要素中尤其以非本意的偶然为核心，外来、突然仅仅是以非本意的限定，现将三要素的含义分别解释如下：

（1）非本意。非本意是指意外事件的发生非被保险人的主观愿望，也不是被保险人所能预见的。例如，一正常航行的飞机因机械失灵坠毁发生空难，这种结果违背乘客乘坐飞机的主观愿望，也不是乘客在搭乘飞机时能够预见的，故属于意外事件。

特别是有的意外事件，尽管本人能够预见到事件将要发生，也可以采取防范措施加以避免，但基于法律的规范或属守职业道德不能躲避。例如一银行职工面对持刀抢钱的歹徒为保护国家财产挺身与歹徒搏斗受伤，仍属于意外事件导致的伤害。

（2）外来。这里所谓外来一词是强调与前述法医学定义伤害的含义保持一致，即出现意外事件的原因是由被保险人身体外部的因素所引起的。例如，车祸、摔伤、食物中毒等只要是人体以外的因素所导致的事件均视为意外。

（3）突然。突然是指事件的发生对被保险人来讲，来不及预防，即指事件发生的原因和结果之间仅具有直接瞬间的关系。例如：爆炸、飞机失事、空中坠落物体等引起的人身伤亡均属于意外。但在生产劳动中发生的铅中毒和矽肺，尽管也属于非本意，是外来的因素所造成的，但由于上述两种情况均属于长期接触有毒物质而形成的职业病，结果和原因之间不具有瞬时联系，故不属于意外事件。

值得注意的是有些事件造成的结果不一定立即显示，即由于伤害后发生继发症所致，而对人体的损伤却是外来剧烈因素所造成的，亦可称为意外事件。例如：发生坠落以致出现内出血，虽然当时没有发现，后来因内伤致死也可作为意外事件。

综上所述，所谓意外伤害是指由于外来的、剧烈的、突然的事故所造成的人身伤害。它包括意外和伤害两个必要条件。例如，爆炸、倒塌、烫灼、碰撞、扭折、雷击、触电、中暑、冻伤、淹溺、窒息、急性中毒、坠跌、被人兽袭击、车船飞机失事以及劳动操作使用机器时发生的工伤事故等。

（三）意外伤害保险

意外伤害保险的概念可定义为：当被保险人因遭受意外伤害使其身体残疾或死亡时，保险人依照合同规定给付保险金的人身保险。在意外伤害保险中，保险人承保的风险是意外伤害风险，保险人承担的责任的条件是被保险人因意外事故导致残疾和死亡。

二、意外伤害保险的分类

意外伤害保险按不同的分类方法可以分成不同的类别，如按投保的对象不同可以分为个人意外伤害保险和团体意外伤害保险等。这里给大家介绍的是按承保的风险不同将意外伤害保险分成普通意外伤害保险和特种意外伤害保险。

（一）普通意外伤害保险

该类意外伤害保险是指在保险期限内由于普通的一般风险而导致的各种意外伤害事件。在实际业务中，许多具体险种均属此类意外伤害保险，如我国现开办的团体人身意外伤害保险、个人平安保险等。

(二) 特种意外伤害保险

该类意外伤害保险是指特定时间、特定地点或特定原因导致的意外伤害事件。由于“三个特定”，相对于普通意外伤害保险而言，后者发生保险风险的概率更大些，故称之为特种意外伤害保险。例如在游泳池或游乐场所发生的意外伤害，江河漂流、登山滑雪等激烈的体育比赛或活动中发生的意外伤害等。

三、意外伤害保险的特征

意外伤害保险的特征可以从它与人寿保险的比较中得出，意外伤害保险和人寿保险两者都是采取定额保险的形式，即在投保时，由投保人和保险人约定一定数额，作为保险金额，当保险事故发生时，由保险人依照保险金额承担给付责任；在保险合同主体方面：两者的投保人与被保险人可以是同一人，也可以不是同一人，两者都可以指定受益人。它们的区别主要表现为：

(一) 承保风险不同

就承保风险而言，人寿保险承保的是人的生死或死亡给付或养老金的领取或满期领取等，属人体新陈代谢自然规律与人的年龄大小密切相关。而意外伤害保险承保的则是由于外来的、剧烈的、突然的事故对人体造成的伤害或残废或死亡，对每个人来说，无论年龄大小如何，其危险程度是大体相同的，因此其风险的发生与年龄关系不大而与被保险人从事的职业与生活环境密切相关。

(二) 费率厘定依据不同

就费率制定而言，人寿保险在厘定费率时按人的生死概率，选择不同的生命表进行计算，而意外伤害保险费率的厘定则是根据过去各种意外伤害事件发生概率的经验统计计算，比较注重职业危险。不同的职业，发生意外伤害事故的概率不同，其费率的大小也不同。

(三) 责任准备金提取方法不同

就责任准备金提取来看：人寿保险一般均属长期性业务，保险人收取的保费是按均衡办法计算的。照这种计算模式，其保费一部分是作为当年死亡给付的危险保费，另一部分则是专门积存起来作为将来的死亡给付或期满给付的储蓄保险费。储蓄保费连同其按复利方式所产生的利息构成人寿保险的责任准备金，以保证将来履行保险责任。而意外伤害保险其保险期限最长一般为1年，属短期性业务，责任准备金的提取是从当年自留保险费中提取未到期责任准备金。

(四) 保险期限不同

意外伤害保险还具有季节性及短期性的特点。就季节性来看，春秋季节，相对而言是旅游人身意外伤害保险的旺季；炎热的夏季，游泳池人身意外伤害保险必然集中。就出险的概率而言，台风季节，轮船事故导致的人身意外伤害相对较多；寒冬腊月，北国冰封，导致跌倒摔伤的人身意外伤害相对较多。

就其期限来看，意外伤害保险除最长的保险期限为1年以外，多数意外伤害保险的期限均属于较短时间，如乘坐火车、轮船、飞机等各种运输工具的旅客，其参加的旅客意外伤害保险，保险期限为一次旅程。游泳池人身意外伤害保险，其保期只限定为一个场次对应的时间。

四、意外伤害保险的保险责任

（一）意外伤害保险的责任范围

意外伤害保险的保险责任是指，在保险期限内，当被保险人因遭受意外伤害而造成死亡或残废，由保险人履行全部或部分保险金的给付。意外伤害保险的保险责任范围分为两大类：

（1）由意外伤害造成的死亡，其对应所给付的保险金为死亡保险金。

（2）由意外伤害造成的残废（全部残废或部分残废）。所给付的保险金为残废保险金。

（二）关于责任期限的规定

责任期限是意外伤害保险特有的概念，是指自被保险人遭受意外伤害之日起的一定时间期限（如90天、180天、1年），有时亦称观察期。意外伤害保险中有关责任期限的规定，是指被保险人在自遭受意外伤害起多长时间内造成死亡或残废才构成保险责任。如被保险人先受到伤害，然后导致死亡。这种以伤害为直接原因的被保险人死亡，必须发生于伤害之日起的180天之内。这种情况下，即或被保险人死亡时间已超出保险期限，保险方仍应承担死亡保险的给付。

对于意外伤害造成的残废，所谓责任期限实际上是确定残废程度的时间界限，当被保险人遭受意外伤害后，往往需要经过一段时间的治疗，才能确定是否造成残废以及造成何种程度的残废。如被保险人在保险期限内遭受意外伤害，责任期限尚未结束，治疗过程已终结被确定为残废时，不用说保险方应当根据已确定的残废程度给付残废保险金，但若被保险人在保险期限内遭受意外伤害，责任期限结束时而治疗过程尚未终结，那么无论被保险人的组织残缺或器官机能的丧失程度将来如何，应当推定责任期限结束时这一时刻，被保险人的残废程度是永久性的，并据以给付残废保险金。之后无论是被保险人的程度减轻或加重，保险人均不再承担残废保险金的追偿或给付。

（三）除外责任

除外责任就是保险人不承担的风险责任。意外伤害保险的除外责任分为以下几类：第一类是危险的发生是被保险人故意行为造成的，并非出于偶然，如自杀；第二类是违反法律和社会公德的，如被保险人的犯罪致死；第三类是事故的发生以及后果是难以估计的，如战争致死。

五、意外伤害保险的给付方式

如前所述，意外伤害保险合同属定额保险合同，所以，当发生保险事件后，保险人是按定额保险合同的方式承担保险责任。意外伤害保险的保险责任不外乎是死亡保险金和残废保险金的给付，其中以残废保险金的给付较为复杂，现分别介绍如下：

（一）死亡保险金的给付

一般意外伤害保险条款中，均应明确规定死亡保险金的数额或死亡保险金占保额的比例。例如，规定被保险人因意外伤害死亡时给付保险金额5000元、10 000元或规定被保险人因意外伤害死亡时给付保险金额全数100%、80%、50%等。

（二）残废保险金的给付

残废保险金的给付较死亡保险金的给付更为复杂，因此在处理上一定要慎重。在意外伤害保险的合同中，均以“永久完全失明”、“永久完全残废”或“局部永久残废”作为确定残废保险金的依据。所谓“永久完全失明”，是指永久不能恢复的失明。“永久完全残废”是指人体完全丧失生理机能或身体功能状态；“局部永久残废”是指机体一部分（如目、耳、鼻或其他机体）处于丧失工作能力或生活能力的状态。二者是有所区别的。

残废保险金的给付金额是由保险金额和残废程度两个因素确定的。残废程度是指人体永久完全丧失生理机能或身体功能状态的程度，通常用百分比表示。残废保险金的给付金额由下式计算：

残废保险金＝保险金额×残废程度百分比

可见，一份意外伤害保险合同，在保险金额一定的情况下，发生意外伤害事件后，依照残废程度的高低，我们可以很方便的计算出残废保险金。

第六节　健康保险

一、健康保险的含义和特征

（一）健康保险的含义

健康保险是为人类健康提供保障的保险。这是以人的身体作为保险标的，在被保险人因疾病或意外事故所致医疗费用支出或收入损失时，保险人承担赔偿责任的一种人身保险。对上述定义须知：

（1）健康保险是人身保险的一大分类，它所提供的保障事故包括意外伤害和疾病两种。意外伤害和疾病两者发生的原因和性质是不同的。意外伤害是指突发的、非预期的、身体外部原因造成的；疾病的发生是由身体内在原因间接引起的，虽然疾病多起因于外来原因，但必须于身体内部经一定时间的酝酿，才形成疾病。健康保险将这两者作为其保险事故。

（2）健康保险的责任是意外事故或疾病所致的医疗费用或收入损失。在保险给付处理上，意外事故所致的给付与疾病所致的给付有所不同，前者较后者宽大。这是由于伤害事故发生较为确定，如四肢残缺、失明、死亡等，甚为明显；疾病则不然，疾病的发生、持续或其严重性，道德风险因素存在的可能性较大，在疾病发生中，小疾大医，一人保险、全家受益的情况也时有发生，因此疾病的给付必须审慎。

（二）健康保险的特征

健康保险和意外伤害保险同属于短期性保险。它们在基本情况上具有共同的特征，在国外两者归类为非寿险，在保险期限、保险事故、保费计算及要素、责任准备金性质等方面，两者共同区别于人寿保险。这里就健康保险和意外伤害保险进行比较，以进一步认识健康保险。

1. 保险责任不同

健康保险和意外伤害保险都将意外伤害作为保险事故，但两者的责任范围不同。意外伤害保险的责任限于被保险人因意外事故所致的死亡或残废，而健康保险则承担因意外事故所致的医疗费用或收入损失的赔偿责任。例如，某被保险人发生车祸受伤住院治疗后残废，如果此人投保的是意外伤害保险，保险人只承担残废给付而不负责赔偿医疗费用；如果此人投保的是健康保险，保险人则承担受伤住院的医疗费用和住院期间以及残废后不能工作的收入损失的赔偿（具体责任视健康保险的险种不同而有别）。

2. 合同性质不同

意外伤害保险大多是定额给付，属给付性合同，保险事故发生后，保险人按合同约定的金额进行给付。健康保险合同大多属于补偿性合同，其保险金的给付基础有三：①定额给付，类似于寿险和意外伤害保险。②实际补偿，按实际所发生的费用给付，但有最高额的限制。③预付服务，由保险人直接支付医疗费用。

因此，在补偿型的健康保险中，存在着重复保险和代位追偿的问题。如果保险事故是由第三方责任引起的，保险人既可以在给付了保险金后，要求被保险人将向第三方追偿的权力转交于保险人，也可以在第三方进行了赔偿后，不予给付或补足差额（限于补偿性的健康保险合同）。如果存在重复保险，也应按重复保险下的赔偿方式进行给付。

健康保险主要有医疗保险和收入损失保险两大类。

二、医疗保险

（一）医疗保险的概念

医疗保险又称为医疗费用保险，是健康保险的一大险种。医疗费用保险是指被保险人因意外事故或疾病所需的医疗费用由保险人进行补偿的健康保险。医疗保险既可以单独承保，也可以附加于人寿保险和意外伤害保险。例如我国中小学生平安险中附加了医疗费用保险。

在医疗保险中，保险事故为意外事故和疾病，保险人的责任为负责被保险人支出的医疗费用补偿。医疗费用是被保险人在医疗机构接受各种医治而发生的费用，如医疗费、手术费、住院费、护理费、医院设备费等。按医疗服务的特性划分可将医疗费划分为：门诊费、药费、住院费、护理费、医院杂费、手术费用、各种检查费用等。

不同的健康保险单保障的项目不同。

（二）医疗费用保险中的常见规定

1. 观察期

为了防止带病投保，在医疗费用保险中一般都有观察期的规定。观察期又称试保期间，是指从保险合同生效日开始后的一定时期内（一般为半年），被保险人因疾病所致的医疗费用，保险人不承担责任，观察期过后，保险人才承担责任，但观察期内意外事故所致的医疗费用仍在保险人的责任范围内，保险人应承担给付保险金的责任。观察期的规定同样适用于后面所讲的收入损失保险。

2. 免赔额

为了避免小额的经常性的医疗费用赔款的支出，节省费用，医疗保险一般都有免赔额的规定，即只有被保险人的实际医疗费用超过一定的额度时，保险人才开始给付。医疗费用保险一般采取绝对免赔额的赔款方式。

3. 保险限额

医疗保险的赔偿总限额是合同上约定的保险金额。除此之外，医疗保险对单项医疗费用也规定了限额。其内容主要是：①规定住院费用的给付限额，包括每天的给付限额和住院天数的限制。②规定外科手术费用的给付限额。对于外科手术费用，在医疗保单中常列表规定各项手术的给付限额，此表称为外科费用表。③规定每次门诊费用的给付限额。医疗费用保险对每次门诊的医疗费用规定给付限额，并要规定给付门诊的次数。大额的医疗费用保险还对一定时期内的总的医疗费用给付实行限额控制，如每年的医疗费1000元，超过1000元部分自负。④规定各种疾病的给付限额，即对每种疾病的医疗费用（包括门诊、住院、手术等费）规定一个给付限额。

4. 共保条款

大多数大额医疗费用保险都有共保条款。共保条款的内容是，被保险人要按一定的比例自负一定的医疗费用，如共保比例为80%，意指被保险人自负20%的医疗费用，其余80%由保险人赔偿。如果同一张保单既有免赔额又有共保比例，一般是超过免赔额部分的医疗费用按共保比例给付。共保条款的运用目的在于促使被保险人在发生意外事故或生病时，只支出必要合理的医疗费用，这是保险人控制成本的手段。

5. 除外责任

医疗费用保险都有除外责任的规定，不同的保险具体的除外责任有所差异，但总的来说，医疗费用保险的除外责任包括：①被保险人在投保前患有的疾病不属于保险责任。②战争或战争行为。③除了作为定期航班上乘客以外的空难。④自我伤害，不论被保险人精神正常与否，自我伤害均属于除外责任。⑤各种整容外科手术、牙科治疗、视听检查及眼镜、助听器、怀孕及产科费用。⑥其他社会保险支付的医疗费用。

（三）医疗保险的主要险别

1. 普通医疗保险

普通医疗费用保险是指保险人对被保险人因意外事故或疾病所致的一般性医疗费用（外科除外），承担给付责任的医疗保险。普通医疗费用保险人的给付以在医院的医疗费用为主，同时也可以包括因疾病在家疗养或在私人诊所治疗等费用。这些费用主要包括门诊费用、医药费用、检查费用等。由于医药费用和检查费用的支出难以控制，因此此险都规定有免赔额和共保比例。

2. 住院保险

住院保险，又称为住院费用保险，是指保险人承担被保险人因住院而发生的各项费用的疾病保险。住院费用主要包括每天医疗房间的费用、住院期间医生费用、利用医院设备费用、手术费用、医药费用等。由于住院时间的长短直接影响费用的高低，一般此险种都对每次住院的时间作了限制，并且也有每日给付限额以及共保比例的规定。

3. 总括医疗费用保险

保险人对于被保险因疾病或意外事故所致的医药费、住院费、手术费、检查费、化验费等，不分项目，规定一个总的给付限额，在限额内给付。由于保险责任包括一切医疗费用，因此此险种的保险费率较高。一般都要确定一个免赔额和共保比例。

4. 手术保险

手术保险保险人承担的责任是被保险人因病或意外事故需做必要的手术而发生的所有的手术费用。一般都规定了给付限额和给付期间。

5. 特种疾病保险

特种疾病保险保险人仅以保险合同中订明的疾病为依据给付医疗保险金。例如癌症保险，仅负责给付被保险人因癌症而支付的各种医疗费用。特种疾病一般是指较为严重的、难以治疗的疾病。通常这种保险的保险金额较高，以满足特种疾病对各种医疗费用支出的需求，特种疾病保险的给付方式一般是在确诊为特种疾病后，立即一次性支付保险金。

三、收入损失保险

（一）收入损失保险的含义

收入损失保险又称为工作能力丧失收入保险或收入保障保险。收入损失保险是指在保险合同有效期内，如果被保险人因意外事故或疾病丧失工作能力以致不能获得正常收入或收入减少时，由保险人分期给付保险金的一种健康保险。

在收入损失保险中，保险人承担的责任事故仍旧是意外事故和疾病，保险人的责任是被保险人因保险事故所致的收入丧失或减少。

（二）收入损失保险中的常见规定

1. 保险对象

收入损失保险对被保险人的规定一般是：①要有正当职业，而且工作能力丧失时，必须使收入中断；②年龄一般不得低于 18 岁，最高不得大于 55 岁或 60 岁。

2. 试保期间

试保期间是指被保险人在投保开始后的一定时期内，因疾病所致的收入损失，保险人不承担给付责任。

3. 免责期间

免责期间又叫等待期间，通常指被保险人于工作能力丧失开始日后的一定时间内（通常在 7～365 天内），保险人不负给付责任，待免责期结束后，保险人才视被保险丧失工作能力的情况，给付保险金。免责期间规定的目的是：①观察被保险人丧失工作能力的持续状态，以判定是否为全部或部分工作能力丧失。②消除许多短暂的完全丧失工作能力的收入保险金给付。

4. 给付期限

在收入损失保险中，给付期限是指保险人对于不能正常工作或需要治疗的被保险人负责给付停工收入损失保险金的最长时间，一般规定为 90 天、180 天、360 天等。当被保险人因疾病或意外事故不能工作或需治疗时，保险人按日或按周定额给付收入损失保险金，给付的日数或周数以给付期限为限。给付期限结束时，即使被保险人仍不能工作或仍需治疗，保险人也不再负责。给付期限自给付收入损失保险金开始时起算。

5. 除外责任

收入损失保险的除外责任与医疗保险的除外责任差不多，参见前述内容。

6. 附加特约

在收入损失保险中，可采用附加特约的形式增加合同责任或调整合同的某些内容。附加特约的内容有：①免缴保险费。②双倍保险金给付。③按生活费用变化调整保险金。上述三种特约附加其内容与人寿保险合同中的这些附加特约相同。④意外死亡和致残的一次性保险金给付的责任。这种特约附加中，一般规定意外死亡的一次性保险金给付金额不超过完全丧失工作能力的月收入的保险金的 200 倍，如完全丧失工作能力的月收入保险金为 200 元，则意外死亡的附加一次给付的保险金为 40 000 元以下。⑤没有造成丧失工作能力的意外伤害按伤残程度给付一定数额的保险金，并报销其医疗费用。

（三）收入损失保险的给付方式

收入损失保险的给付有定额给付或按收入比例给付两种方式。其给付的额度视丧失工作能力的程度而定。

1. 定额给付

定额给付是指不论被保险人丧失工作能力前的收入如何，只要丧失工作能力，就视丧失工作能力的程度，按合同约定的额度分期给付保险金。例如，合同规定全部工作能力丧失，每月给付 200 元收入损失保险金，某被保险人事故发生前月收入为 1500 元，保险人仍按 200 元每月进行给付。

2. 比例给付

比例给付是指收入保险金视被保险人工作能力丧失的程度，按其原收入的一定比例进行给付。

小结：人身保险由于承保标的的特殊性，具有不同于财产保险的诸多特征。由于寿险保单的保障性、储蓄性特点，寿险保单有特有条款。随着新型寿险产品的热销，我们应保持冷静，注重寿险产品的保障性特点。

复习思考题：

1. 定期寿险的特点有哪些？
2. 什么是保单的现金价值？保单现金价值和寿险责任准备金有何关系？
3. 什么是两全保险？两全保险有何特点？
4. 什么是分红寿险？分红寿险有哪些主要特点？
5. 什么是万能寿险产品？
6. 万能寿险和投资连结保险有何异同？

附　录

附录1：　中华人民共和国保险法

中华人民共和国主席令

第十一号

《中华人民共和国保险法》已由中华人民共和国第十一届全国人民代表大会常务委员会第七次会议于2009年2月28日修订通过，现将修订后的《中华人民共和国保险法》公布，自2009年10月1日起施行。

中华人民共和国主席　胡锦涛

2009年2月28日

中华人民共和国保险法

（1995年6月30日第八届全国人民代表大会常务委员会第十四次会议通过；根据2002年10月28日第九届全国人民代表大会常务委员会第三十次会议《关于修改〈中华人民共和国保险法〉的决定》修正；2009年2月28日第十一届全国人民代表大会常务委员会第七次会议修订）

目　　录

第一章　总　　则

第一条　为了规范保险活动，保护保险活动当事人的合法权益，加强对保险业的监督管理，维护社会经济秩序和社会公共利益，促进保险事业的健康发展，制定本法。

第二条　本法所称保险，是指投保人根据合同约定，向保险人支付保险费，保险人对于合同约定的可能发生的事故因其发生所造成的财产损失承担赔偿保险金责任，或者当被保险人死亡、伤残、疾病或者达到合同约定的年龄、期限等条件时承担给付保险金责任的商业保险行为。

第三条　在中华人民共和国境内从事保险活动，适用本法。

第四条　从事保险活动必须遵守法律、行政法规，尊重社会公德，不得损害社会公共利益。

第五条　保险活动当事人行使权利、履行义务应当遵循诚实信用原则。

第六条　保险业务由依照本法设立的保险公司以及法律、行政法规规定的其他保险组织经营，其他单位和个人不得经营保险业务。

第七条　在中华人民共和国境内的法人和其他组织需要办理境内保险的，应当向中华人民共和国境内的保险公司投保。

第八条　保险业和银行业、证券业、信托业实行分业经营、分业管理，保险公司与银行、证券、信托业务机构分别设立。国家另有规定的除外。

第九条　国务院保险监督管理机构依法对保险业实施监督管理。

国务院保险监督管理机构根据履行职责的需要设立派出机构。派出机构按照国务院保险监督管理机构的授权履行监督管理职责。

第二章　保险合同

第一节　一般规定

第十条　保险合同是投保人与保险人约定保险权利义务关系的协议。

投保人是指与保险人订立保险合同，并按照合同约定负有支付保险费义务的人。

保险人是指与投保人订立保险合同，并按照合同约定承担赔偿或者给付保险金责任的保险公司。

第十一条　订立保险合同，应当协商一致，遵循公平原则确定各方的权利和义务。

除法律、行政法规规定必须保险的外，保险合同自愿订立。

第十二条　人身保险的投保人在保险合同订立时，对被保险人应当具有保险利益。

财产保险的被保险人在保险事故发生时，对保险标的应当具有保险利益。

人身保险是以人的寿命和身体为保险标的的保险。

财产保险是以财产及其有关利益为保险标的的保险。

被保险人是指其财产或者人身受保险合同保障，享有保险金请求权的人。投保人可以为被保险人。

保险利益是指投保人或者被保险人对保险标的具有的法律上承认的利益。

第十三条　投保人提出保险要求，经保险人同意承保，保险合同成立。保险人应当及时向投保人签发保险单或者其他保险凭证。

保险单或者其他保险凭证应当载明当事人双方约定的合同内容。当事人也可以约定采用其他书面形式载明合同内容。

依法成立的保险合同，自成立时生效。投保人和保险人可以对合同的效力约定附条件或者附期限。

第十四条　保险合同成立后，投保人按照约定交付保险费，保险人按照约定的时间开始承担保险责任。

第十五条　除本法另有规定或者保险合同另有约定外，保险合同成立后，投保人可以解除合同，保险人不得解除合同。

第十六条　订立保险合同，保险人就保险标的或者被保险人的有关情况提出询问的，投保人应当如实告知。

投保人故意或者因重大过失未履行前款规定的如实告知义务，足以影响保险人决定是否同意承保或者提高保险费率的，保险人有权解除合同。

前款规定的合同解除权，自保险人知道有解除事由之日起，超过三十日不行使而消灭。自合同成立之日起超过二年的，保险人不得解除合同；发生保险事故的，保险人应当承担赔偿或者给付保险金的责任。

投保人故意不履行如实告知义务的，保险人对于合同解除前发生的保险事故，不承担赔偿或者给付保险金的责任，并不退还保险费。

投保人因重大过失未履行如实告知义务，对保险事故的发生有严重影响的，保险人对于合同解除前发生的保险事故，不承担赔偿或者给付保险金的责任，但应当退还保险费。

保险人在合同订立时已经知道投保人未如实告知的情况的，保险人不得解除合同；发生保险事故的，保险人应当承担赔偿或者给付保险金的责任。

保险事故是指保险合同约定的保险责任范围内的事故。

第十七条　订立保险合同，采用保险人提供的格式条款的，保险人向投保人提供的投保单应当附格式条款，保险人应当向投保人说明合同的内容。

对保险合同中免除保险人责任的条款，保险人在订立合同时应当在投保单、保险单或者其他保险凭证上作出足以引起投保人注意的提示，并对该条款的内容以书面或者口头形式向投保人作出明确说明；未作提示或者明确说明的，该条款不产生效力。

第十八条　保险合同应当包括下列事项：

（一）保险人的名称和住所；

（二）投保人、被保险人的姓名或者名称、住所，以及人身保险的受益人的姓名或者名称、住所；

（三）保险标的；

（四）保险责任和责任免除；

（五）保险期间和保险责任开始时间；

（六）保险金额；

（七）保险费以及支付办法；

（八）保险金赔偿或者给付办法；

（九）违约责任和争议处理；

（十）订立合同的年、月、日。

投保人和保险人可以约定与保险有关的其他事项。

受益人是指人身保险合同中由被保险人或者投保人指定的享有保险金请求权的人。投保人、被保险人可以为受益人。

保险金额是指保险人承担赔偿或者给付保险金责任的最高限额。

第十九条　采用保险人提供的格式条款订立的保险合同中的下列条款无效：

（一）免除保险人依法应承担的义务或者加重投保人、被保险人责任的；

（二）排除投保人、被保险人或者受益人依法享有的权利的。

第二十条　投保人和保险人可以协商变更合同内容。

变更保险合同的，应当由保险人在保险单或者其他保险凭证上批注或者附贴批单，或者由投保人和保险人订立变更的书面协议。

第二十一条　投保人、被保险人或者受益人知道保险事故发生后，应当及时通知保险人。故意或者因重大过失未及时通知，致使保险事故的性质、原因、损失程度等难以确定的，保险人对无法确定的部分，不承担赔偿或者给付保险金的责任，但保险人通过其他途径已经及时知道或者应当及时知道保险事故发生的除外。

第二十二条　保险事故发生后，按照保险合同请求保险人赔偿或者给付保险金时，投保人、被保险人或者受益人应当向保险人提供其所能提供的与确认保险事故的性质、原因、损失程度等有关的证明和资料。

保险人按照合同的约定，认为有关的证明和资料不完整的，应当及时一次性通知投保人、被保险人或者受益人补充提供。

第二十三条　保险人收到被保险人或者受益人的赔偿或者给付保险金的请求后，应当及时作出核定；情形复杂的，应当在三十日内作出核定，但合同另有约定的除外。保险人应当将核定结果通知被保险人或者受益人；对属于保险责任的，在与被保险人或者受益人达成赔偿或者给付保险金的协议后十日内，履行赔偿或者给付保险金义务。保险合同对赔偿或者给付保险金的期限有约定的，保险人应当按照约定履行赔偿或者给付保险金义务。

保险人未及时履行前款规定义务的，除支付保险金外，应当赔偿被保险人或者受益人因此受到的损失。

任何单位和个人不得非法干预保险人履行赔偿或者给付保险金的义务，也不得限制被保险人或者受益人取得保险金的权利。

第二十四条　保险人依照本法第二十三条的规定作出核定后，对不属于保险责任的，应当自作出核定之日起三日内向被保险人或者受益人发出拒绝赔偿或者拒绝给付保险金通知书，并说明理由。

第二十五条　保险人自收到赔偿或者给付保险金的请求和有关证明、资料之日起六十日内，对其赔偿或者给付保险金的数额不能确定的，应当根据已有证明和资料可以确定的数额先予支付；保险人最终确定赔偿或者给付保险金的数额后，应当支付相应的差额。

第二十六条　人寿保险以外的其他保险的被保险人或者受益人，向保险人请求赔偿或者给付保险金的诉讼时效期间为二年，自其知道或者应当知道保险事故发生之日起计算。

人寿保险的被保险人或者受益人向保险人请求给付保险金的诉讼时效期间为五年，自其知道或者应当知道保险事故发生之日起计算。

第二十七条　未发生保险事故，被保险人或者受益人谎称发生了保险事故，向保险人提出赔偿或者给付保险金请求的，保险人有权解除合同，并不退还保险费。

投保人、被保险人故意制造保险事故的，保险人有权解除合同，不承担赔偿或者给付保险金的责任；除本法第四十三条规定外，不退还保险费。

保险事故发生后，投保人、被保险人或者受益人以伪造、变造的有关证明、资料或者其他证据，编造虚假的事故原因或者夸大损失程度的，保险人对其虚报的部分不承担赔偿或者给付保险金的责任。

投保人、被保险人或者受益人有前三款规定行为之一，致使保险人支付保险金或者支出费用的，应当退回或者赔偿。

第二十八条　保险人将其承担的保险业务，以分保形式部分转移给其他保险人的，为再保险。

应再保险接受人的要求，再保险分出人应当将其自负责任及原保险的有关情况书面告知再保险接受人。

第二十九条　再保险接受人不得向原保险的投保人要求支付保险费。

原保险的被保险人或者受益人不得向再保险接受人提出赔偿或者给付保险金的请求。

再保险分出人不得以再保险接受人未履行再保险责任为由，拒绝履行或者迟延履行其原保险责任。

第三十条　采用保险人提供的格式条款订立的保险合同，保险人与投保人、被保险人或者受益人对合同条款有争议的，应当按照通常理解予以解释。对合同条款有两种以上解释的，人民法院或者仲裁机构应当作出有利于被保险人和受益人的解释。

第二节　人身保险合同

第三十一条　投保人对下列人员具有保险利益：

（一）本人；

（二）配偶、子女、父母；

（三）前项以外与投保人有抚养、赡养或者扶养关系的家庭其他成员、近亲属；

（四）与投保人有劳动关系的劳动者。

除前款规定外，被保险人同意投保人为其订立合同的，视为投保人对被保险人具有保险利益。

订立合同时，投保人对被保险人不具有保险利益的，合同无效。

第三十二条　投保人申报的被保险人年龄不真实，并且其真实年龄不符合合同约定的年龄限制的，保险人可以解除合同，并按照合同约定退还保险单的现金价值。保险人行使合同解除权，适用本法第十六条第三款、第六款的规定。

投保人申报的被保险人年龄不真实，致使投保人支付的保险费少于应付保险费的，保险人有权更正并要求投保人补交保险费，或者在给付保险金时按照实付保险费与应付保险费的比例支付。

投保人申报的被保险人年龄不真实，致使投保人支付的保险费多于应付保险费的，保险人应当将多收的保险费退还投保人。

第三十三条　投保人不得为无民事行为能力人投保以死亡为给付保险金条件的人身保险，保险人也不得承保。

父母为其未成年子女投保的人身保险，不受前款规定限制。但是，因被保险人死亡给付的保险金总和不得超过国务院保险监督管理机构规定的限额。

第三十四条　以死亡为给付保险金条件的合同，未经被保险人同意并认可保险金额的，合同无效。

按照以死亡为给付保险金条件的合同所签发的保险单，未经被保险人书面同意，不得转让或者质押。

父母为其未成年子女投保的人身保险，不受本条第一款规定限制。

第三十五条　投保人可以按照合同约定向保险人一次支付全部保险费或者分期支付保险费。

第三十六条　合同约定分期支付保险费，投保人支付首期保险费后，除合同另有约定外，投保人自保险人催告之日起超过三十日未支付当期保险费，或者超过约定的期限六十日未支付当期保险费的，合同效力中止，或者由保险人按照合同约定的条件减少保险金额。

被保险人在前款规定期限内发生保险事故的，保险人应当按照合同约定给付保险金，但可以扣减欠交的保险费。

第三十七条　合同效力依照本法第三十六条规定中止的，经保险人与投保人协商并达成协议，在投保人补交保险费后，合同效力恢复。但是，自合同效力中止之日起满二年双方未达成协议的，保险人有权解除合同。

保险人依照前款规定解除合同的，应当按照合同约定退还保险单的现金价值。

第三十八条　保险人对人寿保险的保险费，不得用诉讼方式要求投保人支付。

第三十九条　人身保险的受益人由被保险人或者投保人指定。

投保人指定受益人时须经被保险人同意。投保人为与其有劳动关系的劳动者投保人身保险，不得指定被保险人及其近亲属以外的人为受益人。

被保险人为无民事行为能力人或者限制民事行为能力人的，可以由其监护人指定受益人。

第四十条　被保险人或者投保人可以指定一人或者数人为受益人。

受益人为数人的，被保险人或者投保人可以确定受益顺序和受益份额；未确定受益份额的，受益人按照相等份额享有受益权。

第四十一条　被保险人或者投保人可以变更受益人并书面通知保险人。保险人收到变更受益人的书面通知后，应当在保险单或者其他保险凭证上批注或者附贴批单。

投保人变更受益人时须经被保险人同意。

第四十二条　被保险人死亡后，有下列情形之一的，保险金作为被保险人的遗产，由保险人依照《中华人民共和国继承法》的规定履行给付保险金的义务：

（一）没有指定受益人，或者受益人指定不明无法确定的；

（二）受益人先于被保险人死亡，没有其他受益人的；

（三）受益人依法丧失受益权或者放弃受益权，没有其他受益人的。

受益人与被保险人在同一事件中死亡，且不能确定死亡先后顺序的，推定受益人死亡在先。

第四十三条　投保人故意造成被保险人死亡、伤残或者疾病的，保险人不承担给付保险金的责任。投保人已交足二年以上保险费的，保险人应当按照合同约定向其他权利人退还保险单的现金价值。

受益人故意造成被保险人死亡、伤残、疾病的，或者故意杀害被保险人未遂的，该受益人丧失受益权。

第四十四条　以被保险人死亡为给付保险金条件的合同，自合同成立或者合同效力恢复之日起二年内，被保险人自杀的，保险人不承担给付保险金的责任，但被保险人自杀时为无民事行为能力人的除外。

保险人依照前款规定不承担给付保险金责任的，应当按照合同约定退还保险单的现金价值。

第四十五条　因被保险人故意犯罪或者抗拒依法采取的刑事强制措施导致其伤残或者死亡的，保险人不承担给付保险金的责任。投保人已交足二年以上保险费的，保险人应当按照合同约定退还保险单的现金价值。

第四十六条　被保险人因第三者的行为而发生死亡、伤残或者疾病等保险事故的，保险人向被保险人或者受益人给付保险金后，不享有向第三者追偿的权利，但被保险人或者受益人仍有权向第三者请求赔偿。

第四十七条　投保人解除合同的，保险人应当自收到解除合同通知之日起三十日内，按照合同约定退还保险单的现金价值。

第三节　财产保险合同

第四十八条　保险事故发生时，被保险人对保险标的不具有保险利益的，不得向保险人请求赔偿保险金。

第四十九条　保险标的转让的，保险标的的受让人承继被保险人的权利和义务。

保险标的转让的，被保险人或者受让人应当及时通知保险人，但货物运输保险合同和另有约定的合同除外。

因保险标的转让导致危险程度显著增加的，保险人自收到前款规定的通知之日起三十日内，可以按照合同约定增加保险费或者解除合同。保险人解除合同的，应当将已收取的保险费，按照合同约定扣除自保险责任开始之日起至合同解除之日止应收的部分后，退还投保人。

被保险人、受让人未履行本条第二款规定的通知义务的，因转让导致保险标的的危险程度显著增加而发生的保险事故，保险人不承担赔偿保险金的责任。

第五十条　货物运输保险合同和运输工具航程保险合同，保险责任开始后，合同当事人不得解除合同。

第五十一条　被保险人应当遵守国家有关消防、安全、生产操作、劳动保护等方面的规定，维护保险标的的安全。

保险人可以按照合同约定对保险标的的安全状况进行检查，及时向投保人、被保险人提出消除不安全因素和隐患的书面建议。

投保人、被保险人未按照约定履行其对保险标的的安全应尽责任的，保险人有权要求增加保险费或者解除合同。

保险人为维护保险标的的安全，经被保险人同意，可以采取安全预防措施。

第五十二条　在合同有效期内，保险标的的危险程度显著增加的，被保险人应当按照合同约定及时通知保险人，保险人可以按照合同约定增加保险费或者解除合同。保险人解除合同的，应当将已收取的保险费，按照合同约定扣除自保险责任开始之日起至合同解除之日止应收的部分后，退还投保人。

被保险人未履行前款规定的通知义务的，因保险标的的危险程度显著增加而发生的保险事故，保险人不承担赔偿保险金的责任。

第五十三条　有下列情形之一的，除合同另有约定外，保险人应当降低保险费，并按日计算退还相应的保险费：

（一）据以确定保险费率的有关情况发生变化，保险标的的危险程度明显减少的；

（二）保险标的的保险价值明显减少的。

第五十四条　保险责任开始前，投保人要求解除合同的，应当按照合同约定向保险人支付手续费，保险人应当退还保险费。保险责任开始后，投保人要求解除合同的，保险人应当将已收取的保险费，按照合同约定扣除自保险责任开始之日起至合同解除之日止应收的部分后，退还投保人。

第五十五条　投保人和保险人约定保险标的的保险价值并在合同中载明的，保险标的发生损失时，以约定的保险价值为赔偿计算标准。

投保人和保险人未约定保险标的的保险价值的，保险标的发生损失时，以保险事故发生时保险标的的实际价值为赔偿计算标准。

保险金额不得超过保险价值。超过保险价值的，超过部分无效，保险人应当退还相应的保险费。

保险金额低于保险价值的，除合同另有约定外，保险人按照保险金额与保险价值的比例承担赔偿保险金的责任。

第五十六条　重复保险的投保人应当将重复保险的有关情况通知各保险人。

重复保险的各保险人赔偿保险金的总和不得超过保险价值。除合同另有约定外，各保险人按照其保险金额与保险金额总和的比例承担赔偿保险金的责任。

重复保险的投保人可以就保险金额总和超过保险价值的部分，请求各保险人按比例返还保险费。

重复保险是指投保人对同一保险标的、同一保险利益、同一保险事故分别与两个以上保险人订立保险合同，且保险金额总和超过保险价值的保险。

第五十七条　保险事故发生时，被保险人应当尽力采取必要的措施，防止或者减少损失。

保险事故发生后，被保险人为防止或者减少保险标的的损失所支付的必要的、合理的费用，由保险人承担；保险人所承担的费用数额在保险标的损失赔偿金额以外另行计算，最高不超过保险金额的数额。

第五十八条　保险标的发生部分损失的，自保险人赔偿之日起三十日内，投保人可以解除合同；除合同另有约定外，保险人也可以解除合同，但应当提前十五日通知投保人。

合同解除的，保险人应当将保险标的未受损失部分的保险费，按照合同约定扣除自保险责任开始之日起至合同解除之日止应收的部分后，退还投保人。

第五十九条　保险事故发生后，保险人已支付了全部保险金额，并且保险金额等于保险价值的，受损保险标的的全部权利归于保险人；保险金额低于保险价值的，保险人按照保险金额与保险价值的比例取得受损保险标的的部分权利。

第六十条　因第三者对保险标的的损害而造成保险事故的，保险人自向被保险人赔偿保险金之日起，在赔偿金额范围内代位行使被保险人对第三者请求赔偿的权利。

前款规定的保险事故发生后，被保险人已经从第三者取得损害赔偿的，保险人赔偿保险金时，可以相应扣减被保险人从第三者已取得的赔偿金额。

保险人依照本条第一款规定行使代位请求赔偿的权利，不影响被保险人就未取得赔偿的部分向第三者请求赔偿的权利。

第六十一条　保险事故发生后，保险人未赔偿保险金之前，被保险人放弃对第三者请求赔偿的权利的，保险人不承担赔偿保险金的责任。

保险人向被保险人赔偿保险金后，被保险人未经保险人同意放弃对第三者请求赔偿的权利的，该行为无效。

被保险人故意或者因重大过失致使保险人不能行使代位请求赔偿的权利的，保险人可以扣减或者要求返还相应的保险金。

第六十二条　除被保险人的家庭成员或者其组成人员故意造成本法第六十条第一款规定的保险事故外，保险人不得对被保险人的家庭成员或者其组成人员行使代位请求赔偿的权利。

第六十三条　保险人向第三者行使代位请求赔偿的权利时，被保险人应当向保险人提供必要的文件和所知道的有关情况。

第六十四条　保险人、被保险人为查明和确定保险事故的性质、原因和保险标的的损失程度所支付的必要的、合理的费用，由保险人承担。

第六十五条　保险人对责任保险的被保险人给第三者造成的损害，可以依照法律的规定或者合同的约定，直接向该第三者赔偿保险金。

责任保险的被保险人给第三者造成损害，被保险人对第三者应负的赔偿责任确定的，根据被保险人的请求，保险人应当直接向该第三者赔偿保险金。被保险人怠于请求的，第三者有权就其应获赔偿部分直接向保险人请求赔偿保险金。

责任保险的被保险人给第三者造成损害，被保险人未向该第三者赔偿的，保险人不得向被保险人赔偿保险金。

责任保险是指以被保险人对第三者依法应负的赔偿责任为保险标的的保险。

第六十六条　责任保险的被保险人因给第三者造成损害的保险事故而被提起仲裁或者诉讼的，被保险人支付的仲裁或者诉讼费用以及其他必要的、合理的费用，除合同另有约定外，由保险人承担。

第三章　保险公司

第六十七条　设立保险公司应当经国务院保险监督管理机构批准。

国务院保险监督管理机构审查保险公司的设立申请时，应当考虑保险业的发展和公平竞争的需要。

第六十八条　设立保险公司应当具备下列条件：

（一）主要股东具有持续盈利能力，信誉良好，最近三年内无重大违法违规记录，净资产不低于人民币二亿元；

（二）有符合本法和《中华人民共和国公司法》规定的章程；

（三）有符合本法规定的注册资本；

（四）有具备任职专业知识和业务工作经验的董事、监事和高级管理人员；

（五）有健全的组织机构和管理制度；

（六）有符合要求的营业场所和与经营业务有关的其他设施；

（七）法律、行政法规和国务院保险监督管理机构规定的其他条件。

第六十九条　设立保险公司，其注册资本的最低限额为人民币二亿元。

国务院保险监督管理机构根据保险公司的业务范围、经营规模，可以调整其注册资本的最低限额，但不得低于本条第一款规定的限额。

保险公司的注册资本必须为实缴货币资本。

第七十条　申请设立保险公司，应当向国务院保险监督管理机构提出书面申请，并提交下列材料：

（一）设立申请书，申请书应当载明拟设立的保险公司的名称、注册资本、业务范围等；

（二）可行性研究报告；

（三）筹建方案；

（四）投资人的营业执照或者其他背景资料，经会计师事务所审计的上一年度财务会计报告；

（五）投资人认可的筹备组负责人和拟任董事长、经理名单及本人认可证明；

（六）国务院保险监督管理机构规定的其他材料。

第七十一条　国务院保险监督管理机构应当对设立保险公司的申请进行审查，自受理之日起六个月内作出批准或者不批准筹建的决定，并书面通知申请人。决定不批准的，应当书面说明理由。

第七十二条　申请人应当自收到批准筹建通知之日起一年内完成筹建工作；筹建期间不得从事保险经营活动。

第七十三条　筹建工作完成后，申请人具备本法第六十八条规定的设立条件的，可以向国务院保险监督管理机构提出开业申请。

国务院保险监督管理机构应当自受理开业申请之日起六十日内，作出批准或者不批准开业的决定。决定批准的，颁发经营保险业务许可证；决定不批准的，应当书面通知申请人并说明理由。

第七十四条　保险公司在中华人民共和国境内设立分支机构，应当经保险监督管理机构批准。

保险公司分支机构不具有法人资格，其民事责任由保险公司承担。

第七十五条　保险公司申请设立分支机构，应当向保险监督管理机构提出书面申请，并提交下列材料：

（一）设立申请书；

（二）拟设机构三年业务发展规划和市场分析材料；

（三）拟任高级管理人员的简历及相关证明材料；

（四）国务院保险监督管理机构规定的其他材料。

第七十六条　保险监督管理机构应当对保险公司设立分支机构的申请进行审查，自受理之日起六十日内作出批准或者不批准的决定。决定批准的，颁发分支机构经营保险业务许可证；决定不批准的，应当书面通知申请人并说明理由。

第七十七条　经批准设立的保险公司及其分支机构，凭经营保险业务许可证向工商行政管理机关办理登记，领取营业执照。

第七十八条　保险公司及其分支机构自取得经营保险业务许可证之日起六个月内，无正当理由未向工商行政管理机关办理登记的，其经营保险业务许可证失效。

第七十九条　保险公司在中华人民共和国境外设立子公司、分支机构、代表机构，应当经国务院保险监督管理机构批准。

第八十条　外国保险机构在中华人民共和国境内设立代表机构，应当经国务院保险监督管理机构批准。代表机构不得从事保险经营活动。

第八十一条　保险公司的董事、监事和高级管理人员，应当品行良好，熟悉与保险相关的法律、行政法规，具有履行职责所需的经营管理能力，并在任职前取得保险监督管理机构核准的任职资格。

保险公司高级管理人员的范围由国务院保险监督管理机构规定。

第八十二条　有《中华人民共和国公司法》第一百四十七条规定的情形或者下列情形之一的，不得担任保险公司的董事、监事、高级管理人员：

（一）因违法行为或者违纪行为被金融监督管理机构取消任职资格的金融机构的董事、监事、高级管理人员，自被取消任职资格之日起未逾五年的；

（二）因违法行为或者违纪行为被吊销执业资格的律师、注册会计师或者资产评估机构、验证机构等机构的专业人员，自被吊销执业资格之日起未逾五年的。

第八十三条　保险公司的董事、监事、高级管理人员执行公司职务时违反法律、行政法规或者公司章程的规定，给公司造成损失的，应当承担赔偿责任。

第八十四条　保险公司有下列情形之一的，应当经保险监督管理机构批准：

（一）变更名称；

（二）变更注册资本；

（三）变更公司或者分支机构的营业场所；

（四）撤销分支机构；

（五）公司分立或者合并；

（六）修改公司章程；

（七）变更出资额占有限责任公司资本总额百分之五以上的股东，或者变更持有股份有限公司股份百分之五以上的股东；

（八）国务院保险监督管理机构规定的其他情形。

第八十五条　保险公司应当聘用经国务院保险监督管理机构认可的精算专业人员，建立精算报告制度。

保险公司应当聘用专业人员，建立合规报告制度。

第八十六条　保险公司应当按照保险监督管理机构的规定，报送有关报告、报表、文件和资料。

保险公司的偿付能力报告、财务会计报告、精算报告、合规报告及其他有关报告、报表、文件和资料必须如实记录保险业务事项，不得有虚假记载、误导性陈述和重大遗漏。

第八十七条　保险公司应当按照国务院保险监督管理机构的规定妥善保管业务经营活动的完整账簿、原始凭证和有关资料。

前款规定的账簿、原始凭证和有关资料的保管期限，自保险合同终止之日起计算，保险期间在一年以下的不得少于五年，保险期间超过一年的不得少于十年。

第八十八条　保险公司聘请或者解聘会计师事务所、资产评估机构、资信评级机构等中介服务机构，应当向保险监督管理机构报告；解聘会计师事务所、资产评估机构、资信评级机构等中介服务机构，应当说明理由。

第八十九条　保险公司因分立、合并需要解散，或者股东会、股东大会决议解散，或者公司章程规定的解散事由出现，经国务院保险监督管理机构批准后解散。

经营有人寿保险业务的保险公司，除因分立、合并或者被依法撤销外，不得解散。

保险公司解散，应当依法成立清算组进行清算。

第九十条　保险公司有《中华人民共和国企业破产法》第二条规定情形的，经国务院保险监督管理机构同意，保险公司或者其债权人可以依法向人民法院申请重整、和解或者破产清算；国务院保险监督管理机构也可以依法向人民法院申请对该保险公司进行重整或者破产清算。

第九十一条　破产财产在优先清偿破产费用和共益债务后，按照下列顺序清偿：

（一）所欠职工工资和医疗、伤残补助、抚恤费用，所欠应当划入职工个人账户的基本养老保险、基本医疗保险费用，以及法律、行政法规规定应当支付给职工的补偿金；

（二）赔偿或者给付保险金；

（三）保险公司欠缴的除第（一）项规定以外的社会保险费用和所欠税款；

（四）普通破产债权。

破产财产不足以清偿同一顺序的清偿要求的，按照比例分配。

破产保险公司的董事、监事和高级管理人员的工资，按照该公司职工的平均工资计算。

第九十二条　经营有人寿保险业务的保险公司被依法撤销或者被依法宣告破产的，其持有的人寿保险合同及责任准备金，必须转让给其他经营有人寿保险业务的保险公司；不能同其他保险公司达成转让协议的，由国务院保险监督管理机构指定经营有人寿保险业务的保险公司接受转让。

转让或者由国务院保险监督管理机构指定接受转让前款规定的人寿保险合同及责任准备金的，应当维护被保险人、受益人的合法权益。

第九十三条　保险公司依法终止其业务活动，应当注销其经营保险业务许可证。

第九十四条　保险公司，除本法另有规定外，适用《中华人民共和国公司法》的规定。

第四章　保险经营规则

第九十五条　保险公司的业务范围：

（一）人身保险业务，包括人寿保险、健康保险、意外伤害保险等保险业务；

（二）财产保险业务，包括财产损失保险、责任保险、信用保险、保证保险等保险业务；

（三）国务院保险监督管理机构批准的与保险有关的其他业务。

保险人不得兼营人身保险业务和财产保险业务。但是，经营财产保险业务的保险公司经国务院保险监督管理机构批准，可以经营短期健康保险业务和意外伤害保险业务。

保险公司应当在国务院保险监督管理机构依法批准的业务范围内从事保险经营活动。

第九十六条　经国务院保险监督管理机构批准，保险公司可以经营本法第九十五条规定的保险业务的下列再保险业务：

（一）分出保险；

（二）分入保险。

第九十七条　保险公司应当按照其注册资本总额的百分之二十提取保证金，存入国务院保险监督管理机构指定的银行，除公司清算时用于清偿债务外，不得动用。

第九十八条　保险公司应当根据保障被保险人利益、保证偿付能力的原则，提取各项责任准备金。

保险公司提取和结转责任准备金的具体办法，由国务院保险监督管理机构制定。

第九十九条　保险公司应当依法提取公积金。

第一百条　保险公司应当缴纳保险保障基金。

保险保障基金应当集中管理，并在下列情形下统筹使用：

（一）在保险公司被撤销或者被宣告破产时，向投保人、被保险人或者受益人提供救济；

（二）在保险公司被撤销或者被宣告破产时，向依法接受其人寿保险合同的保险公司提供救济；

（三）国务院规定的其他情形。

保险保障基金筹集、管理和使用的具体办法，由国务院制定。

第一百零一条　保险公司应当具有与其业务规模和风险程度相适应的最低偿付能力。保险公司的认可资产减去认可负债的差额不得低于国务院保险监督管理机构规定的数额；低于规定数额的，应当按照国务院保险监督管理机构的要求采取相应措施达到规定的数额。

第一百零二条　经营财产保险业务的保险公司当年自留保险费，不得超过其实有资本金加公积金总和的四倍。

第一百零三条　保险公司对每一危险单位，即对一次保险事故可能造成的最大损失范围所承担的责任，不得超过其实有资本金加公积金总和的百分之十；超过的部分应当办理再保险。

保险公司对危险单位的划分应当符合国务院保险监督管理机构的规定。

第一百零四条　保险公司对危险单位的划分方法和巨灾风险安排方案，应当报国务院保险监督管理机构备案。

第一百零五条　保险公司应当按照国务院保险监督管理机构的规定办理再保险，并审慎选择再保险接受人。

第一百零六条　保险公司的资金运用必须稳健，遵循安全性原则。

保险公司的资金运用限于下列形式：

（一）银行存款；

（二）买卖债券、股票、证券投资基金份额等有价证券；

（三）投资不动产；

（四）国务院规定的其他资金运用形式。

保险公司资金运用的具体管理办法，由国务院保险监督管理机构依照前两款的规定制定。

第一百零七条　经国务院保险监督管理机构会同国务院证券监督管理机构批准，保险公司可以设立保险资产管理公司。

保险资产管理公司从事证券投资活动，应当遵守《中华人民共和国证券法》等法律、行政法规的规定。

保险资产管理公司的管理办法，由国务院保险监督管理机构会同国务院有关部门制定。

第一百零八条　保险公司应当按照国务院保险监督管理机构的规定，建立对关联交易的管理和信息披露制度。

第一百零九条　保险公司的控股股东、实际控制人、董事、监事、高级管理人员不得利用关联交易损害公司的利益。

第一百一十条　保险公司应当按照国务院保险监督管理机构的规定，真实、准确、完整地披露财务会计报告、风险管理状况、保险产品经营情况等重大事项。

第一百一十一条　保险公司从事保险销售的人员应当符合国务院保险监督管理机构规定的资格条件，取得保险监督管理机构颁发的资格证书。

前款规定的保险销售人员的范围和管理办法，由国务院保险监督管理机构规定。

第一百一十二条　保险公司应当建立保险代理人登记管理制度，加强对保险代理人的培训和管理，不得唆使、诱导保险代理人进行违背诚信义务的活动。

第一百一十三条　保险公司及其分支机构应当依法使用经营保险业务许可证，不得转让、出租、出借经营保险业务许可证。

第一百一十四条　保险公司应当按照国务院保险监督管理机构的规定，公平、合理拟订保险条款和保险费率，不得损害投保人、被保险人和受益人的合法权益。

保险公司应当按照合同约定和本法规定，及时履行赔偿或者给付保险金义务。

第一百一十五条　保险公司开展业务，应当遵循公平竞争的原则，不得从事不正当竞争。

第一百一十六条　保险公司及其工作人员在保险业务活动中不得有下列行为：

（一）欺骗投保人、被保险人或者受益人；

（二）对投保人隐瞒与保险合同有关的重要情况；

（三）阻碍投保人履行本法规定的如实告知义务，或者诱导其不履行本法规定的如实告知义务；

（四）给予或者承诺给予投保人、被保险人、受益人保险合同约定以外的保险费回扣或者其他利益；

（五）拒不依法履行保险合同约定的赔偿或者给付保险金义务；

（六）故意编造未曾发生的保险事故、虚构保险合同或者故意夸大已经发生的保险事故的损失程度进行虚假理赔，骗取保险金或者牟取其他不正当利益；

（七）挪用、截留、侵占保险费；

（八）委托未取得合法资格的机构或者个人从事保险销售活动；

（九）利用开展保险业务为其他机构或者个人牟取不正当利益；

（十）利用保险代理人、保险经纪人或者保险评估机构，从事以虚构保险中介业务或者编造退保等方式套取费用等违法活动；

（十一）以捏造、散布虚假事实等方式损害竞争对手的商业信誉，或者以其他不正当竞争行为扰乱保险市场秩序；

（十二）泄露在业务活动中知悉的投保人、被保险人的商业秘密；

（十三）违反法律、行政法规和国务院保险监督管理机构规定的其他行为。

第五章　保险代理人和保险经纪人

第一百一十七条　保险代理人是根据保险人的委托，向保险人收取佣金，并在保险人授权的范围内代为办理保险业务的机构或者个人。

保险代理机构包括专门从事保险代理业务的保险专业代理机构和兼营保险代理业务的保险兼业代理机构。

第一百一十八条　保险经纪人是基于投保人的利益，为投保人与保险人订立保险合同提供中介服务，并依法收取佣金的机构。

第一百一十九条　保险代理机构、保险经纪人应当具备国务院保险监督管理机构规定的条件，取得保险监督管理机构颁发的经营保险代理业务许可证、保险经纪业务许可证。

保险专业代理机构、保险经纪人凭保险监督管理机构颁发的许可证向工商行政管理机关办理登记，领取营业执照。

保险兼业代理机构凭保险监督管理机构颁发的许可证，向工商行政管理机关办理变更登记。

第一百二十条　以公司形式设立保险专业代理机构、保险经纪人，其注册资本最低限额适用《中华人民共和国公司法》的规定。

国务院保险监督管理机构根据保险专业代理机构、保险经纪人的业务范围和经营规模，可以调整其注册资本的最低限额，但不得低于《中华人民共和国公司法》规定的限额。

保险专业代理机构、保险经纪人的注册资本或者出资额必须为实缴货币资本。

第一百二十一条　保险专业代理机构、保险经纪人的高级管理人员，应当品行良好，熟悉保险法律、行政法规，具有履行职责所需的经营管理能力，并在任职前取得保险监督管理机构核准的任职资格。

第一百二十二条　个人保险代理人、保险代理机构的代理从业人员、保险经纪人的经纪从业人员，应当具备国务院保险监督管理机构规定的资格条件，取得保险监督管理机构颁发的资格证书。

第一百二十三条　保险代理机构、保险经纪人应当有自己的经营场所，设立专门账簿记载保险代理业务、经纪业务的收支情况。

第一百二十四条　保险代理机构、保险经纪人应当按照国务院保险监督管理机构的规定缴存保证金或者投保职业责任保险。未经保险监督管理机构批准，保险代理机构、保险经纪人不得动用保证金。

第一百二十五条　个人保险代理人在代为办理人寿保险业务时，不得同时接受两个以上保险人的委托。

第一百二十六条　保险人委托保险代理人代为办理保险业务，应当与保险代理人签订委托代理协议，依法约定双方的权利和义务。

第一百二十七条　保险代理人根据保险人的授权代为办理保险业务的行为，由保险人承担责任。

保险代理人没有代理权、超越代理权或者代理权终止后以保险人名义订立合同，使投保人有理由相信其有代理权的，该代理行为有效。保险人可以依法追究越权的保险代理人的责任。

第一百二十八条　保险经纪人因过错给投保人、被保险人造成损失的，依法承担赔偿责任。

第一百二十九条　保险活动当事人可以委托保险公估机构等依法设立的独立评估

机构或者具有相关专业知识的人员，对保险事故进行评估和鉴定。

接受委托对保险事故进行评估和鉴定的机构和人员，应当依法、独立、客观、公正地进行评估和鉴定，任何单位和个人不得干涉。

前款规定的机构和人员，因故意或者过失给保险人或者被保险人造成损失的，依法承担赔偿责任。

第一百三十条　保险佣金只限于向具有合法资格的保险代理人、保险经纪人支付，不得向其他人支付。

第一百三十一条　保险代理人、保险经纪人及其从业人员在办理保险业务活动中不得有下列行为：

（一）欺骗保险人、投保人、被保险人或者受益人；

（二）隐瞒与保险合同有关的重要情况；

（三）阻碍投保人履行本法规定的如实告知义务，或者诱导其不履行本法规定的如实告知义务；

（四）给予或者承诺给予投保人、被保险人或者受益人保险合同约定以外的利益；

（五）利用行政权力、职务或者职业便利以及其他不正当手段强迫、引诱或者限制投保人订立保险合同；

（六）伪造、擅自变更保险合同，或者为保险合同当事人提供虚假证明材料；

（七）挪用、截留、侵占保险费或者保险金；

（八）利用业务便利为其他机构或者个人牟取不正当利益；

（九）串通投保人、被保险人或者受益人，骗取保险金；

（十）泄露在业务活动中知悉的保险人、投保人、被保险人的商业秘密。

第一百三十二条　保险专业代理机构、保险经纪人分立、合并、变更组织形式、设立分支机构或者解散的，应当经保险监督管理机构批准。

第一百三十三条　本法第八十六条第一款、第一百一十三条的规定，适用于保险代理机构和保险经纪人。

第六章　保险业监督管理

第一百三十四条　保险监督管理机构依照本法和国务院规定的职责，遵循依法、公开、公正的原则，对保险业实施监督管理，维护保险市场秩序，保护投保人、被保险人和受益人的合法权益。

第一百三十五条　国务院保险监督管理机构依照法律、行政法规制定并发布有关保险业监督管理的规章。

第一百三十六条　关系社会公众利益的保险险种、依法实行强制保险的险种和新开发的人寿保险险种等的保险条款和保险费率，应当报国务院保险监督管理机构批准。国务院保险监督管理机构审批时，应当遵循保护社会公众利益和防止不正当竞争的原则。其他保险险种的保险条款和保险费率，应当报保险监督管理机构备案。

保险条款和保险费率审批、备案的具体办法，由国务院保险监督管理机构依照前款规定制定。

第一百三十七条　保险公司使用的保险条款和保险费率违反法律、行政法规或者国务院保险监督管理机构的有关规定的，由保险监督管理机构责令停止使用，限期修改；情节严重的，可以在一定期限内禁止申报新的保险条款和保险费率。

第一百三十八条　国务院保险监督管理机构应当建立健全保险公司偿付能力监管体系，对保险公司的偿付能力实施监控。

第一百三十九条　对偿付能力不足的保险公司，国务院保险监督管理机构应当将其列为重点监管对象，并可以根据具体情况采取下列措施：

（一）责令增加资本金、办理再保险；

（二）限制业务范围；

（三）限制向股东分红；

（四）限制固定资产购置或者经营费用规模；

（五）限制资金运用的形式、比例；

（六）限制增设分支机构；

（七）责令拍卖不良资产、转让保险业务；

（八）限制董事、监事、高级管理人员的薪酬水平；

（九）限制商业性广告；

（十）责令停止接受新业务。

第一百四十条　保险公司未依照本法规定提取或者结转各项责任准备金，或者未依照本法规定办理再保险，或者严重违反本法关于资金运用的规定的，由保险监督管理机构责令限期改正，并可以责令调整负责人及有关管理人员。

第一百四十一条　保险监督管理机构依照本法第一百四十条的规定作出限期改正的决定后，保险公司逾期未改正的，国务院保险监督管理机构可以决定选派保险专业人员和指定该保险公司的有关人员组成整顿组，对公司进行整顿。

整顿决定应当载明被整顿公司的名称、整顿理由、整顿组成员和整顿期限，并予以公告。

第一百四十二条　整顿组有权监督被整顿保险公司的日常业务。被整顿公司的负责人及有关管理人员应当在整顿组的监督下行使职权。

第一百四十三条　整顿过程中，被整顿保险公司的原有业务继续进行。但是，国务院保险监督管理机构可以责令被整顿公司停止部分原有业务、停止接受新业务，调整资金运用。

第一百四十四条　被整顿保险公司经整顿已纠正其违反本法规定的行为，恢复正常经营状况的，由整顿组提出报告，经国务院保险监督管理机构批准，结束整顿，并由国务院保险监督管理机构予以公告。

第一百四十五条　保险公司有下列情形之一的，国务院保险监督管理机构可以对其实行接管：

（一）公司的偿付能力严重不足的；

（二）违反本法规定，损害社会公共利益，可能严重危及或者已经严重危及公司的偿付能力的。

被接管的保险公司的债权债务关系不因接管而变化。

第一百四十六条　接管组的组成和接管的实施办法，由国务院保险监督管理机构决定，并予以公告。

第一百四十七条　接管期限届满，国务院保险监督管理机构可以决定延长接管期限，但接管期限最长不得超过二年。

第一百四十八条　接管期限届满，被接管的保险公司已恢复正常经营能力的，由国务院保险监督管理机构决定终止接管，并予以公告。

第一百四十九条　被整顿、被接管的保险公司有《中华人民共和国企业破产法》第二条规定情形的，国务院保险监督管理机构可以依法向人民法院申请对该保险公司进行重整或者破产清算。

第一百五十条　保险公司因违法经营被依法吊销经营保险业务许可证的，或者偿付能力低于国务院保险监督管理机构规定标准，不予撤销将严重危害保险市场秩序、损害公共利益的，由国务院保险监督管理机构予以撤销并公告，依法及时组织清算组进行清算。

第一百五十一条　国务院保险监督管理机构有权要求保险公司股东、实际控制人在指定的期限内提供有关信息和资料。

第一百五十二条　保险公司的股东利用关联交易严重损害公司利益，危及公司偿付能力的，由国务院保险监督管理机构责令改正。在按照要求改正前，国务院保险监督管理机构可以限制其股东权利；拒不改正的，可以责令其转让所持的保险公司股权。

第一百五十三条　保险监督管理机构根据履行监督管理职责的需要，可以与保险公司董事、监事和高级管理人员进行监督管理谈话，要求其就公司的业务活动和风险管理的重大事项作出说明。

第一百五十四条　保险公司在整顿、接管、撤销清算期间，或者出现重大风险时，国务院保险监督管理机构可以对该公司直接负责的董事、监事、高级管理人员和其他直接责任人员采取以下措施：

（一）通知出境管理机关依法阻止其出境；

（二）申请司法机关禁止其转移、转让或者以其他方式处分财产，或者在财产上设定其他权利。

第一百五十五条　保险监督管理机构依法履行职责，可以采取下列措施：

（一）对保险公司、保险代理人、保险经纪人、保险资产管理公司、外国保险机构的代表机构进行现场检查；

（二）进入涉嫌违法行为发生场所调查取证；

（三）询问当事人及与被调查事件有关的单位和个人，要求其对与被调查事件有关的事项作出说明；

（四）查阅、复制与被调查事件有关的财产权登记等资料；

（五）查阅、复制保险公司、保险代理人、保险经纪人、保险资产管理公司、外国保险机构的代表机构以及与被调查事件有关的单位和个人的财务会计资料及其他相关文件和资料，对可能被转移、隐匿或者毁损的文件和资料予以封存；

（六）查询涉嫌违法经营的保险公司、保险代理人、保险经纪人、保险资产管理公司、外国保险机构的代表机构以及与涉嫌违法事项有关的单位和个人的银行账户；

（七）对有证据证明已经或者可能转移、隐匿违法资金等涉案财产或者隐匿、伪造、毁损重要证据的，经保险监督管理机构主要负责人批准，申请人民法院予以冻结或者查封。

保险监督管理机构采取前款第（一）项、第（二）项、第（五）项措施的，应当经保险监督管理机构负责人批准；采取第（六）项措施的，应当经国务院保险监督管理机构负责人批准。

保险监督管理机构依法进行监督检查或者调查，其监督检查、调查的人员不得少于二人，并应当出示合法证件和监督检查、调查通知书；监督检查、调查的人员少于二人或者未出示合法证件和监督检查、调查通知书的，被检查、调查的单位和个人有权拒绝。

第一百五十六条　保险监督管理机构依法履行职责，被检查、调查的单位和个人应当配合。

第一百五十七条　保险监督管理机构工作人员应当忠于职守，依法办事，公正廉洁，不得利用职务便利牟取不正当利益，不得泄露所知悉的有关单位和个人的商业秘密。

第一百五十八条　国务院保险监督管理机构应当与中国人民银行、国务院其他金融监督管理机构建立监督管理信息共享机制。

保险监督管理机构依法履行职责，进行监督检查、调查时，有关部门应当予以配合。

第七章　法律责任

第一百五十九条　违反本法规定，擅自设立保险公司、保险资产管理公司或者非法经营商业保险业务的，由保险监督管理机构予以取缔，没收违法所得，并处违法所得一倍以上五倍以下的罚款；没有违法所得或者违法所得不足二十万元的，处二十万元以上一百万元以下的罚款。

第一百六十条　违反本法规定，擅自设立保险专业代理机构、保险经纪人，或者未取得经营保险代理业务许可证、保险经纪业务许可证从事保险代理业务、保险经纪业务的，由保险监督管理机构予以取缔，没收违法所得，并处违法所得一倍以上五倍以下的罚款；没有违法所得或者违法所得不足五万元的，处五万元以上三十万元以下的罚款。

第一百六十一条　保险公司违反本法规定，超出批准的业务范围经营的，由保险监督管理机构责令限期改正，没收违法所得，并处违法所得一倍以上五倍以下的罚款；没有违法所得或者违法所得不足十万元的，处十万元以上五十万元以下的罚款。逾期不改正或者造成严重后果的，责令停业整顿或者吊销业务许可证。

第一百六十二条　保险公司有本法第一百一十六条规定行为之一的，由保险监督管理机构责令改正，处五万元以上三十万元以下的罚款；情节严重的，限制其业务范围、责令停止接受新业务或者吊销业务许可证。

第一百六十三条　保险公司违反本法第八十四条规定的，由保险监督管理机构责令改正，处一万元以上十万元以下的罚款。

第一百六十四条　保险公司违反本法规定，有下列行为之一的，由保险监督管理机构责令改正，处五万元以上三十万元以下的罚款：

（一）超额承保，情节严重的；

（二）为无民事行为能力人承保以死亡为给付保险金条件的保险的。

第一百六十五条　违反本法规定，有下列行为之一的，由保险监督管理机构责令改正，处五万元以上三十万元以下的罚款；情节严重的，可以限制其业务范围、责令停止接受新业务或者吊销业务许可证：

（一）未按照规定提存保证金或者违反规定动用保证金的；

（二）未按照规定提取或者结转各项责任准备金的；

（三）未按照规定缴纳保险保障基金或者提取公积金的；

（四）未按照规定办理再保险的；

（五）未按照规定运用保险公司资金的；

（六）未经批准设立分支机构或者代表机构的；

（七）未按照规定申请批准保险条款、保险费率的。

第一百六十六条　保险代理机构、保险经纪人有本法第一百三十一条规定行为之一的，由保险监督管理机构责令改正，处五万元以上三十万元以下的罚款；情节严重的，吊销业务许可证。

第一百六十七条　保险代理机构、保险经纪人违反本法规定，有下列行为之一的，由保险监督管理机构责令改正，处二万元以上十万元以下的罚款；情节严重的，责令停业整顿或者吊销业务许可证：

（一）未按照规定缴存保证金或者投保职业责任保险的；

（二）未按照规定设立专门账簿记载业务收支情况的。

第一百六十八条　保险专业代理机构、保险经纪人违反本法规定，未经批准设立分支机构或者变更组织形式的，由保险监督管理机构责令改正，处一万元以上五万元以下的罚款。

第一百六十九条　违反本法规定，聘任不具有任职资格、从业资格的人员的，由保险监督管理机构责令改正，处二万元以上十万元以下的罚款。

第一百七十条　违反本法规定，转让、出租、出借业务许可证的，由保险监督管理机构处一万元以上十万元以下的罚款；情节严重的，责令停业整顿或者吊销业务许可证。

第一百七十一条　违反本法规定，有下列行为之一的，由保险监督管理机构责令限期改正；逾期不改正的，处一万元以上十万元以下的罚款：

（一）未按照规定报送或者保管报告、报表、文件、资料的，或者未按照规定提供有关信息、资料的；

（二）未按照规定报送保险条款、保险费率备案的；

（三）未按照规定披露信息的。

第一百七十二条　违反本法规定，有下列行为之一的，由保险监督管理机构责令改正，处十万元以上五十万元以下的罚款；情节严重的，可以限制其业务范围、责令停止接受新业务或者吊销业务许可证：

（一）编制或者提供虚假的报告、报表、文件、资料的；

（二）拒绝或者妨碍依法监督检查的；

（三）未按照规定使用经批准或者备案的保险条款、保险费率的。

第一百七十三条　保险公司、保险资产管理公司、保险专业代理机构、保险经纪人违反本法规定的，保险监督管理机构除分别依照本法第一百六十一条至第一百七十二条的规定对该单位给予处罚外，对其直接负责的主管人员和其他直接责任人员给予警告，并处一万元以上十万元以下的罚款；情节严重的，撤销任职资格或者从业资格。

第一百七十四条　个人保险代理人违反本法规定的，由保险监督管理机构给予警告，可以并处二万元以下的罚款；情节严重的，处二万元以上十万元以下的罚款，并可以吊销其资格证书。

未取得合法资格的人员从事个人保险代理活动的，由保险监督管理机构给予警告，可以并处二万元以下的罚款；情节严重的，处二万元以上十万元以下的罚款。

第一百七十五条　外国保险机构未经国务院保险监督管理机构批准，擅自在中华人民共和国境内设立代表机构的，由国务院保险监督管理机构予以取缔，处五万元以上三十万元以下的罚款。

外国保险机构在中华人民共和国境内设立的代表机构从事保险经营活动的，由保险监督管理机构责令改正，没收违法所得，并处违法所得一倍以上五倍以下的罚款；没有违法所得或者违法所得不足二十万元的，处二十万元以上一百万元以下的罚款；对其首席代表可以责令撤换；情节严重的，撤销其代表机构。

第一百七十六条　投保人、被保险人或者受益人有下列行为之一，进行保险诈骗活动，尚不构成犯罪的，依法给予行政处罚：

（一）投保人故意虚构保险标的，骗取保险金的；

（二）编造未曾发生的保险事故，或者编造虚假的事故原因或者夸大损失程度，骗取保险金的；

（三）故意造成保险事故，骗取保险金的。

保险事故的鉴定人、评估人、证明人故意提供虚假的证明文件，为投保人、被保险人或者受益人进行保险诈骗提供条件的，依照前款规定给予处罚。

第一百七十七条　违反本法规定，给他人造成损害的，依法承担民事责任。

第一百七十八条　拒绝、阻碍保险监督管理机构及其工作人员依法行使监督检查、调查职权，未使用暴力、威胁方法的，依法给予治安管理处罚。

第一百七十九条　违反法律、行政法规的规定，情节严重的，国务院保险监督管理机构可以禁止有关责任人员一定期限直至终身进入保险业。

第一百八十条　保险监督管理机构从事监督管理工作的人员有下列情形之一的，依法给予处分：

（一）违反规定批准机构的设立的；

（二）违反规定进行保险条款、保险费率审批的；

（三）违反规定进行现场检查的；

（四）违反规定查询账户或者冻结资金的；

（五）泄露其知悉的有关单位和个人的商业秘密的；

（六）违反规定实施行政处罚的；

（七）滥用职权、玩忽职守的其他行为。

第一百八十一条　违反本法规定，构成犯罪的，依法追究刑事责任。

第八章　附　　则

第一百八十二条　保险公司应当加入保险行业协会。保险代理人、保险经纪人、保险公估机构可以加入保险行业协会。

保险行业协会是保险业的自律性组织，是社会团体法人。

第一百八十三条　保险公司以外的其他依法设立的保险组织经营的商业保险业务，适用本法。

第一百八十四条　海上保险适用《中华人民共和国海商法》的有关规定；《中华人民共和国海商法》未规定的，适用本法的有关规定。

第一百八十五条　中外合资保险公司、外资独资保险公司、外国保险公司分公司适用本法规定；法律、行政法规另有规定的，适用其规定。

第一百八十六条　国家支持发展为农业生产服务的保险事业。农业保险由法律、行政法规另行规定。

强制保险，法律、行政法规另有规定的，适用其规定。

第一百八十七条　本法自 2009 年 10 月 1 日起施行。

附录2：机动车交通事故责任强制保险条款

最新版本的交强险条款于2008年2月1日实施

机动车交通事故责任强制保险条款

总 则

第一条 根据《中华人民共和国道路交通安全法》、《中华人民共和国保险法》、《机动车交通事故责任强制保险条例》等法律、行政法规，制定本条款。

第二条 机动车交通事故责任强制保险（以下简称交强险）合同由本条款与投保单、保险单、批单和特别约定共同组成。凡与交强险合同有关的约定，都应当采用书面形式。

第三条 交强险费率实行与被保险机动车道路交通安全违法行为、交通事故记录相联系的浮动机制。

签订交强险合同时，投保人应当一次支付全部保险费。保险费按照中国保险监督管理委员会（以下简称保监会）批准的交强险费率计算。

定 义

第四条 交强险合同中的被保险人是指投保人及其允许的合法驾驶人。

投保人是指与保险人订立交强险合同，并按照合同负有支付保险费义务的机动车的所有人、管理人。

第五条 交强险合同中的受害人是指因被保险机动车发生交通事故遭受人身伤亡或者财产损失的人，但不包括被保险机动车本车车上人员、被保险人。

第六条 交强险合同中的责任限额是指被保险机动车发生交通事故，保险人对每次保险事故所有受害人的人身伤亡和财产损失所承担的最高赔偿金额。责任限额分为死亡伤残赔偿限额、医疗费用赔偿限额、财产损失赔偿限额以及被保险人在道路交通事故中无责任的赔偿限额。其中无责任的赔偿限额分为无责任死亡伤残赔偿限额、无责任医疗费用赔偿限额以及无责任财产损失赔偿限额。

第七条 交强险合同中的抢救费用是指被保险机动车发生交通事故导致受害人受伤时，医疗机构对生命体征不平稳和虽然生命体征平稳但如果不采取处理措施会产生生命危险，或者导致残疾、器官功能障碍，或者导致病程明显延长的受害人，参照国务院卫生主管部门组织制定的交通事故人员创伤临床诊疗指南和国家基本医疗保险标准，采取必要的处理措施所发生的医疗费用。

保险责任

第八条 在中华人民共和国境内（不含港、澳、台地区），被保险人在使用被保险机动车过程中发生交通事故，致使受害人遭受人身伤亡或者财产损失，依法应当由被保险人承担的损害赔偿责任，保险人按照交强险合同的约定对每次事故在下列赔偿限额内负责赔偿：

（一）死亡伤残赔偿限额为110 000元。

（二）医疗费用赔偿限额为10 000元。

（三）财产损失赔偿限额为2000元。

（四）被保险人无责任时，无责任死亡伤残赔偿限额为11 000元；无责任医疗费用赔偿限额为1000元；无责任财产损失赔偿限额为100元。

死亡伤残赔偿限额和无责任死亡伤残赔偿限额项下负责赔偿丧葬费、死亡补偿费、受害人亲属办理丧葬事宜支出的交通费用、残疾赔偿金、残疾辅助器具费、护理费、康复费、交通费、被扶养人生活费、住宿费、误工费，被保险人依照法院判决或者调解承担的精神损害抚慰金。

医疗费用赔偿限额和无责任医疗费用赔偿限额项下负责赔偿医药费、诊疗费、住院费、住院伙食补助费，必要的、合理的后续治疗费、整容费、营养费。

垫付与追偿

第九条　被保险机动车在本条（一）至（四）之一的情形下发生交通事故，造成受害人受伤需要抢救的，保险人在接到公安机关交通管理部门的书面通知和医疗机构出具的抢救费用清单后，按照国务院卫生主管部门组织制定的交通事故人员创伤临床诊疗指南和国家基本医疗保险标准进行核实。对于符合规定的抢救费用，保险人在医疗费用赔偿限额内垫付。被保险人在交通事故中无责任的，保险人在无责任医疗费用赔偿限额内垫付。对于其他损失和费用，保险人不负责垫付和赔偿。

（一）驾驶人未取得驾驶资格的；

（二）驾驶人醉酒的；

（三）被保险机动车被盗抢期间肇事的；

（四）被保险人故意制造交通事故的。

对于垫付的抢救费用，保险人有权向致害人追偿。

责任免除

第十条　下列损失和费用，交强险不负责赔偿和垫付：

（一）因受害人故意造成的交通事故的损失；

（二）被保险人所有的财产及被保险机动车上的财产遭受的损失；

（三）被保险机动车发生交通事故，致使受害人停业、停驶、停电、停水、停气、停产、通讯或者网络中断、数据丢失、电压变化等造成的损失以及受害人财产因市场价格变动造成的贬值、修理后因价值降低造成的损失等其他各种间接损失；

（四）因交通事故产生的仲裁或者诉讼费用以及其他相关费用。

保险期间

第十一条　除国家法律、行政法规另有规定外，交强险合同的保险期间为一年，以保险单载明的起止时间为准。

投保人、被保险人义务

第十二条　投保人投保时，应当如实填写投保单，向保险人如实告知重要事项，并提供被保险机动车的行驶证和驾驶证复印件。重要事项包括机动车的种类、厂牌型号、识别代码、号牌号码、使用性质和机动车所有人或者管理人的姓名（名称）、性别、年龄、住所、身份证或者驾驶证号码（组织机构代码）、续保前该机动车发生事故的情况以及保监会规定的其他事项。

投保人未如实告知重要事项，对保险费计算有影响的，保险人按照保单年度重新核定保险费计收。

第十三条　签订交强险合同时，投保人不得在保险条款和保险费率之外，向保险人提出附加其他条件的要求。

第十四条　投保人续保的，应当提供被保险机动车上一年度交强险的保险单。

第十五条　在保险合同有效期内，被保险机动车因改装、加装、使用性质改变等导致危险程度增加的，被保险人应当及时通知保险人，并办理批改手续。否则，保险人按照保单年度重新核定保险费计收。

第十六条　被保险机动车发生交通事故，被保险人应当及时采取合理、必要的施救和保护措施，并在事故发生后及时通知保险人。

第十七条　发生保险事故后，被保险人应当积极协助保险人进行现场查勘和事故调查。

发生与保险赔偿有关的仲裁或者诉讼时，被保险人应当及时书面通知保险人。

赔偿处理

第十八条　被保险机动车发生交通事故的，由被保险人向保险人申请赔偿保险金。被保险人索赔时，应当向保险人提供以下材料：

（一）交强险的保险单；

（二）被保险人出具的索赔申请书；

（三）被保险人和受害人的有效身份证明、被保险机动车行驶证和驾驶人的驾驶证；

（四）公安机关交通管理部门出具的事故证明，或者人民法院等机构出具的有关法律文书及其他证明；

（五）被保险人根据有关法律法规规定选择自行协商方式处理交通事故的，应当提供依照《交通事故处理程序规定》规定的记录交通事故情况的协议书；

（六）受害人财产损失程度证明、人身伤残程度证明、相关医疗证明以及有关损失清单和费用单据；

（七）其他与确认保险事故的性质、原因、损失程度等有关的证明和资料。

第十九条　保险事故发生后，保险人按照国家有关法律法规规定的赔偿范围、项目和标准以及交强险合同的约定，并根据国务院卫生主管部门组织制定的交通事故人员创伤临床诊疗指南和国家基本医疗保险标准，在交强险的责任限额内核定人身伤亡的赔偿金额。

第二十条　因保险事故造成受害人人身伤亡的，未经保险人书面同意，被保险人自行承诺或支付的赔偿金额，保险人在交强险责任限额内有权重新核定。

因保险事故损坏的受害人财产需要修理的，被保险人应当在修理前会同保险人检验，协商确定修理或者更换项目、方式和费用。否则，保险人在交强险责任限额内有权重新核定。

第二十一条　被保险机动车发生涉及受害人受伤的交通事故，因抢救受害人需要保险人支付抢救费用的，保险人在接到公安机关交通管理部门的书面通知和医疗机构出具的抢救费用清单后，按照国务院卫生主管部门组织制定的交通事故人员创伤临床诊疗指南和国家基本医疗保险标准进行核实。对于符合规定的抢救费用，保险人在医疗费用赔偿限额内支付。被保险人在交通事故中无责任的，保险人在无责任医疗费用赔偿限额内支付。

合同变更与终止

第二十二条　在交强险合同有效期内，被保险机动车所有权发生转移的，投保人应当及时通知保险人，并办理交强险合同变更手续。

第二十三条　在下列三种情况下，投保人可以要求解除交强险合同：

（一）被保险机动车被依法注销登记的；

（二）被保险机动车办理停驶的；

（三）被保险机动车经公安机关证实丢失的。

交强险合同解除后，投保人应当及时将保险单、保险标志交还保险人；无法交回保险标志的，应当向保险人说明情况，征得保险人同意。

第二十四条　发生《机动车交通事故责任强制保险条例》所列明的投保人、保险人解除交强险合同的情况时，保险人按照日费率收取自保险责任开始之日起至合同解除之日止期间的保险费。

附　则

第二十五条　因履行交强险合同发生争议的，由合同当事人协商解决。

协商不成的，提交保险单载明的仲裁委员会仲裁。保险单未载明仲裁机构或者争议发生后未达成仲裁协议的，可以向人民法院起诉。

第二十六条　交强险合同争议处理适用中华人民共和国法律。

第二十七条　本条款未尽事宜，按照《机动车交通事故责任强制保险条例》执行。

附录3：中国保险行业协会机动车辆商业保险示范条款

2012年3月14日，中国保险行业协会（以下简称协会）正式发布《机动车辆商业保险示范条款》（以下简称《示范条款》），为保险公司提供了商业车险条款行业范本。范本的发布有利于规范保险公司的承保理赔行为。行业条款由总则、第一章 机动车损失保险、第二章 机动车第三者责任保险、第三章 机动车车上人员责任保险、第四章 机动车全车盗抢保险、第五章 通用条款组成。本附录选登总则、第一章、第二章的内容。

总 则

第一条　本保险条款分为主险、附加险。

主险包括机动车损失保险、机动车第三者责任保险、机动车车上人员责任保险、机动车全车盗抢保险共四个独立的险种，投保人可以选择投保全部险种，也可以选择投保其中部分险种。

附加险不能独立投保。附加险条款与主险条款相抵触之处，以附加险条款为准，附加险条款未尽之处，以主险条款为准。

保险人按照承保险种分别承担保险责任。

第二条　本保险合同中的被保险机动车是指在中华人民共和国境内（不含港、澳、台地区）行驶，以动力装置驱动或者牵引，上道路行驶的供人员乘用或者用于运送物品以及进行专项作业的轮式车辆（含挂车）、履带式车辆和其他运载工具，但不包括摩托车、拖拉机、特种车。

第三条　本保险合同中的第三者是指因被保险机动车发生意外事故遭受人身伤亡或者财产损失的人，但不包括被保险机动车本车车上人员、被保险人。

第四条　本保险合同中的车上人员是指发生意外事故的瞬间，在被保险机动车车体内或车体上的人员，包括正在上下车的人员。

第五条　除本保险合同另有约定外，投保人应在保险合同成立时一次交清保险费。保险费未交清前，本保险合同不生效。

第一章　机动车损失保险

保险责任

第六条　保险期间内，被保险人或其允许的合法驾驶人在使用被保险机动车过程中，因下列原因造成被保险机动车的直接损失，保险人依照本保险合同的约定负责赔偿：

（一）碰撞、倾覆、坠落；

（二）火灾、爆炸；

（三）外界物体坠落、倒塌；

（四）雷击、暴风、暴雨、洪水、龙卷风、冰雹、台风、热带风暴；

（五）地陷、崖崩、滑坡、泥石流、雪崩、冰陷、暴雪、冰凌、沙尘暴；

（六）受到被保险机动车所载货物、车上人员意外撞击；

（七）载运被保险机动车的渡船遭受自然灾害（只限于驾驶人随船的情形）。

第七条　发生保险事故时，被保险人或其允许的合法驾驶人为防止或者减少被保险机动车的损失所支付的必要的、合理的施救费用，由保险人承担；施救费用数额在被保险机动车损失赔偿金额以外另行计算，最高不超过保险金额的数额。

责任免除

第八条　在上述保险责任范围内，下列情况下，不论任何原因造成被保险机动车的任何损失和费用，保险人均不负责赔偿：

（一）事故发生后，被保险人或其允许的驾驶人在未依法采取措施的情况下驾驶被保险机动车或者遗弃被保险机动车逃离事故现场，或故意破坏、伪造现场、毁灭证据；

（二）驾驶人有下列情形之一者：

1. 饮酒、吸食或注射毒品、服用国家管制的精神药品或者麻醉药品；

2. 无驾驶证，驾驶证被依法扣留、暂扣、吊销、注销期间；

3. 驾驶与驾驶证载明的准驾车型不相符合的机动车；

4. 实习期内驾驶公共汽车、营运客车或者执行任务的警车、载有危险物品的机动车或牵引挂车的机动车；

5. 驾驶出租机动车或营业性机动车无交通运输管理部门核发的许可证书或其他必备证书；

6. 学习驾驶时无合法教练员随车指导；

7. 非被保险人允许的驾驶人。

（三）被保险机动车有下列情形之一者：

1. 发生保险事故时被保险机动车行驶证、号牌被注销的，或未按规定检验或检验不合格；

2. 被扣押、收缴、没收、政府征用期间；

3. 在竞赛、测试期间，在营业性场所维修、保养、改装期间；

4. 被利用从事犯罪行为。

第九条　下列原因导致的被保险机动车的损失和费用，保险人不负责赔偿：

（一）地震及其次生灾害；

（二）战争、军事冲突、恐怖活动、暴乱、污染（含放射性污染）、核反应、核辐射；

（三）人工直接供油、高温烘烤、自燃、不明原因火灾；

（四）被保险机动车被转让、改装、加装或改变使用性质等，导致被保险机动车危险程度显著增加，且被保险人、受让人未及时通知保险人；

（五）被保险人或其允许的驾驶人的故意行为。

第十条　下列损失和费用，保险人不负责赔偿：

（一）因市场价格变动造成的贬值、修理后因价值降低引起的减值损失；

（二）被保险机动车全车被盗窃、被抢劫、被抢夺、下落不明，以及在此期间受到的损坏，或被盗窃、被抢劫、被抢夺未遂受到的损坏，或车上零部件、附属设备丢失；

（三）自然磨损、朽蚀、腐蚀、故障、本身质量缺陷；

（四）车轮单独损坏，玻璃单独破碎，无明显碰撞痕迹的车身划痕，以及新增设备的损失；

（五）发动机进水后导致的发动机损坏；

（六）遭受保险责任范围内的损失后，未经必要修理并检验合格继续使用，致使损失扩大的部分；

（七）投保人、被保险人或其允许的驾驶人知道保险事故发生后，故意或者因重大过失未及时通知，致使保险事故的性质、原因、损失程度等难以确定的，保险人对无法确定的部分，不承担赔偿责任，但保险人通过其他途径已经及时知道或者应当及时知道保险事故发生的除外；

（八）因被保险人违反本条款第十六条规定，导致无法确定的损失。

第十一条　保险人在依据本保险合同约定计算赔款的基础上，按照下列方式免赔：

（一）被保险机动车一方负次要事故责任的，实行5%的事故责任免赔率；负同等事故责任的，实行10%的事故责任免赔率；负主要事故责任的，实行15%的事故责任免赔率；负全部事故责任或单方肇事事故的，实行20%的事故责任免赔率；

（二）被保险机动车的损失应当由第三方负责赔偿，无法找到第三方的，实行30%的绝对免赔率；

（三）因违反安全装载规定导致保险事故发生的，保险人不承担赔偿责任；违反安全装载规定、但不是事故发生的直接原因的，增加10%的绝对免赔率；

（四）投保时指定驾驶人，保险事故发生时为非指定驾驶人使用被保险机动车的，增加10%的绝对免赔率；

（五）投保时约定行驶区域，保险事故发生在约定行驶区域以外的，增加10%的绝对免赔率；

（六）对于投保人与保险人在投保时协商确定绝对免赔额的，本保险在实行免赔率的基础上增加每次事故绝对免赔额。

保险金额

第十二条　保险金额按投保时被保险机动车的实际价值确定。

投保时被保险机动车的实际价值由投保人与保险人根据投保时的新车购置价减去折旧金额后的价格协商确定或其他市场公允价值协商确定。

折旧金额可根据本保险合同列明的参考折旧系数表确定。

赔偿处理

第十三条　发生保险事故时，被保险人或其允许的合法驾驶人应当及时采取合理的、必要的施救和保护措施，防止或者减少损失，并在保险事故发生后48小时内通知保险人。被保险人或其允许的合法驾驶人根据有关法律法规规定选择自行协商方式处理交通事故的，应当立即通知保险人。

第十四条　被保险人或其允许的合法驾驶人根据有关法律法规规定选择自行协商方式处理交通事故的，应当协助保险人勘验事故各方车辆、核实事故责任，并依照《道路交通事故处理程序规定》签订记录交通事故情况的协议书。

第十五条　被保险人索赔时，应当向保险人提供与确认保险事故的性质、原因、损失程度等有关的证明和资料。

被保险人应当提供保险单、损失清单、有关费用单据、被保险机动车行驶证和发生事故时驾驶人的驾驶证。

属于道路交通事故的，被保险人应当提供公安机关交通管理部门或法院等机构出具的事故证明、有关的法律文书（判决书、调解书、裁定书、裁决书等）及其他证明。被保险人或其允许的合法驾驶人根据有关法律法规规定选择自行协商方式处理交通事故的，被保险人应当提供依照《道路交通事故处理程序规定》签订记录交通事故情况的协议书。

第十六条　因保险事故损坏的被保险机动车，应当尽量修复。修理前被保险人应当会同保险人检验，协商确定修理项目、方式和费用。对未协商确定的，保险人可以重新核定。

第十七条　被保险机动车遭受损失后的残余部分由保险人、被保险人协商处理。如折归被保险人的，由双方协商确定其价值并在赔款中扣除。

第十八条　因第三方对被保险机动车的损害而造成保险事故，被保险人向第三方索赔的，保险人应积极协助；被保险人也可以直接向本保险人索赔，保险人在保险金额内先行赔付被保险人，并在赔偿金额内代位行使被保险人对第三方请求赔偿的权利。

被保险人已经从第三方取得损害赔偿的，保险人进行赔偿时，相应扣减被保险人从第三方已取得的赔偿金额。

保险人未赔偿之前，被保险人放弃对第三方请求赔偿的权利的，保险人不承担赔偿责任。

被保险人故意或者因重大过失致使保险人不能行使代位请求赔偿的权利的，保险人可以扣减或者要求返还相应的赔款。

保险人向被保险人先行赔付的，保险人向第三方行使代位请求赔偿的权利时，被保险人应当向保险人提供必要的文件和所知道的有关情况。

第十九条　机动车损失赔款按以下方法计算：

（一）全部损失

赔款＝（保险金额－被保险人已从第三方获得的赔偿金额）×（1－事故责任免赔率）×（1－绝对免赔率之和）－绝对免赔额

（二）部分损失

被保险机动车发生部分损失，保险人按实际修复费用在保险金额内计算赔偿：

赔款 =（实际修复费用 - 被保险人已从第三方获得的赔偿金额）×（1 - 事故责任免赔率）×（1 - 绝对免赔率之和）- 绝对免赔额

（三）施救费

施救的财产中，含有本保险合同未保险的财产，应按本保险合同保险财产的实际价值占总施救财产的实际价值比例分摊施救费用。

第二十条　保险人受理报案、现场查勘、核定损失、参与诉讼、进行抗辩、要求被保险人提供证明和资料、向被保险人提供专业建议等行为，均不构成保险人对赔偿责任的承诺。

第二十一条　被保险机动车发生本保险事故，导致全部损失，或一次赔款金额与免赔金额之和（不含施救费）达到保险金额，保险人按本保险合同约定支付赔款后，本保险责任终止，保险人不退还机动车损失保险及其附加险的保险费。

第二章　机动车第三者责任保险

保险责任

第二十二条　保险期间内，被保险人或其允许的合法驾驶人在使用被保险机动车过程中发生意外事故，致使第三者遭受人身伤亡或财产直接损毁，依法应当对第三者承担的损害赔偿责任，保险人依照本保险合同的约定，对于超过机动车交通事故责任强制保险各分项赔偿限额的部分负责赔偿。

第二十三条　保险人依据被保险机动车一方在事故中所负的事故责任比例，承担相应的赔偿责任。

被保险人或被保险机动车一方根据有关法律法规规定选择自行协商或由公安机关交通管理部门处理事故未确定事故责任比例的，按照下列规定确定事故责任比例：

被保险机动车一方负主要事故责任的，事故责任比例为70%；

被保险机动车一方负同等事故责任的，事故责任比例为50%；

被保险机动车一方负次要事故责任的，事故责任比例为30%。

涉及司法或仲裁程序的，以法院或仲裁机构最终生效的法律文书为准。

责任免除

第二十四条　在上述保险责任范围内，下列情况下，不论任何原因造成的人身伤亡、财产损失和费用，保险人均不负责赔偿：

（一）事故发生后，被保险人或其允许的驾驶人在未依法采取措施的情况下驾驶被保险机动车或者遗弃被保险机动车逃离事故现场，或故意破坏、伪造现场、毁灭证据；

（二）驾驶人有下列情形之一者：

1. 饮酒、吸食或注射毒品、服用国家管制的精神药品或者麻醉药品；

2. 无驾驶证，驾驶证被依法扣留、暂扣、吊销、注销期间；

3. 驾驶与驾驶证载明的准驾车型不相符合的机动车；

4. 实习期内驾驶公共汽车、营运客车或者执行任务的警车、载有危险物品的机动车或牵引挂车的机动车；

5. 驾驶出租机动车或营业性机动车无交通运输管理部门核发的许可证书或其他必备证书；

6. 学习驾驶时无合法教练员随车指导；

7. 非被保险人允许的驾驶人。

（三）被保险机动车有下列情形之一者：

1. 发生保险事故时被保险机动车行驶证、号牌被注销的，或未按规定检验或检验不合格；

2. 被扣押、收缴、没收、政府征用期间；

3. 在竞赛、测试期间，在营业性场所维修、保养、改装期间；

4. 全车被盗窃、被抢劫、被抢夺、下落不明期间。

第二十五条　下列原因导致的人身伤亡、财产损失和费用，保险人不负责赔偿：

（一）地震及其次生灾害、战争、军事冲突、恐怖活动、暴乱、污染（含放射性污染）、核反应、核辐射；

（二）被保险机动车在行驶过程中翻斗突然升起，或没有放下翻斗，或自卸系统（含机件）失灵；

（三）第三者、被保险人或其允许的驾驶人的故意行为、犯罪行为，第三者与被保险人或其他致害人恶意串通的行为；

（四）被保险机动车被转让、改装、加装或改变使用性质等，导致被保险机动车危险程度显著增加，且被保险人、受让人未及时通知保险人。

第二十六条　下列人身伤亡、财产损失和费用，保险人不负责赔偿：

（一）被保险机动车发生意外事故，致使任何单位或个人停业、停驶、停电、停水、停气、停产、通讯或网络中断、电压变化、数据丢失造成的损失以及其他各种间接损失；

（二）第三者财产因市场价格变动造成的贬值，修理后因价值降低引起的减值损失；

（三）被保险人及其家庭成员、被保险人允许的驾驶人及其家庭成员所有、承租、使用、管理、运输或代管的财产的损失，以及本车上财产的损失；

（四）被保险人及其家庭成员、被保险人允许的驾驶人及其家庭成员、本车车上人员的人身伤亡；

（五）停车费、保管费、扣车费、罚款、罚金或惩罚性赔款；

（六）超出《道路交通事故受伤人员临床诊疗指南》和国家基本医疗保险标准的医疗费用；

（七）精神损害抚慰金；

（八）律师费，未经保险人事先书面同意的诉讼费、仲裁费；

（九）投保人、被保险人或其允许的驾驶人知道保险事故发生后，故意或者因重大过失未及时通知，致使保险事故的性质、原因、损失程度等难以确定的，保险人对无法确定的部分，不承担赔偿责任，但保险人通过其他途径已经及时知道或者应当及时知道保险事故发生的除外；

（十）因被保险人违反本条款第三十四条规定，导致无法确定的损失；

（十一）应当由机动车交通事故责任强制保险赔偿的损失和费用。

保险事故发生时，被保险机动车未投保机动车交通事故责任强制保险或机动车交通事故责任强制保险合同已经失效的，对于机动车交通事故责任强制保险责任限额以内的损失和费用，保险人不负责赔偿。

第二十七条　保险人在依据本保险合同约定计算赔款的基础上，在保险单载明的责任限额内，按照下列方式免赔：

（一）被保险机动车一方负次要事故责任的，实行5%的事故责任免赔率；负同等事故责任的，实行10%的事故责任免赔率；负主要事故责任的，实行15%的事故责任免赔率；负全部事故责任的，实行20%的事故责任免赔率；

（二）违反安全装载规定的，实行10%的绝对免赔率；

（三）投保时指定驾驶人，保险事故发生时为非指定驾驶人使用被保险机动车的，增加10%的绝对免赔率；

（四）投保时约定行驶区域，保险事故发生在约定行驶区域以外的，增加10%的绝对免赔率。

责任限额

第二十八条　每次事故的责任限额，由投保人和保险人在签订本保险合同时协商确定。

第二十九条　主车和挂车连接使用时视为一体，发生保险事故时，在主车和挂车责任限额之和内承担赔偿责任。

主车保险人和挂车保险人按照保险单上载明的机动车第三者责任保险责任限额的比例分摊赔款。

赔偿处理

第三十条　发生保险事故时，被保险人或其允许的合法驾驶人应当及时采取合理的、必要的施救和保护措施，防止或者减少损失，并在保险事故发生后48小时内通知保险人。被保险人或其允许的合法驾驶人根据有关法律法规规定选择自行协商方式处理交通事故的，应当立即通知保险人。

第三十一条　被保险人或其允许的合法驾驶人根据有关法律法规规定选择自行协商方式处理交通事故的，应当协助保险人勘验事故各方车辆、核实事故责任，并依照《道路交通事故处理程序规定》签订记录交通事故情况的协议书。

第三十二条　被保险人索赔时，应当向保险人提供与确认保险事故的性质、原因、损失程度等有关的证明和资料。

被保险人应当提供保险单、损失清单、有关费用单据、被保险机动车行驶证和发生事故时驾驶人的驾驶证。

属于道路交通事故的，被保险人应当提供公安机关交通管理部门或法院等机构出具的事故证明、有关的法律文书（判决书、调解书、裁定书、裁决书等）及其他证明。被保险人或其允许的合法驾驶人根据有关法律法规规定选择自行协商方式处理交通事故的，被保险人应当提供依照《道路交通事故处理程序规定》签订记录交通事故情况的协议书。

第三十三条　保险人对被保险人给第三者造成的损害，可以直接向该第三者赔偿。

被保险人给第三者造成损害，被保险人对第三者应负的赔偿责任确定的，根据被保险人的请求，保险人应当直接向该第三者赔偿。被保险人怠于请求的，第三者有权就其应获赔偿部分直接向保险人请求赔偿。

被保险人给第三者造成损害，被保险人未向该第三者赔偿的，保险人不得向被保险人赔偿。

第三十四条　因保险事故损坏的第三者财产，应当尽量修复。修理前被保险人应当会同保险人检验，协商确定修理项目、方式和费用。对未协商确定的，保险人可以重新核定。

第三十五条　赔款计算

1. 当（依合同约定核定的第三者损失金额－机动车交通事故责任强制保险的分项赔偿限额）×事故责任比例　等于或高于每次事故赔偿限额时：

赔款＝每次事故赔偿限额×（1－事故责任免赔率）×（1－绝对免赔率之和）

2. 当（依合同约定核定的第三者损失金额－机动车交通事故责任强制保险的分项赔偿限额）×事故责任比例　低于每次事故赔偿限额时：

赔款＝（依合同约定核定的第三者损失金额－机动车交通事故责任强制保险的分项赔偿限额）×事故责任比例×（1－事故责任免赔率）×（1－绝对免赔率之和）

第三十六条　保险人按照《道路交通事故受伤人员临床诊疗指南》和国家基本医疗保险的同类医疗费用标准核定医疗费用的赔偿金额。

未经保险人书面同意，被保险人自行承诺或支付的赔偿金额，保险人有权重新核定。不属于保险人赔偿范围或超出保险人应赔偿金额的，保险人不承担赔偿责任。

第三十七条　保险人受理报案、现场查勘、核定损失、参与诉讼、进行抗辩、要求被保险人提供证明和资料、向被保险人提供专业建议等行为，均不构成保险人对赔偿责任的承诺。

各章复习思考题参考答案

第一章　风险与风险管理

1. 风险具有哪些特征？

风险具有客观性、普遍性、可测性、可变性、社会性、偶然性的特征。

2. 风险由哪些要素组成？

风险由风险因素、风险事故和损害三要素构成。三者之间的关系是：风险因素引起风险事故，风险事故导致损失。

3. 纯粹风险与投机风险有何区别？

按风险的性质分类，可将风险分为纯粹风险与投机风险。

纯粹风险是指只有损害机会而无获利可能的风险。纯粹风险的变化较为规则，有一定的规律性，可以通过大数法则加以测算；而且，纯粹风险的发生结果往往是社会的净损害。因而，保险人通常将纯粹风险视为可保风险。

投机风险是指既有损害机会又有获利可能的风险。投机风险是相对于纯粹风险而言的。投机风险发生的结果有三种，即损害、无损害和收益。

4. 简述风险管理的目标及其基本程序。

风险管理的基本目标是以较小的经济成本获得较大的安全保障效益，即风险管理就是要以较少的费用支出达到较大限度地分散、转移、消除风险，以实现保障人们经济利益和社会稳定的基本目的。

风险管理的基本程序是风险的识别、风险的估测、风险处理方式的选择、风险管理的实施及效果评价。

第二章　保险发展简史

1. 何为海上保险的萌芽？

共同海损是指在海上，凡为共同利益而遭受的损失，应由得益方共同分摊，它是航海遇难所采取的一种救难措施，也是海上常见的一种损失事故。共同海损大约产生于公元前2000年，那时地中海一带出现了广泛的海上贸易活动。当时由于船舶构造非常简单，航海是一种很大的冒险活动。要使船舶在海上遭风浪时不致沉没，一种最有效的抢救办法是抛弃部分货物，以减轻载重量。为了使被抛弃的货物能从其他受益方获得补偿，当时的航海商提出了一条共同遵循的原则：“一人为众，众为一人”。这个原则后来为公元前916年的罗地安海商法所采用，并正式规定为：“凡因减轻船只载重投弃入海的货物，如为全体利益而损失的，须由全体分摊归还”，这就是著名的“共同海损”基本原则。它可以说是海上保险的萌芽。

2. 为什么船舶抵押借款是海上保险的雏形？

海上贸易的发展，带来了船舶抵押借款。这种借款在公元前 800 年起就很流行，而且从希腊、罗马传到意大利，在中世纪也盛行一时。船舶抵押借款契约又称冒险借贷，它是指船主把船舶作为抵押品向放款人取得航海资金的借款。如果船舶安全完成航行，船主归还贷款，并支付较高的利息。如果船舶中途沉没，债权即告结束，船主不必偿还本金和利息。

这种方式的借款实际上是最早形式的海上保险。放款人相当于保险人，借款人相当于被保险人。船舶或货物是保险对象，高出普通利息的差额（溢价）相当于保险费。公元 533 年，罗马皇帝查士丁尼在法典中把这种利息率限制在 12%，而当时普通放款利率一般为 6%。如果船舶沉没，借款就等于预付的赔款。由此可见，船舶和货物抵押借款具有保险的一些基本特征，作为海上保险的起源已成为定论。

3. 劳合社是英国的一家保险公司吗？

劳合社是一个保险市场，不是一家保险公司。劳合社只是向其成员提供交易场所和有关的服务，本身并不承保业务。劳合社有数百个承保各类风险的组合，每个组合又由许多会员组成，并有各自的承保人。在长期的业务经营过程中，劳合社在全球保险界赢得了崇高声誉。

4. 火灾保险产生的诱因是什么？

1666 年 9 月 2 日，伦敦发生了一场大火是火灾保险产生和发展起来的直接诱因。当时火灾的起因是皇家面包店的烘炉过热，火灾持续了 5 天，烧毁了全城的一半，造成了无可估量的财产损失。这场特大火灾促使人们重视火灾保险。次年一个名叫尼古拉斯·巴蓬的牙科医生独资开办了一家专门承保火险的营业所，开创了私营火灾保险的先例。由于业务发展，设立了一个火灾保险合伙组织。保险费是根据房屋的租金和结构计算，正因为使用了差别费率，巴蓬有“现代保险之父”的称号。

第三章　保险的本质、功能与作用

1. 保险的要素有哪些？

保险的要素是从事保险活动所应具备的必要的因素。保险的要素有：可保风险、大量同质风险的集合与分散、保险费率的制定、保险基金的建立和保险合同的订立。

2. 什么是可保风险？可保风险需要具备哪些条件？

作为可保风险，指可以用保险方式来处理的风险。换言之，可保风险是保险人愿意并能够承保的风险，是符合保险人承保条件的特定风险。

可保风险一般具有以下条件：非投机性、偶然性、意外性、普遍性、严重性。

3. 保险的基本职能是什么？

第一，经济补偿职能。在保险活动中，投保人根据保险合同的约定，向保险人支付保险费，保险人对于保险合同约定的可能发生的事故因其发生所造成的财产及其相关利益的损失承担赔偿保险金的责任。显然，经济补偿的职能主要适用于广义的财产保险，即适用于财产损失保险、责任保险和信用保证保险等。

第二，经济给付职能。在人身保险中，由于人的价值无法用货币来衡量，人所遭受的伤害也难以通过货币形式进行补偿，因此，人身保险的保险金额是由保险双方当事人在订立保险合同时通过协商确定的。根据保险合同的约定，人身保险的投保人应向保险人支付保险费，当被保险人死亡、伤残、疾病或者达到合同约定的年龄、期限时，保险人应承担给付保险金的责任。

保险人通过保险的经济补偿和给付的职能，为被保险人及其关系人提供经济保障。

4. 保险具有何种派生职能？

第一，融资职能。融资职能是指保险人将保险资金中的暂时闲置部分，以有偿返还的方式重新投入社会再生产过程，以扩大社会再生产规模的职能。融资职能就是保险业进行资金融通的职能。

保险公司从收取保险费到赔付保险金之间存在着时间差和规模差，使保险资金中始终有一部分资金处于暂时闲置状态，从而为保险公司融通资金提供了可能性。

第二，防灾防损职能。保险业是经营风险的行业。保险人作为保险经营者，为了稳定经营，需要分析、预测、评估哪些风险可以作为承保风险，哪些风险可以进行分散，哪些风险不能承保。由于人为因素与风险发生的可能性具有相关性，通过人为的预防措施，可以减少损害的产生，因此，保险又派生出防灾防损的职能。

第四章　保险合同

1. 什么是保险合同？保险合同具有哪些特征？

保险合同又称为保险契约，是合同的一种形式，是投保人与保险人约定保险权利、义务关系的协议。投保人和保险人是直接签订保险合同的双方，是保险合同的双方当事人。按照保险合同的约定，投保人应向保险人交付约定的保险费，保险人则应在约定的保险事故发生时，履行赔偿或给付保险金的义务。

保险合同主要具有以下特征：保险合同是最大诚信合同，是双务合同、有偿合同、附合合同、射幸合同、要式合同。

2. 何为保险合同的当事人？

保险合同的当事人是指签订保险合同的双方，即保险人和投保人。

3. 简述保险合同的解释原则，说明为什么保险合同的解释要有利于被保险人和受益人。

保险合同订立后，可能因种种原因使保险双方当事人及关系人对保险合同条款的内容有不同的理解以致双方发生争议。在争议的情况下，一般由当事人双方协商解决，若协商不能达成一致，则应通过仲裁机关或者法院做出裁决或判决。为保证裁决或判决的客观和公正，需要依照法律的规定或行业习惯确定一定的条款解释原则。保险合同条款的解释原则，可以概括为以下三点：

第一，文义解释。文义解释就是指对合同条款的文字应按照其通常的含义并结合上下文来解释；同一个合同中出现的同一个文句，前后的解释应当相同；条款中出现的专业术语，应按照其所属行业的通常含义进行解释。在保险合同中，对一般条文的解释，应该按照该文字通常的含义并结合合同的整体内容来解释；对保险专业术语、法律术语及其他专业术语，可以依据保险法及相关的法律、法规或行业惯例等进行解释。

第二，意图解释。意图解释就是指解释保险合同条款应遵循签约当时双方当事人的真实意图，以当时的客观情况为出发点来进行解释。保险合同的条款是保险双方当事人意思表示一致而确立的，因此，解释时应充分尊重双方当事人订立合同时的真实意图。在双方对合同条款有歧义而又无法运用文义解释原则时，应通过分析背景材料等方式，对签约当时双方当事人的真实意图进行逻辑上的推断。

第三，解释应有利于被保险人和受益人。由于保险合同一般是由保险人事先拟定的，是附合合同，保险合同条款主要是格式条款，在订立保险合同时，投保人往往只能表示接受或不接受，使保险人在条文的拟定上处于主动地位，被保险人则居于被动地位，而且，保险条款的专业性较强，有些保险专业术语一般人难以理解。因此，对保险条款有两种或两种以上时解释时，应当做出不利于提供格式条款一方的解释，即解释应有利于被保险人和受益人。

4. 保险合同的客体是保险标的吗？为什么？

保险合同的客体是指保险双方当事人权利义务所共同指向的对象。

保险合同的客体不是保险标的，而是保险利益。保险利益是指投保人或被保险人对保险标的具有的法律上承认的利益。保险利益与保险标的不同。保险标的是保险合同中所载明的投保对象，即是指作为保险对象的财产及其有关利益或者人的寿命或身体。保险合同并非保障保险标的在保险有效期内不受损害，而是当被保险人的保险标的发生约定的保险事故时给予经济上的赔偿或给付。保险标的是订立保险合同的必要内容，是保险利益的载体，而保险合同保障的是投保人、被保险人对保险标的所具有的合法利益，没有保险利益，保险合同将会失去客体要件而无效。

5. 保险合同终止有哪几种情况？

保险合同的终止是指合同双方当事人确定的权利义务关系的消灭。

保险合同的终止主要包括下面几种情况：保险合同的解除、保险合同的期满终止、保险合同的履约终止、保险标的发生部分或全部损失而终止。

第五章　保险合同的基本原则

1. 简述最大诚信原则的含义和主要内容。

最大诚信原则的基本含义是：保险双方在签订和履行保险合同时，必须保持最大的诚意，互不欺骗和隐瞒，恪守合同的承诺，全面履行自己应尽的义务。否则，将导致保险合同无效，或承担其他法律后果。

最大诚信原则的基本内容包括告知、说明、保证、弃权与禁止反言。投保人应履行告知义务；保险人应履行说明义务；保证主要是对被保险人的约束；弃权与禁止反言的规定主要约束保险人。

2. 什么是保险利益？坚持保险利益原则有何意义？

保险利益是投保人或被保险人对保险标的具有的法律上承认的利益。

坚持保险利益原则的意义在于：避免赌博行为的发生；防止道德风险；限制损失

赔偿金额。

3. 什么是近因和近因原则？

保险损失的近因，是指引起保险损失最直接、最有效、起主导作用或支配作用的原因，而不一定是在时间上或空间上与保险损失最近的原因。

近因原则是指保险赔付以保险风险为损失发生的近因为要件原则，即在风险事故与保险标的损失关系中，如果近因属于保险风险，保险人应负赔付责任；近因属于不保风险，则保险人不负赔偿责任。

4. 简述损失补偿原则量的限定。

损失补偿原则量的限定为：以实际损失金额为限；以保险金额为限；以保险利益为限。

财产保险合同中约定的保险事故发生时，保险人对被保险人的赔偿金额要受实际损失金额、保险金额和保险利益三个量的限制，而且当三者金额不一致时，保险人的赔偿金额以三者中最小者为限。

5. 何为权利代位？

权利代位，也叫代位求偿权，是指保险事故由第三者责任方所致，被保险人因保险标的受损而从保险人处获得赔偿以后，应将其向第三者责任方享有的赔偿请求权转让给保险人，由保险人在赔偿金额范围内代位行使被保险人对第三者请求赔偿的权利。

权利代位是遵循损失补偿原则的必然要求的结果。被保险人因保险事故发生而遭受的损失固然应该得到补偿，保险人对被保险人应承担的赔偿责任不应该因第三者的介入而改变。但若被保险人在得到保险金后又从第三者责任方获得赔偿，则其可能反因损失而获利，这显然与损失补偿原则相违背。为了避免被保险人获得双重利益，同时，也为了维护保险人的利益，被保险人在获得保险金后应将其对第三者责任方的赔偿请求权转让给保险人。

6. 简述权利代位和物上代位的区别。

权利代位是对第三者追偿权的代位；物上代位是对标的物所有权的代位。

第六章　保险业务经营

1. 简述保险经营的基本原则。

第一，风险大量原则。风险大量原则是指保险人在可保风险的范围内，应根据自己的承保能力，争取承保尽可能多的保险标的。风险大量原则是保险经营的首要原则。

第二，风险选择原则。为了保证保险经营的稳定性，保险人对投保的标的和风险并非来者不拒，而是有所选择。保险人要按照风险选择原则，准确评价承保标的风险种类程度，以及投保金额的恰当与否，从而决定是否接受投保，以及以什么费率承保。保险核保是风险选择的重要环节。

第三，风险分散原则。风险分散原则是指保险人承保风险分散的范围尽可能扩大。因为风险单位过于集中，保险标的金额过大，一次保险事故发生可能使保险人支出巨额赔款，可能导致保险企业偿付能力不足，从而损害被保险人利益，也威胁保险人的生存发展。因此，保险除了对风险进行有选择的承保外，还要遵循风险分散的原则，尽可能地将风险分散，以确保保险经营的稳定。

2. 股份制保险公司有什么特点？

股份有限保险公司是世界各国保险业广泛采取的一种组织形式，指由一定数量的股东依法设立的，全部资本分为等额的股份，其成员以其认购的股份金额为限对公司的债务承担责任的公司。股份有限公司因其具有集聚闲散资金为大规模资金的功能，易于筹集巨大规模资本金来组建大的企业，不仅有利于规模经营，而且能够有效地分散投资风险，因而为广大的投资者所青睐，并为组建现代大型企业所推崇。我国保险市场上的保险组织主要是股份有限公司。

保险股份有限公司的特点是：

第一，保险股份有限公司是典型的资合公司。股东的股权体现在股票上，并随股票的转移而转移。股份具有有限性，股东拥有多少股份就承担多少责任。若公司破产，股东仅以出资的股份承担有限责任。

第二，保险股份有限公司易于积聚资金，财力雄厚，经营规模较大经营效率较高，使保险风险在较广的范围内分散，满足保险的基本经营原则。

第三，灵活的经营机制，使经营以盈利为目标，使其不断开发新产品，努力降低经营成本，具有较强的市场竞争力。

第四，采用固定保费制，使被保险人没有增加额外负担的忧虑，有利于保险业务的拓展。

3. 保险投资有何意义？

保险投资也称为保险资金运用，是指保险公司将自有资本金和保险准备金，通过法律允许的各种渠道进行投资运用来获取投资收益的经营活动。在此，保险公司是保险投资的主体，保险资金则构成了保险投资活动中的客体，保险公司投资的目标则是通过保险资金的有偿营运，创造最大的投资价值。

在现代保险经营中，保险公司的业务大体分为两类：一类是承保业务（直接保险业务）；另一类是投资业务。作为保险经营业务两大支柱之一的保险投资，已经成为保险公司生存和发展的重要因素。投资利润不仅弥补了直接业务收益的减少甚至亏损，增加了保险基金的积累，而且使保险人降低保险费率成为可能，有利于减轻客户的负担，并为寿险公司开发诸如分红保单、投资连结保险业务创造了条件，从而直接推动着保险业务的发展。此外，投资业务的开展也使得保险人成了各国资本市场上举足轻重的机构投资者，意味着保险公司通过资本市场向国民经济的其他行业渗透，它既使保险公司分享着其他行业的利润，也提升了保险业在国民经济中的地位。

4. 保险可运用资金来源于哪几个方面？

保险可运用资金主要由保险公司的自有资本金、非寿险责任准备金和寿险责任准备金三部分构成。

第七章　财产保险

1. 分析财产保险的承保方式。

根据保险价值确定的时间及保险价值确定的方式，财产保险的承保方式分为以下几种：

第一，定值保险。定值保险是投保时确定保险价值的承保方式。投保人和保险人签订保险合同时除根据保险价值确定保险金额外，还要约定保险价值并在合同中载明。如果是全部损失，按保险金额赔偿；如果是部分损失，按保险金额的损失程度计算赔偿。财产保险合同中，以定值保险方式承保的主要有两类标的。一类是不易确定价值或无客观市场价的特殊标的，如艺术品、书画等；另一类是运输中的货物等流动性比较大的标的。

第二，不定值保险。不定值保险是与定值保险相对的一种承保方式，投保人和保险人签订保险合同时不在合同中载明保险价值，只是订明保险金额作为赔偿的最高限额。当保险标的发生保险事故造成损失时，再来估计其保险价值作为赔款计算的依据。

第三，第一危险责任保险。这是家财险特有的承保方式。只要损失在保险金额范围内，保险人全额赔偿。若损失超过保险金额，超过的部分由被保险人自己负责。

2. 广义的财产保险包括哪三大类业务？

广义的财产保险业务包括财产损失保险、责任保险、信用保证保险。

3. 简述机动车辆保险的特点。

与其他财产保险业务比较，机动车辆保险有以下特点：

第一，保险标的出险概率较高。汽车是陆地上的主要交通工具。由于其经常处于运动状态，很容易发生碰撞及其他意外事故，造成财产损失和人身伤亡；由于车辆数量迅速增加，而一些国家交通设施及管理水平跟不上车辆的发展速度，再加上驾驶员的疏忽、过失等人为原因，使交通事故发生频繁，汽车出险概率较高。

第二，业务量大，普及率高。由于汽车出险概率较高，汽车的所有者需要寻求以保险方式转嫁风险；各国政府在重视不断改善交通设施，严格制定交通规章的同时，为了保障受害人的利益，对汽车第三者责任保险实施强制保险；保险人为适应投保人转嫁风险的不同需要，为被保险人提供更全面的保障，在开展车辆损失险和第三者责任险的基础上，推出了一系列附加险，使汽车保险成为财产保险中业务量大，普及率较高的一个险种。

第三，被保险人自负责任与无赔款优待。

4. 什么是责任保险？责任保险有哪些特点？

责任保险属于广义的财产保险范畴，要遵循财产保险合同的基本原则，如损失补偿原则、代位原则和分摊原则。但由于责任保险合同承保对象的特殊性，与其他财产保险合同相比，它产生与发展的基础、保障对象、保险人责任范围、赔偿处理方式等方面有明显的特点。

第一，产生与发展的基础——民事法律制度的建立与完善。

第二，责任保险的保障对象——保障了致害人（被保险人）和受害人的利益。

第三，保险人赔偿范围的确定——赔偿限额。

第四，赔偿处理方式的特殊性。首先，责任保险合同赔案的发生，以被保险人对第三者造成损害并依法应承担经济赔偿责任为前提，使责任保险的赔偿必然涉及第三者受害方。其次，由于责任保险承保的标的是被保险人依法对第三者应承担的民事损害赔偿责任，赔案的处理往往要以法院的判决或执法部门的裁决为依据，保险人在此基础上，再根据保险合同的规定计算赔款。因此，责任保险的赔偿受制因素复杂，除按保险合同的规定外，一个国家的立法、司法制度对它都有影响。保险人经营该险种所面临的风险较大。

5. 为什么海上保险人要了解海运提单的有关规定？

海运提单的背面印制有承运人的责任和免责，保险人应该熟悉相关规定。承保货物在海运途中因保险风险遭受损失，保险人按照保单约定进行赔偿后，如果这项损失根据提单的规定属于承运人的责任，那么保险人可以据此向承运人进行追偿。

6. 投保方如何选择海运货物保险险别？

选择什么险别，应视保险货物在运输作业中可能遭遇的风险而定。一般须考虑下列因素：货物的性质和特点；货物的包装；运输路线及港口情况。

7. 出口货物保险金额为什么要在 CIF 价基础上予以加成？

在以 CIF 条件成交的情况下，由出口方投保货运险。出口货物的保险金额一般是以货物的发票价为基础，再予以一定加成计算的。若无特殊情况，加成率一般为 10%。这样，出口货物的保险金额就是其发票金额的 110%。投保加成是保险中的特例，这是由对外贸易的特殊性所决定的。因为运输是一种经营活动，货物在一地的价值与另一地的价值可以发生差异。如果仅以 CIF 货价作为保险金额，在货物发生损失时，买方已经支付的经营费用和本来可以获得的预期利润仍然无法从保险人处获得补偿。因此，各国保险法及国际贸易惯例一般都规定进出口货物运输保险的保险金额可在 CIF 价的基础上适当加成。

8. 出口货物运输保险单的转让有何特点？

出口货物运输保险单的转让特点：不必通知保险公司，保单自由变更。

9. 出口信用保险的特点是什么？

出口信用保险的特点为：

第一，不以盈利作为经营的主要目标。

第二，政府参与办理。出口信用保险的经营目标、所承保风险的性质及承保标的，决定了它是一种离不开政府支持和参与的险种。政府对出口信用保险的支持和参与主要体现在：财政上相助；规范经营和管理；提供各项优惠政策；参与重大经营决策。

第三，风险较高，难控制。出口信用保险承保的风险有两类，即商业风险和政治风险。由于造成买方违约的原因较为复杂，而政治风险难以预料，所以出口信用保险业务风险较高而且难控制。

第八章　人身保险

1. 定期寿险的特点有哪些？

定期寿险的特点有：

（1）保险费低廉。由于定期寿险不含储蓄因素，保险公司承担风险责任有确定期限，所以在保险金额相等的条件下，定期寿险保险费低于其他寿险，而且可获得较大保障。

（2）价格具有可比性。通常，相对于其他各种寿险，定期寿险考虑的影响因素相对少，没有现金价值，也不提供分红，因而使得定期寿险同类产品的价格更具有可比性。

（3）可以延长保险期限。许多定期寿险单规定，保险单所有人在保险期满时，被保险人不必进行体检，不论健康状况如何都可以延长保险期限。但通常续保的期间长度和年龄均有一定的限制。规定这项选择权是为了保护被保险人的利益。否则被保险人可能在保险期满时因健康状况不佳或其他原因不能再取得人寿保险。

（4）可以转换。即被保险人不必体检，不论健康状况如何，具有把定期寿险单变换成终身寿险单或两全保险单的选择权。这种选择权一般只允许在一个规定的变换期内行使，如65岁以前。定期寿险可以变换的特征可以消除被保险人因健康原因或经济能力变化对投保人所带来的不利影响，从而保证被保险人将来的可保资格。

（5）容易产生逆向选择。投保定期寿险可以以较少的支出获取较大的保障，所以极容易产生逆向选择。在人寿保险经营中，表现为被保险人在感到或已经存在着身体不适或有某种极度风险存在时，往往会投保较大金额的定期寿险。因此，保险公司对保户有严格的选择，以保证保险公司的偿付能力。其采取的措施包括：对超过一定保险金额的保户的身体进行全面、细致的检查；对身体状况略差或一些从事某种风险工作的保户，提高收费标准；对年龄较大身体又较差者拒绝承保。

2. 什么是保单的现金价值？保单现金价值和寿险责任准备金有何关系？

现金价值是人寿保险理论中一个十分重要的概念。它的名称直接来自英文的意译（Cash Value），虽然字面上带有“现金”二字，但实际上与现实生活中的流通现金毫不沾边。

现金价值又称解约退保金，是人寿保险的投保人解约退保时由保险人向投保人支付的货币金额。在通常情况下，保险公司根据保险事故的发生概率来确定保险费率，事故发生概率高则保险费率高；反之，则保险费率低。但在寿险当中，由于交费期一般比较长，随着被保险人的年龄增加，其死亡的可能性将越来越高，保险费率也必然逐渐上升，这样的费率，投保人难以承受。为此，保险公司在实际操作中往往采用“均衡保费”的办法，通过数学计算将投保人需要交纳的全部保费在整个交费期内均摊，使投保人每期交纳的保费都相同。被保险人年轻时，死亡概率低，投保人交纳的保费比实际需要的多，多交的保费将由保险公司逐年积累。被保险人年老时，死亡概率高，投保人当期交纳的保费不足以支付当期赔款，不足的部分将正好由被保险人年轻时多交的保费予以弥补。可见，现金价值来源于均衡保费制下投保人早期超缴保费及所生利息之和，因此理应归属投保人所有，只不过其保管权在保险人手里，投保人要在退保的时候或合同非自然终止的时候才能得到，所以它是投保人的一项不丧失价值和不可没收价值。

人寿保险单的现金价值等于保险责任准备金减去退保手续费后的差额，即：

人寿保险单现金价值＝责任准备金－退保手续费

实际上，人寿保险单现金价值的计算很复杂，需运用精算技术。由于投保人难以理解保单现金价值的计算过程，保险公司应当在保险合同中载明各保单年度的保单现金价值（一般采用列表方式），让投保人知道保单现金价值的计算结果。

3. 什么是两全保险？两全保险有何特点？

两全保险，又叫生死合险，是既承保被保险人的生存，又承保被保险人的死亡的人寿保险。具体地说，就是在两全保险当中，如果被保险人生存至约定的期限届满，或者被保险人在约定期间以内死亡，保险人都要履行保险金给付责任。因此，两全保险是把生存保险和死亡保险合二为一的一个寿险品种。

两全保险的特点是：

（1）保险责任范围覆盖最广。因为两全保险对被保险人的生与死都要承担责任，所以它的保额给付实为一种必然。由于它涵盖了单纯的生存保险与死亡保险的责任范围，因此是很具有吸引力的一种寿险。

（2）保费相对低廉。虽然从保险费的绝对数额来看两全保险要高于单纯的生存保险和死亡保险，但它却比分别投保相同保险期限、相同保险金额的生存保险和死亡保险所交保费的总和要低。所以，一步到位地选择两全保险是比较划算的。

（3）储蓄性较高。与终身寿险、定期寿险及生存保险相比，两全保险所交的保费中包含的储蓄成分最高，因而在这个意义上两全保险又常常被直接称为储蓄保险。

4. 什么是分红寿险？分红寿险有哪些主要特点？

分红保险，就是指保险公司在每个会计年度结束后，将上一会计年度该类分红保险的可分配盈余，按相应的比例，以现金红利或增值红利的方式，分配给投保人的一种人寿保险。也就是说，客户如果投保的是分红保险，那么，在保险合同的有效期内，不仅可以享受保险合同上写明的保险保障，同时还可以定期得到保险公司的红利。

分红保险主要有以下几个特点：

（1）共享经营成果。保险公司每年要将经营分红险种产生的部分盈余以红利的形式分配给分红保单的持有人，这样投保人就可以与保险公司共享经营成果。

（2）共担投资风险。由于保险公司的经营状况不一样，客户所能得到的红利也会不一样。在保险公司经营状况良好的年份，客户会分到较多的红利；但如果保险公司的经营状况不佳，客户能分到的红利就会较少，甚至没有红利，这样投资风险就由保险公司和客户共同承担了。

（3）获得保险保障。这一点和不分红保险是一样的，分红保险也能够为客户提供全方位的寿险保障。

（4）多种分配方式。寿险公司一般会提供多种分配红利的方式，常见的方式有现金红利、累积生息、抵缴保费，或用所得红利购买缴清增值保险等。通常在保险合同签订时确定红利领取方式，在合同有效期内客户也可以通过一定程序改变红利获得方式。

（5）经营公开透明。寿险公司一般都会将所经营的分红保险产品设置独立账户，实行单独立账、单独管理、单独核算，与公司经营的非分红险种和投资连接险种分开管理，与公司其他资产分开管理，客户还可以通过咨询电话或相关网站随时查询其分红保单的有关信息，保险公司则需要定期（每一会计年度结束后）向客户寄送分红业绩报告等相关资料。

5. 什么是万能寿险产品？

万能寿险产品是一种缴费灵活、保额可调整、分别列示各种定价因素的终身寿险，主要是针对消费者在生命周期中保险需求和支付能力的变化特点而设计的新型寿险产品。保单持有人在交纳一定量的首期保费后，可以按自己的意愿选择在任何时候交纳任何数量的保费，只要保单的现金价值足以支付保单的相关费用，有时甚至不再缴费。而且，保单持有人可以在具备可保性的前提下提高保额，也可以根据自己的需要降低保额。其显著特点是透明性和灵活性。

万能寿险产品的储蓄保费，与保险公司投资资产的收益直接挂钩。

6. 万能寿险和投资连结保险有何异同？

万能寿险与投资连结险的相同之处：

（1）归属类别相同。二者都属于投资型人寿保险，既享有保险保障又享有投资收益。

（2）透明度要求都较高。

万能寿险与投资连结险的不同之处：

（1）客户承担的风险不同。投资连结保险的收益来源是投资账户上的收益，收益率是没有保障的，也就是说投资连接保险的风险是由客户自己承担的；万能寿险若按固定的保证利率计息增值，收益率是有最低保障的，投资风险由保险公司和客户分担。

（2）保费支付的方式不同。投资连结保险的保费一般每年缴纳一次；万能险首次保费有最低限制，之后缴费时间和缴费数额都不固定。投保人可以根据自己的实际情况（如收入变化情况）决定缴费额度，但要保证保单现金价值足以支付下一年度的风险费用。

主要参考文献

［1］中国保监会保险教材编写组．风险管理与保险［M］．北京：高等教育出版社，2007.

［2］中国保监会普及保险知识编写组．保险知识学习读本［M］．北京：中国金融出版社，2006.

［3］兰虹．保险学基础［M］．2 版．成都：西南财经大学出版社，2005.

［4］姚海明．保险学［M］．2 版．上海：复旦大学出版社，2005.

［5］刘愈．保险学［M］．北京：科学出版社，2005.

［6］孙祁祥．保险学［M］．北京：北京大学出版社，1996.

［7］蓝松．保险概论［M］．3 版．成都：西南财经大学出版社，2000.

［8］蒋丽君．保险基础［M］．北京：机械工业出版社，2008.

［9］龙卫洋，唐志刚，米双红．保险学［M］．上海：复旦大学出版社，2005.

［10］刘连生．保险法教程［M］．成都：西南财经大学出版社，2005.

［11］施建祥．保险学［M］．上海：立信会计出版社，2004.

［12］尹成远，王香兰．保险学［M］．2 版．北京：人民邮电出版社，2005.